大学の
ウズベク語

[著] 島田 志津夫

Ўзбек тили грамматикаси:
Япониялик ўзбек тили ўрганувчилари учун дарслик

Oʻzbek tili grammatikasi:
Yaponiyalik oʻzbek tili oʻrganuvchilari uchun darslik

大学のウズベク語

はじめに

　本書は、日本語話者の学習者が基本的なウズベク語の文法を学ぶために作成された教科書です。大学の授業等で使用されることを想定し、限られた時間の中で必要最低限の文法を学習できるように、基本的な文法事項を第1課から第12課まで順番に解説しています。文法事項の配列にあたっては、簡単なものから複雑なものへ配列したことはもちろんのこと、未習の文法事項が先取りして現れることのないようにとくに注意が払われています。各課の例文や練習問題においてもこの原則は徹底されており、順を追って学習していくことで自然と文法が身につくように配慮されていますので、本書を独習用の教科書として使用することも可能です。本書の巻末には「文法表」、「接尾辞・接頭辞表」、「基礎語彙集」も付されていますので、学習の助けとしてぜひ活用してください。

　中央アジアのウズベキスタンを中心に使用されているウズベク語は、テュルク系（トルコ系）の言語の一つであり、日本語の「てにをは」と同じような働きをする文法要素を持つなどその文法構造は日本語とよく似ています。語順も日本語とほぼ同じで、日本語話者にとっては比較的学習しやすい言語の一つといえます。しかしながら、ウズベク語やロシア語、英語などによる既存のウズベク語学習書・文法書の記述は当然のことながらそのような観点が欠けており、本書の作成にあたっては既存の学習書・文法書の構成や解説にとらわれることなく、日本語話者の学習者にとってなるべくわかりやすく説明することに努めました。

　また、本書の最大の特徴は、ウズベク語の表記においてキリル文字（ロシア文字）とラテン文字（ローマ字）を併記したことです。ウズベク語では、ソ連時代以降キリル文字による表記法を長らく使用してきましたが、ソ連崩壊による独立後、1993年にキリル文字に代わってラテン文字による表記法が制定され、1995年には改変を経て現行のラテン文字表記法が導入されました。その後、学校教育ではラテン文字のみを使用するようになり、とくにITの分野ではラテン文字が広く普及するようになりましたが、現在でもキリル文字からラテン文字への転換は進行中で、完全な切り替えは完了していません。出版分野や日常生活では今なおキリル文字が多く使われており、キリル文字とラテン文字の両方が併用されている状況です。たとえば、2018年8月

時点でタシュケント市のとあるキオスクでは約 60 タイトルの新聞が販売されていましたが、このうちラテン文字表記の新聞は若年層向けの2タイトルのみで、残りはすべてキリル文字表記でした。このような現状を考慮し、類書では初めての試みとしてキリル文字とラテン文字を併記することとし、どちらか一方の文字のみで学習することも可能ですし、学習の過程で両方の文字表記に慣れていくということも可能にしました。

　日本ではウズベク語の学習書も少なく、ウズベキスタンについてもまだあまり知られていない状況ですが、本書によるウズベク語の学習を通して、ウズベキスタンや中央アジアについて関心を持つ人が一人でも増えていってほしいと願っています。

島田　志津夫

本書の構成と使い方

本書は「文字と発音」「本編　第1課〜第12課」「補遺」「文法表」「接尾辞・接頭辞表」「基礎語彙集」から構成されています。「文字と発音」「文法表」「接尾辞・接頭辞表」「基礎語彙集」はそれぞれキリル文字編とラテン文字編からなっていますが、まずどちらの文字表記法で学習をするのか決めた上で必要な部分を参照するようにしてください。

●文字と発音

キリル文字編とラテン文字編からなり、それぞれの文字表記法にしたがってウズベク語の母音、子音、特殊記号などについて説明しています。ウズベク語の発音は日本語とは異なる音が多くありますので、教師の発音やサイト上の音声をよく聞いて音の違いをしっかり理解し、正しい発音を身につけるように努力してください。また、ウズベク語の正書法は、綴り字が実際の音を反映しておらず、乖離している場合がしばしばありますので単語ごとに実際の発音をよく聞いて、正しい発音を覚えるようにしてください。

●本編　第1課〜第12課

必要最低限の基本的な文法事項を例文とともに解説し、練習問題を解くことで学習していきます。本文中の例文や練習問題などでは、基本的に巻末の基礎語彙集に収録された語彙しか使用されていません。

●補遺

基本的な文法事項に加えて、新聞などの文章を読むために必要な文法事項を補足的に解説します。補遺の部分は、順番に学習していくというよりは、新聞などの文章を読んでいく上で新出の文法事項についてその都度参照するという使い方を想定しています。

●文法表

人称代名詞、人称の付属語①〜③、所属人称接尾辞、格接尾辞の各表がキリル文字とラテン文字によって掲載されています。ウズベク語では人称によって変わる接尾辞表は、ここに挙げたものだけですので、しっかり覚えるようにしましょう。

●接尾辞・接頭辞表

主要な接尾辞・接頭辞についてその文法的な意味を記述しています。その接尾辞が本文中に言及のある場合には、言及・解説されている箇所の課・節の番号を示しました。

●基礎語彙集

各種データを参考に厳選した基本単語1100語余りが収録され、ウズベク語（キリル文字）→日本語、日本語→ウズベク語（キリル文字・ラテン文字）、ウズベク語（ラテン文字）→日本語の順で配列されています。ロシア語からの借用語にはアクセント記号を付し、ロシア語からの借用語であることを判別できるようにしていますが、ふだんはアクセント記号は書かれる

ことはありません。

●音声ダウンロード

本書では付録として、「DLマーク」で示した箇所の音声データを東京外国語大学出版会ウェブサイトより配信しています。ウズベク語の発音を学ぶ際に参照してください。

〈音声ダウンロードはこちら〉
東京外国語大学出版会　http://www.tufs.ac.jp/blog/tufspub/
ダウンロードページ　　http://www.tufs.ac.jp/blog/tufspub/download/
＊ダウンロードページはメンテナンス等により休止する場合があります。

凡例

☞　　　補足的な解説をしています。
!注意　学習の上でとくに注意すべき点を解説しています。
🔍参考　学習の上で覚える必要はありませんが、参考となる情報について解説しています。
例文中の（　）の中の語句は省略可能、(/　)の中の語句は直前の語句と入れ替え可能であることを示しています。
［形］形容詞、［副］副詞、［自］自動詞、［他］他動詞

ウズベク語について

　ウズベク語は中央アジア地域に居住するウズベク人によって使用されている言語で、ウズベキスタン共和国の「国家語」です。ウズベキスタンには、全人口3300万人のうち約8割に当たる2700万人ほどのウズベク人が住んでいます。また、ウズベク人はウズベキスタンだけでなく、国境を越えて周辺のタジキスタン（人口の12.2％）、キルギス（14.6％）、カザフスタン（3.2％）、トルクメニスタン（9.2％）、アフガニスタン（11％）、中国の新疆ウイグル自治区などにも居住しており、それらを合計するとウズベク語の話者人口の総計は3400万人程度と推定されます。

　ウズベク語はテュルク系（トルコ系）の言語の一つであり、トルコ共和国のトルコ語とも同系統の言語です。その他、周辺のカザフ語、キルギス語、トルクメン語などもテュルク系の言語ですが、ウズベク語はテュルク諸語の中でもカルルク語群（南東語群）に分類され、現代ウイグル語と一番近い関係にあるといわれています。テュルク諸語の中では、トルコ語に次いで2番目に多い話者人口を持っています。

　ウズベク語の標準語は、他のテュルク諸語にくらべて母音音素が少ない、正書法においてテュルク諸語に特徴的な母音調和を失っている、語彙面でペルシア語とアラビア語の影響が強い（ある調査によれば語彙全体の55％がペルシア語・アラビア語起源の語彙）などの言語的な特徴を持っています。なかでも、正書法において複雑な母音調和の規則を失っているという点は、文法構造が日本語とよく似ているテュルク諸語の中でもウズベク語は日本語話者にとってとくに学びやすいということを意味しています。

大学のウズベク語

目次

文字と発音：キリル文字 ……………… 10

  1　アルファベット ……………… 10
  2　母音 ……………… 12
  3　子音 ……………… 13
  4　子音と母音が含まれる文字など …… 16
  5　特殊記号 ……………… 17
  6　アクセント ……………… 17
  7　母音の長さ ……………… 18

文字と発音：ラテン文字 ……………… 20

  1　アルファベット ……………… 20
  2　母音 ……………… 22
  3　子音 ……………… 23
  4　特殊記号 ……………… 26
  5　アクセント ……………… 26
  6　母音の長さ ……………… 26

第1課　*1-дарс | 1-dars* ……………… 28

  1　平叙文「AはBです」 ……………… 28
  2　否定文「AはBではありません」 ……………… 30
  3　疑問文「AはBですか？」 ……………… 32
  4　否定疑問文「AはBではありませんか？」 ……………… 34
  コラム　多民族国家ウズベキスタン ……………… 37

第2課　*2-дарс | 2-dars* ……………… 38

  1　名詞の複数形 ……………… 38
  2　形容詞 ……………… 39
  3　指示詞（これ、あれ、それ） ……………… 40
  4　人称代名詞と人称の付属語① ……………… 42

第3課　*3-дарс* | *3-dars* ·········· 50

1　名詞の位置格：「〜で、〜に」 ·········· 50
2　名詞の起点格：「〜から、〜より」 ·········· 52
3　動詞の現在・未来形：「〜する」、人称の付属語② ·········· 53

第4課　*4-дарс* | *4-dars* ·········· 60

1　名詞の所有格：「〜の」・所属人称接尾辞 ·········· 60
2　複合名詞（名詞結合） ·········· 67
コラム　ウズベク語のあいさつ ·········· 71

第5課　*5-дарс* | *5-dars* ·········· 72

1　存在文と所有文：「〜がある、〜がいる」「〜をもっている」 ·········· 72
2　数詞 ·········· 75
3　名詞の方向格：「〜へ、〜に」 ·········· 80
コラム　ウズベク語とロシア語 ·········· 83

第6課　*6-дарс* | *6-dars* ·········· 84

1　動詞の過去形：「〜した」、人称の付属語③ ·········· 84
2　名詞の対象格：「〜を」 ·········· 88
3　格接尾辞のまとめ ·········· 91
4　日時の表現 ·········· 92
コラム　ウズベキスタンの料理1 ·········· 98

第7課　*7-дарс* | *7-dars* ·········· 99

1　無動詞文の過去「AはBでした」 ·········· 99
2　疑問詞 ·········· 103
3　動詞の命令形：「〜しろ」「〜してください」 ·········· 107

第8課　*8-дарс* | *8-dars* ·········· 111

1　後置詞と後置詞的表現 ·········· 111
2　意向・欲求の表現：「〜するつもりだ、〜したい」 ·········· 117
3　形容詞の比較級と最上表現 ·········· 120
コラム　ウズベキスタンの料理2 ·········· 122

第9課　*9-дарс* | *9-dars* ·········· 123

1　動詞の完了形：「〜したことがある、〜した」 ·········· 123

  2　再帰代名詞：「〜自身」 ……………………………………… 130
  3　可能の表現：「〜することができる」 ………………………… 132

第10課　10-ҙарс | 10-dars …………………………… 136

  1　動詞の現在進行形：「〜している」 …………………………… 136
  2　動名詞：「〜すること」 ………………………………………… 140
  3　形動詞（1）：「〜した…」「〜する…」「〜している…」 ……… 146
  コラム　バザール（市場） ……………………………………… 151

第11課　11-ҙарс | 11-dars …………………………… 152

  1　形動詞（2）：形動詞の名詞的用法 …………………………… 152
  2　時刻の表現 ……………………………………………………… 154
  3　動詞の提案形：「〜しよう」「〜しましょう」 ………………… 158
  4　副動詞（1）：「〜して」「〜せずに」 …………………………… 162
  コラム　ウズベキスタンの気候 ………………………………… 166

第12課　12-ҙарс | 12-dars …………………………… 167

  1　動詞の仮定形：「〜すれば」 …………………………………… 167
  2　動詞の願望形：「〜するように」「〜させよ」 ………………… 174
  コラム　文字改革 ………………………………………………… 177

【補遺】

1　動詞の不確定未来形：「〜するでしょう」 ……………………… 178
  1.1　過去の習慣 …………………………………………………… 180
  1.2　反実仮想 ……………………………………………………… 180
2　伝聞・推量・疑念：「〜ようだ、〜らしい」 …………………… 181
  2.1　伝聞・推量 …………………………………………………… 181
  2.2　伝聞・疑念 …………………………………………………… 183
  2.3　動詞が述語の文における用法 ……………………………… 184
3　動詞の態：受動態・使役態・相互態・再帰態 ………………… 187
  3.1　受動態 ………………………………………………………… 187
  3.2　使役態 ………………………………………………………… 188
  3.3　相互態 ………………………………………………………… 190
  3.4　再帰態 ………………………………………………………… 191
4　副動詞（2） ………………………………………………………… 192
  4.1　副動詞：「〜しながら」 ……………………………………… 192
  4.2　副動詞：「〜すると、〜するなり」 ………………………… 193

4.3　副動詞:「〜するまで」 ……………………………… 194
　　4.4　副動詞:「〜するために」……………………………… 195
5　補助動詞 ……………………………………………………………… 196
　　5.1　副動詞 -иб/-б｜-ib/-b に付加される補助動詞 ……………… 196
　　5.2　副動詞 -a/-й｜-a/-y に付加される補助動詞 ……………… 198
6　話法・名詞節 ……………………………………………………… 199
　　6.1　直接話法 …………………………………………………… 199
　　6.2　間接話法 …………………………………………………… 200
　　6.3　名詞節 ……………………………………………………… 200

【文法表:キリル文字】……………………… 204
【文法表:ラテン文字】……………………… 206
【接尾辞・接頭辞表:キリル文字】……… 208
【接尾辞・接頭辞表:ラテン文字】……… 216
【基礎語彙集】…………………………………… 224
　　ウズベク語（キリル文字）→日本語 … 224
　　日本語→ウズベク語 …………………… 236
　　ウズベク語（ラテン文字）→日本語 … 252

　　参考文献 ……………………………… 265

装幀・本文デザイン　小塚久美子
組版　株式会社 遊文舎

【文字と発音：キリル文字】

❶ アルファベット　　　　　　　　Down Load 🔊 A-1

ウズベク語のキリル文字アルファベットは、以下のとおり 35 文字からなっています。

<div align="center">ウズベク語キリル文字アルファベット</div>			
立体	斜体	筆記体	ウズベク語 ラテン文字表記
A a	*A a*	𝓐 𝒶	a
Б б	*Б б*	𝓑 𝒹	b
В в	*В в*	𝓑 𝓋	v
Г г	*Г г*	𝓖 𝓰	g
Д д	*Д д*	𝓓 𝓭	d
E e	*E e*	𝓔 𝑒	e/ye（語頭のみ）
Ё ё	*Ё ё*	𝓔̈ ё	yo
Ж ж	*Ж ж*	𝓜 ж	j
З з	*З з*	𝟑 𝓏	z
И и	*И и*	𝓤 𝓾	i
Й й	*Й й*	𝓤̆ й	y
К к	*К к*	𝓚 𝓴	k
Л л	*Л л*	𝓛 𝓵	l
М м	*М м*	𝓜 𝓶	m
Н н	*Н н*	𝓗 𝓷	n
О о	*О о*	𝓞 𝓸	o
П п	*П п*	𝓟 𝓹	p

立体	斜体	筆記体	ウズベク語ラテン文字表記
Р р	*Р р*	𝒫 𝓅	r
С с	*С с*	𝒞 𝒸	s
Т т	*Т т*	𝒯 𝓂	t
У у	*У у*	𝒴 𝓎	u
Ф ф	*Ф ф*	𝒻 𝓅	f
Х х	*Х х*	𝒳 𝓍	x
Ц ц	*Ц ц*	𝒰 𝓊	s
Ч ч	*Ч ч*	𝒞 𝓇	ch
Ш ш	*Ш ш*	𝒰𝓁 𝓌	sh
Ъ ъ	*Ъ ъ*	ъ ъ	'（分離記号）
Ь ь	*Ь ь*	ь ь	なし（軟音記号）
Э э	*Э э*	𝒥 э	e
Ю ю	*Ю ю*	𝒥𝒪 ю	yu
Я я	*Я я*	𝒥 я	ya
Ў ў	*Ў ў*	ў ў	oʻ
Қ қ	*Қ қ*	𝒦 𝓀	q
Ғ ғ	*Ғ ғ*	𝒻 𝓰	gʻ
Ҳ ҳ	*Ҳ ҳ*	𝒳 𝓍	h

❷ 母音　　　　　　　　　　　　　　　　　　　　　　Down Load 🔊 A-2

a　日本語の「ア」よりも**口の前方**で、口を横に開いて発音します。子音 к, г に後続する形 ка, га の場合は、「キャ」「ギャ」に近く発音されます。

　　　　Асад　アサド（男性名）　　маза　味　　ака　兄　　гап　話

э/e　日本語の「エ」に近い音。この母音は、**語頭では э、語中や語末では e** の文字で表記されます（э の文字は語頭でのみ使用されます）。э の文字が語頭でしか使用されない理由は、後述のようにキリル文字 e が語頭や音節頭では「イェ」と発音されるためです。同じ音を語頭とそれ以外の場合で 2 種類の文字で表記しますので、注意が必要です。

　　　　эски　古い　　сен　きみ、おまえ

　　ペルシア語起源の単語においては、日本語の「エ」よりも狭く、「イ」に近い音で発音されることもあります。

　　　　мева　果物　　бепул　無料の

и　この母音は、大きく分けて 1）日本語の「イ」に近い音、2）口の後方で曖昧に発音する「ウ」に近く聞こえる音の二つの発音があります。この母音をどのように発音するかは単語によって違いますので単語ごとに覚えるしかないのですが、おおむね以下のような傾向があります。

1）　子音 к, г, нг に隣接するときは、日本語の「イ」に近い音で発音されます。
　　　　ким　誰　　гилам　絨毯　　минг　1000

2）　1. 子音 қ, ғ, х に隣接するときは、口の後方で曖昧な「ウ」のような音で発音されます。
　　　　қиз　娘、女の子　　балиқ　魚　　ғишт　レンガ　　охир　最後

　　 2. 語末に位置するときは、単語によっては曖昧な「ウ」のような音で発音される場合があります。
　　　　дори　薬　　олти　6

以上のように、この母音にはいくつかの発音がありますので、単語ごとに発音を確認し、しっかり覚えるようにしましょう。

о	日本語にはない母音で、日本語の「ア」と「オ」の中間の音です。口を丸めずに広く開けて、口の奥の方で発音します。文字だけを見て日本語の「オ」のように発音しがちですが、日本語の「オ」とはまったく違う音ですのでとくに注意してください。 от 馬 тош 石
у	日本語の「ウ」よりも唇を丸めて突き出すように発音します。 уч 3 узум ブドウ

ў	1) 日本語の「オ」に近い音。この音は基本的に単語の第一音節にしか現れません。
	  ўн 10 бўш 空いている；暇な
	2) ペルシア語起源の単語においては、日本語の「オ」と「ウ」の間の音で、どちらかというと「ウ」に近く発音されることもあります。この場合は、単語の第一音節以外にもこの音が現れます。
	  кўча 通り Наврўз ナウルーズ（春分祭）

❸ 子音　　　　　　　　　　　　　　　　　　　　　Down Load A-3

п	日本語の「パ」の子音と同じ音。 паст 低い кўп 多い、たくさん
б	日本語の「バ」の子音と同じ音。 бу これ、この китоб 本
т	日本語の「タ」の子音と同じ音。 туз 塩 от 馬
д	日本語の「ダ」の子音と同じ音。 дада おとうさん банд 忙しい
м	日本語の「マ」の子音と同じ音。 муз 氷 исм 名前

Н	日本語の「ナ」の子音と同じ音。音節末では**舌先を上の歯の後ろにつけて**「ン」と発音します。 　　неча　いくつ　　　нон　ナン（パン）
Ч	日本語の「チ」の子音と同じ音。 　　чап　左　　уч　3
Ж	日本語の「ジ」の子音と同じ音。 　　жуда　とても　　мажлис　会議
С	日本語の「サ」の子音と同じ音。 　　сут　牛乳　　асос　基礎
З	日本語の「ザ」の子音と同じ音。 　　зина　階段　　оз　少ない
Ш	日本語の「シ」の子音と同じ音。 　　шиша　ビン　　бош　頭
К	日本語の「カ」の子音と同じ音。母音 a が後続する場合（ка）、および音節末では口のより前方で発音されます（**ка** は「キャ」に近く、**音節末では**「キ」に近く発音されます）。 　　кўз　目　　кам　少ない、足りない　　ипак　絹
Г	日本語の「ガ」の子音と同じ音。母音 a が後続する場合（га）、および音節末では口のより前方で発音されます（**га** は「ギャ」に近く、**音節末では**「ギ」に近く発音されます）。 　　гул　花　　гап　話　　барг　葉
Й	日本語の「ヤ」の子音や英語の y と同じ音。 　　йигит　青年　　уй　家
Л	英語の l とほぼ同じ音。**舌先を上の歯の後ろにつけて**発音します。 　　лекин　しかし　　пул　お金

р	日本語にも英語にもない**巻き舌のr**の音。舌先を上の歯の少し後ろにつけて息で震わせて発音します。
ранг 色　　эр 夫
ф	英語のfと同じ音。
фикр 考え　　тараф 方向
в	英語のvとほぼ同じ音。後ろに母音が続かない場合、**vではなくwの音に近く**発音されます。
ватан 祖国、故郷　　сув 水　　давлат 国家

ただし、ロシア語からの借用語においてはこの限りではなく、**ロシア語本来の発音のとおり**発音されます。

  автобус バス

х	日本語にも英語にもない音。**喉の奥で息を強く摩擦させて**発音する h のような音です。
хотин 妻　　нарх 値段
қ	日本語にも英語にもない音。**喉の奥で息を破裂させて**発音する k のような硬い音です。
қалам 鉛筆　　оқ 白い
ғ	日本語にも英語にもない音。**喉の奥で息を強く摩擦させて**発音する g のような音です。
ғарб 西　　тоғ 山
ҳ	日本語の「ハ」の子音や英語のhと同じ音。ただし、方言によっては、xとҳの音を区別せずに両方ともxと発音する場合があります（とくにタシュケント方言）。
ҳамшира 看護師　　меҳмон 客
нг	1) 2文字で表記しますが**一つの子音**です。舌の根元で喉を閉じ（舌先は口の中のどこにもつきません）、**息を鼻に抜かせて**発音する「ン」[ŋ]の音です。「ング」というようにгの音を発音しないように注意しましょう。この音は音節末にしか現れません。
минг 1000　　кенг 広い

2) 音節末以外の場合では、нとгをそれぞれ別の子音として発音します。また、ペルシア語起源の単語においては、音節末においてもнとгを別々の子音として発音します。

   сингил 妹 ранг 色

ц 日本語の「ツ」の子音と同じ音。**ロシア語からの借用語にのみ現れます。**

   цирк サーカス   милиция 警察

❹ 子音と母音が含まれる文字など　　A-4

子音 й + 母音（いわゆる「ヤ行」の音）は、1文字で表す場合と2文字で表す場合があります。

я й + а の音。

   яхши 良い   маданият 文化

е й + е の音。**語頭および母音の後ろ（音節頭）では、キリル文字 е は「イェ」と発音**されます。それ以外の場合は、「エ」と発音されますので注意してください。

   енгил 軽い   етти 7   қаер どこ

ё й + о の音。母音 о の発音に注意し、**日本語の「ヨ」とならないように気をつけて発音してください。**

   ёмон 悪い   оёқ 足

ю й + у の音。

   юлдуз 星   буюк 偉大な

йи й + и の音は、そのまま2文字で表記します。

   йигит 青年   қийин 難しい

йӱ й + ӱ の音は、そのまま2文字で表記します。

   йӱқ いいえ   йӱл 道

❺ 特殊記号　　　　　　　　　　　　　　　　　　　　　Down Load A-5

ъ　　ウズベク語で「**分離記号**」(айриш белгиси) と呼ばれます。
　　1) アラビア語起源の単語における**声門閉鎖音**を表します。声門閉鎖音はアラビア語に特徴的な子音の一つですが、ウズベク語では厳密には発音されず、母音の後ろに位置する場合は**前の母音を長く伸ばすように**発音します。

　　　　　маълум　明らかな　　шеър　詩

　　　子音の後ろに位置する場合は、音節の切れ目を表し、**前の子音と分離記号に続く母音を分けて**発音します。

　　　　　анъана　伝統　　　санъат　芸術

　　2) ロシア語からの借用語における「**硬音記号**」(ъ のロシア語での名称)。記号の前後の音を分けて発音します。

　　　　　субъект　主体

ь　　ウズベク語およびロシア語で「**軟音記号**」(юмшатиш белгиси) と呼ばれます。本来は**ロシア語特有の記号**で、ウズベク語ではロシア語からの借用語でしか使われません。ロシア語では、直前の子音に「イ」の響きを持たせて発音する記号です（ただし「イ」の母音を発音してはいけません）。ウズベク語では、キリル文字による正書法では表記されるものの、きちんと発音されない場合もしばしばあります（ラテン文字による正書法では、この記号は廃止されています）。

　　　　　пальто　コート　　　ноябрь　11月

❻ アクセント

　ウズベク語のアクセントは、多くの場合単語の**最後の音節**にあります。ただし、ロシア語からの借用語においては、ロシア語本来のアクセントのとおり発音します。また、単語にさまざまな接辞が付加されることでアクセントの位置が移動することもありますので、その都度確認してください。

❼ 母音の長さ　　　　　　　　　　　　　　　　　　　　Down Load 🔊 A-6

　ウズベク語では、基本的に母音の長短の区別はなく、母音を長く発音するか短く発音するかによって語の意味が変わってしまうということはありません。ただし、一部のペルシア語・アラビア語起源の単語あるいはロシア語からの借用語においては、もとの言語で長く発音される母音が、ウズベク語でも比較的長めに発音されることがあります。

1) ペルシア語・アラビア語起源の単語における **o/ё** は、比較的長めに発音される傾向があります。

　　　　o̲дам　人　　хo̲на　部屋　　адабиё̲т　文学

2) ペルシア語・アラビア語起源の単語における **и, у/ю, э/е, ў** の一部は、比較的長めに発音されることがあります。

　　　　нати̲жа　結果　　ҳу̲кумат　政府　　де̲вор　壁　　кў̲ча　通り

3) ペルシア語・アラビア語起源の単語の末尾における **-ий** は、**и** を長く発音することを示します。この場合、最後の **й** は子音とみなされません。

　　　　одди̲й　普通の　　дини̲й　宗教的な

4) ロシア語からの借用語においては、**アクセントのある母音**が長く発音されます。

　　　　авто́бус　バス　　телеви́зор　テレビ

　　（通常はアクセント記号は書かれません）

　ある単語がウズベク語の固有語であるか、ペルシア語・アラビア語起源であるか、ロシア語からの借用語であるかは、一見しただけでは判断することができないので、母音の長さやロシア語のアクセントについては単語ごとに逐一覚えるしかありません。

【文字と発音：ラテン文字】

❶ アルファベット　　　　　　　　　　　　　　　　　　　Down Load))) B-1

　ウズベク語のラテン文字アルファベットは、以下のとおり 26 文字＋ 3 合成文字＋ 1 記号からなっています。

ウズベク語ラテン文字アルファベット			
立体	斜体	筆記体	対応するウズベク語キリル文字
A a	*A a*	𝒜 𝒶	А а
B b	*B b*	ℬ 𝒷	Б б
D d	*D d*	𝒟 𝒹	Д д
E e	*E e*	ℰ 𝒺	E e／Э э（語頭のみ）
F f	*F f*	ℱ 𝒻	Ф ф
G g	*G g*	𝒢 𝑔	Г г
H h	*H h*	ℋ 𝒽	Ҳ ҳ
I i	*I i*	ℐ 𝒾	И и
J j	*J j*	𝒥 𝒿	Ж ж
K k	*K k*	𝒦 𝓀	К к
L l	*L l*	ℒ 𝓁	Л л
M m	*M m*	ℳ 𝓂	М м
N n	*N n*	𝒩 𝓃	Н н
O o	*O o*	𝒪 𝑜	О о
P p	*P p*	𝒫 𝓅	П п

立体	斜体	筆記体	対応するウズベク語キリル文字
Q q	*Q q*	*Q q*	Қ қ
R r	*R r*	*R r*	Р р
S s	*S s*	*S s*	С с
T t	*T t*	*T t*	Т т
U u	*U u*	*U u*	У у
V v	*V v*	*V v*	В в
X x	*X x*	*X x*	Х х
Y y	*Y y*	*Y y*	Й й
Z z	*Z z*	*Z z*	З з
Oʻ oʻ	*Oʻ oʻ*	*Oʻ oʻ*	Ў ў
Gʻ gʻ	*Gʻ gʻ*	*Gʻ gʻ*	Ғ ғ
Sh sh	*Sh sh*	*Sh sh*	Ш ш
Ch ch	*Ch ch*	*Ch ch*	Ч ч
ng	*ng*	*ng*	нг
ʼ	ʼ	ʼ	Ъ ъ（分離記号）

❷ 母音

a　日本語の「ア」よりも**口の前方**で、口を横に開いて発音します。子音 *k, g* に後続する形 *ka, ga* の場合は、「キャ」「ギャ」に近く発音されます。
　　　Asad アサド（男性名）　　*maza* 味　　*aka* 兄　　*gap* 話

e　日本語の「エ」に近い音。
　　　eski 古い　　*sen* きみ、おまえ

　　ペルシア語起源の単語においては、日本語の「エ」よりも狭く、「イ」に近い音で発音されることもあります。
　　　meva 果物　　*bepul* 無料の

i　この母音は、大きく分けて 1)**日本語の「イ」に近い音**、2)**口の後方で曖昧に発音する「ウ」に近く聞こえる音**の二つの発音があります。この母音をどのように発音するかは単語によって違いますので単語ごとに覚えるしかないのですが、おおむね以下のような傾向があります。

　　1)　子音 *k, g, ng* に隣接するときは、日本語の「イ」に近い音で発音されます。
　　　　　kim 誰　　*gilam* 絨毯　　*ming* 1000

　　2)　1.　子音 *q, g', x* に隣接するときは、口の後方で曖昧な「ウ」のような音で発音されます。
　　　　　　qiz 娘、女の子　　*baliq* 魚　　*g'isht* レンガ　　*oxir* 最後

　　　　2.　語末に位置するときは、単語によっては曖昧な「ウ」のような音で発音される場合があります。
　　　　　　dori 薬　　*olti* 6

　　以上のように、この母音にはいくつかの発音がありますので、単語ごとに発音を確認し、しっかり覚えるようにしましょう。

o　日本語にはない母音で、日本語の「ア」と「オ」の中間の音です。口を丸めずに広く開けて、口の奥の方で発音します。文字だけを見て日本語の「オ」のように発音しがちですが、日本語の「オ」とはまったく違う音ですのでとくに注意してください。
　　　ot 馬　　*tosh* 石　　*yomon* 悪い

u 日本語の「ウ」よりも唇を丸めて突き出すように発音します。
  uch 3 *uzum* ブドウ

oʻ 1) 日本語の「オ」に近い音。この音は基本的に単語の第一音節にしか現れません。
  oʻn 10 *boʻsh* 空いている；暇な

 2) ペルシア語起源の単語においては、日本語の「オ」と「ウ」の間の音で、どちらかというと「ウ」に近く発音されることもあります。この場合は、単語の第一音節以外にもこの音が現れます。
  koʻcha 通り *Navroʻz* ナウルーズ（春分祭）

❸ 子音　　　B-3

p 日本語の「パ」の子音と同じ音。
  past 低い *koʻp* 多い、たくさん

b 日本語の「バ」の子音と同じ音。
  bu これ、この *kitob* 本

t 日本語の「タ」の子音と同じ音。
  tuz 塩 *ot* 馬

d 日本語の「ダ」の子音と同じ音。
  dada おとうさん *band* 忙しい

m 日本語の「マ」の子音と同じ音。
  muz 氷 *ism* 名前

n 日本語の「ナ」の子音と同じ音。音節末では**舌先を上の歯の後ろにつけて**「ン」と発音します。
  necha いくつ *non* ナン（パン）

ch 日本語の「チ」の子音と同じ音。
  chap 左 *uch* 3

j 　日本語の「ジ」の子音と同じ音。
　　　　juda とても　　*majlis* 会議

s 　日本語の「サ」の子音と同じ音。
　　　　sut 牛乳　　*asos* 基礎

z 　日本語の「ザ」の子音と同じ音。
　　　　zina 階段　　*oz* 少ない

sh 　日本語の「シ」の子音と同じ音。
　　　　shisha ビン　　*bosh* 頭

k 　日本語の「カ」の子音と同じ音。母音 *a* が後続する場合（*ka*）、および音節末では口のより前方で発音されます（*ka* は「キャ」に近く、音節末では「キ」に近く発音されます）。
　　　　ko'z 目　　*kam* 少ない、足りない　　*ipak* 絹

g 　日本語の「ガ」の子音と同じ音。母音 *a* が後続する場合（*ga*）、および音節末では口のより前方で発音されます（*ga* は「ギャ」に近く、音節末では「ギ」に近く発音されます）。
　　　　gul 花　　*gap* 話　　*barg* 葉

y 　日本語の「ヤ」の子音や英語の y と同じ音。
　　　　yigit 青年　　*yo'l* 道　　*uy* 家

l 　英語の l とほぼ同じ音。**舌先を上の歯の後ろにつけて発音します。**
　　　　lekin しかし　　*pul* お金

r 　日本語にも英語にもない**巻き舌の r** の音。舌先を上の歯の少し後ろにつけて息で震わせて発音します。
　　　　rang 色　　*er* 夫

f 　英語の f と同じ音。
　　　　fikr 考え　　*taraf* 方向

v 英語のvとほぼ同じ音。後ろに母音が続かない場合は、**v**ではなく**w**の音に近く発音されます。

    vatan 祖国、故郷   *suv* 水   *davlat* 国家

ただし、ロシア語からの借用語においてはこの限りではなく、**ロシア語本来の発音のとおり発音されます。**

    avtobus バス

x 日本語にも英語にもない音。**喉の奥で息を強く摩擦させて発音する**hのような音です。

    xotin 妻   *narx* 値段

q 日本語にも英語にもない音。**喉の奥で息を破裂させて発音する**kのような硬い音です。

    qalam 鉛筆   *oq* 白い

g' 日本語にも英語にもない音。**喉の奥で息を強く摩擦させて発音する**gのような音です。

    g'arb 西   *tog'* 山

h 日本語の「ハ」の子音や英語のhと同じ音。ただし、方言によっては、*x*と*h*の音を区別せずに両方とも*x*と発音する場合があります（とくにタシュケント方言）。

    hamshira 看護師   *mehmon* 客

ng 1) 2文字で表記しますが**一つの**子音です。舌の根元で喉を閉じ（舌先は口の中のどこにもつきません）、**息を鼻に抜かせて発音する「ン」**[ŋ]の音です。「ング」というようにgの音を発音しないように注意しましょう。この音は音節末にしか現れません。

    ming 1000   *keng* 広い

2) 音節末以外の場合では、*n*と*g*をそれぞれ別の子音として発音します。また、ペルシア語起源の単語においては、音節末においても*n*と*g*を別々の子音として発音します。

    singil 妹   *rang* 色

❹ 特殊記号　　　　　　　　　　　　　　　　　　　Down Load B-4

'　ウズベク語で「**分離記号**」(*ayrish belgisi*) と呼ばれます。

1) アラビア語起源の単語における**声門閉鎖音**を表します。声門閉鎖音はアラビア語に特徴的な子音の一つですが、ウズベク語では厳密には発音されず、母音の後ろに位置する場合は**前の母音を長く伸ばすように**発音します。

　　ma'lum　明らかな　　　*she'r*　詩

子音の後ろに位置する場合は、音節の切れ目を表し、前の子音と分離記号に続く母音を分けて発音します。

　　an'ana　伝統　　　*san'at*　芸術

2) ロシア語からの借用語における**「硬音記号」**(「分離記号」のロシア語での名称)。記号の前後の音を分けて発音します。

　　sub'ekt　主体

❺ アクセント

　ウズベク語のアクセントは、多くの場合単語の**最後の音節**にあります。ただし、ロシア語からの借用語においては、ロシア語本来のアクセントのとおり発音します。また、単語にさまざまな接辞が付加されることでアクセントの位置が移動することもありますので、その都度確認してください。

❻ 母音の長さ　　　　　　　　　　　　　　　　　　Down Load B-5

　ウズベク語では、基本的に母音の長短の区別はなく、母音を長く発音するか短く発音するかによって語の意味が変わってしまうということはありません。ただし、一部のペルシア語・アラビア語起源の単語あるいはロシア語からの借用語においては、もとの言語で長く発音される母音が、ウズベク語でも比較的長めに発音されることがあります。

1) ペルシア語・アラビア語起源の単語における o は、比較的長めに発音される傾向があります。
    odam 人　　*xona* 部屋　　*adabiyot* 文学

2) ペルシア語・アラビア語起源の単語における *i, u, e, oʻ* の一部は、比較的長めに発音されることがあります。
    natija 結果　　*hukumat* 政府　　*devor* 壁　　*koʻcha* 通り

3) ペルシア語・アラビア語起源の単語の末尾における *-iy* は、i を長く発音することを示します。この場合、最後の y は子音とみなされません。
    oddiy 普通の　　*diniy* 宗教的な

4) ロシア語からの借用語においては、アクセントのある母音が長く発音されます。
    avtóbus バス　　*televízor* テレビ
 (通常はアクセント記号は書かれません)

ある単語がウズベク語の固有語であるか、ペルシア語・アラビア語起源であるか、ロシア語からの借用語であるかは、一見しただけでは判断することができないので、母音の長さやロシア語のアクセントについては単語ごとに逐一覚えるしかありません。

第 1 課

1-дарс | 1-dars

❶ 平叙文「AはBです」
　Санжар талаба. | *Sanjar talaba.*

❷ 否定文「AはBではありません」
　Санжар талаба эмас. | *Sanjar talaba emas.*

❸ 疑問文「AはBですか？」
　Санжар талабами? | *Sanjar talabami?*

❹ 否定疑問文「AはBではありませんか？」
　Санжар талаба эмасми? | *Sanjar talaba emasmi?*

❶ 平叙文「AはBです」

　ウズベク語の語順は、基本的に**日本語とほぼ同じ**で、主語が先頭に立ち、**述語が文章の最後**に来ます。また、修飾・被修飾の位置関係も基本的に日本語と同様で、**修飾語→被修飾語の順**になります。

　「AはBです」という平叙文は、**主語（A）**と**述語（B）**をそのまま並べるだけでつくることができます。ウズベク語の平叙文では、英語の be 動詞に相当する動詞、あるいは日本語の「～です」を意味するような**動詞は使いません**。このような平叙文では、名詞または形容詞がそのまま述語となります。

Санжар талаба. *Sanjar talaba.*	サンジャルは学生です。
Умида ҳамшира. *Umida hamshira.*	ウミーダは看護師です。
Иш кўп. *Ish koʻp.*	仕事は多いです。
Нон мазали. *Non mazali.*	ナンはおいしいです。

> **参考**　述語が名詞の場合は、主語と述語の間に ―（ダッシュ）を入れて表記することがありますが、その使い方は書き手により様々で、必ずしも厳密なルールがあるわけではなさそうです。

Санжар — талаба.　　　　　サンジャルは学生です。
Sanjar — talaba.

Умида — ҳамшира.　　　　ウミーダは看護師です。
Umida — hamshira.

1）次の文を日本語に訳しましょう。

1. Умида чиройли.
2. Уй катта.
3. Бахтиёр ўқитувчи.
4. Олма қизил.
5. Алишер доктор.

1. *Umida chiroyli.*
2. *Uy katta.*
3. *Baxtiyor o'qituvchi.*
4. *Olma qizil.*
5. *Alisher doktor.*

2）次の文をウズベク語に訳しましょう。

1. 服は新しいです。
2. タシュケントは遠いです。
3. 答えは正しいです。
4. お茶は熱いです。
5. サンジャルは料理人です。

3）以下の単語の中から２つの単語を選び、「AはBです」という形の平叙文をいくつか作ってみましょう（同じ単語を何回使ってもかまいませんが、一つの文で使う単語は２つのみとしてください）。

машина | *mashina*　自動車　　　эски | *eski*　古い
катта | *katta*　大きい　　　　Санжар | *Sanjar*　サンジャル(男性名)

29

ёш | yosh 若い
яхши | yaxshi 良い
Умида | Umida ウミーダ（女性名）
янги | yangi 新しい
бола | bola こども

ёмон | yomon 悪い
қиз | qiz 娘、少女
кичкина | kichkina 小さい
олма | olma リンゴ
чиройли | chiroyli 美しい

❷ 否定文「AはBではありません」

「AはBです」という平叙文を「AはBではありません」という否定文にするには、文末の述語の後ろに否定を意味する эмас | emas を置くことで表すことができます。эмас | emas は、前の語から離して書きますので注意しましょう。

Санжар талаба эмас.
Sanjar talaba emas.
サンジャルは学生ではありません。

Умида ҳамшира эмас.
Umida hamshira emas.
ウミーダは看護師ではありません。

Иш кўп эмас.
Ish ko'p emas.
仕事は多くありません。

Нон мазали эмас.
Non mazali emas.
ナンはおいしくありません。

練習

1）次の文を日本語に訳しましょう。

1. Санжар касал эмас.
2. Гўшт арзон эмас.
3. Баҳор иссиқ эмас.
4. Алишер ёш эмас.
5. Кийим эски эмас.

1. *Sanjar kasal emas.*
2. *Go'sht arzon emas.*
3. *Bahor issiq emas.*

4. *Alisher yosh emas.*
5. *Kiyim eski emas.*

2) 次の文をウズベク語に訳しましょう。

1. 学校は近くありません。
2. ウミーダは教師ではありません。
3. 授業は簡単ではありません。
4. サンジャルは医師ではありません。
5. 日本は大きくありません。

3) 以下の単語の中から２つの単語を選び、「AはBではありません」という形の否定文をいくつか作ってみましょう（同じ単語を何回使ってもかまいませんが、一つの文で使う単語は２つのみとしてください）。

машина | *mashina*　自動車
катта | *katta*　大きい
касал | *kasal*　病気の
яхши | *yaxshi*　良い
Умида | *Umida*　ウミーダ（女性名）
янги | *yangi*　新しい
бола | *bola*　こども

эски | *eski*　古い
Санжар | *Sanjar*　サンジャル（男性名）
ёмон | *yomon*　悪い
қиз | *qiz*　娘、少女
кичкина | *kichkina*　小さい
олма | *olma*　リンゴ
чиройли | *chiroyli*　美しい

❸ 疑問文「AはBですか？」

「AはBです」という平叙文を「AはBですか？」という疑問文にするには、**疑問の意味を表す -ми？ ｜ -mi?** を述語の後ろに付加します。-ми？ ｜ -mi? は、ちょうど日本語の疑問文における「〜か？」に相当するような役割をはたします。

-ми？ ｜ -mi? は、前の語から離さずに続けて表記しますので注意しましょう（このように前の語に連続して付加されるものを**接辞**といいます。このテキストでは、接辞は -（ハイフン）をつけて表すこととします）。

-ми？ ｜ -mi? を使った疑問文には、**ҳа ｜ ha**「はい」あるいは **йўқ ｜ yo'q**「いいえ」で答えることができます。

Санжар талаба**ми**? *Sanjar talaba**mi**?*	サンジャルは学生ですか？
Ҳа, Санжар талаба. *Ha, Sanjar talaba.*	はい、サンジャルは学生です。
Йўқ, Санжар талаба эмас. *Yo'q, Sanjar talaba emas.*	いいえ、サンジャルは学生ではありません。
Умида ҳамшира**ми**? *Umida hamshira**mi**?*	ウミーダは看護師ですか？
Ҳа, Умида ҳамшира. *Ha, Umida hamshira.*	はい、ウミーダは看護師です。
Йўқ, Умида ҳамшира эмас. *Yo'q, Umida hamshira emas.*	いいえ、ウミーダは看護師ではありません。
Иш кўп**ми**? *Ish ko'p**mi**?*	仕事は多いですか？
Ҳа, иш кўп. *Ha, ish ko'p.*	はい、仕事は多いです。
Йўқ, иш кўп эмас. *Yo'q, ish ko'p emas.*	いいえ、仕事は多くありません。
Нон мазали**ми**? *Non mazali**mi**?*	ナンはおいしいですか？

Ҳа, нон мазали.　　　　　　　はい、ナンはおいしいです。
Ha, non mazali.

Йўқ, нон мазали эмас.　　　　いいえ、ナンはおいしくありません。
Yo'q, non mazali emas.

> **!注意**　-ми？｜*-mi?* の部分の発音は、母音が口の後ろのほうで曖昧に発音され、「ム」に近く発音されます。日本語の「ミ」とならないように注意して音声を聞いてしっかり覚えましょう。

練習

1) 次の平叙文を疑問文にし、「はい」と「いいえ」で答え、日本語に訳しましょう。

1. Хона кенг.
2. Алишер банд.
3. Узум ширин.
4. Бахтиёр таржимон.
5. Қиш совуқ.

1. *Xona keng.*
2. *Alisher band.*
3. *Uzum shirin.*
4. *Baxtiyor tarjimon.*
5. *Qish sovuq.*

2) 次の文をウズベク語に訳し、「はい」と「いいえ」で答えましょう。

1. 本はおもしろいですか？
2. 夏は暑いですか？
3. ウミーダは病気ですか？
4. 髪は黒いですか？
5. サンジャルはウズベク人ですか？

3) 以下の単語の中から2つの単語を選び、「AはBですか？」という形の疑問文をいくつか作り、さらに「はい」と「いいえ」で答えてみましょう（同じ単語を何回使ってもかまいませんが、一つの文で使う単語は2つのみとしてください）。

машина	*mashina*	自動車	эски	*eski* 古い
катта	*katta*	大きい	Санжар	*Sanjar* サンジャル（男性名）
касал	*kasal*	病気の	ёмон	*yomon* 悪い
яхши	*yaxshi*	良い	қиз	*qiz* 娘、少女
Умида	*Umida*	ウミーダ（女性名）	кичкина	*kichkina* 小さい
янги	*yangi*	新しい	олма	*olma* リンゴ
бола	*bola*	こども	чиройли	*chiroyli* 美しい

4 否定疑問文「AはBではありませんか？」

「AはBではありません」という否定文を「AはBではありませんか？」という否定疑問文にするには、文末の **эмас | emas** に疑問を意味する接辞 **-ми? | -mi?** を付加します。

否定疑問文「AはBではありませんか？」という質問に対しては、日本語と同様に「はい、AはBではありません」、「いいえ、AはBです」と答えることが一般的です。

Санжар талаба **эмасми**?　　サンジャルは学生ではありませんか？
Sanjar talaba emasmi?

　Ҳа, Санжар талаба эмас.　　はい、サンジャルは学生ではありません。
　Ha, Sanjar talaba emas.

　Йўқ, Санжар талаба.　　いいえ、サンジャルは学生です。
　Yoʻq, Sanjar talaba.

Умида ҳамшира **эмасми**?　　ウミーダは看護師ではありませんか？
Umida hamshira emasmi?

　Ҳа, Умида ҳамшира эмас.　　はい、ウミーダは看護師ではありません。
　Ha, Umida hamshira emas.

　Йўқ, Умида ҳамшира.　　いいえ、ウミーダは看護師です。
　Yoʻq, Umida hamshira.

Иш кўп эмасми?
Ish ko'p emasmi?

仕事は多くありませんか？

Ҳа, иш кўп эмас.
Ha, ish ko'p emas.

はい、仕事は多くありません。

Йўқ, иш кўп.
Yo'q, ish ko'p.

いいえ、仕事は多いです。

☞ また「AはBではありませんか？」という否定疑問文に対しては、「いいえ、AはBではありません」のように答えることもできます（ただし、「はい、AはBです」と答えることはできませんので注意してください）。

Санжар талаба эмасми?
Sanjar talaba emasmi?

サンジャルは学生ではありませんか？

Йўқ, Санжар талаба эмас.
Yo'q, Sanjar talaba emas.

いいえ、サンジャルは学生ではありません。

Умида ҳамшира эмасми?
Umida hamshira emasmi?

ウミーダは看護師ではありませんか？

Йўқ, Умида ҳамшира эмас.
Yo'q, Umida hamshira emas.

いいえ、ウミーダは看護師ではありません。

Иш кўп эмасми?
Ish ko'p emasmi?

仕事は多くありませんか？

Йўқ, иш кўп эмас.
Yo'q, ish ko'p emas.

いいえ、仕事は多くありません。

> **参考**　「はい、AはBではありません」、「いいえ、AはBです」という答え方は、「Bではないのか？」という質問者の発言に賛同するか否かに対応して「はい」「いいえ」を言っています。それに対して、「いいえ、AはBではありません」という答え方は、「Bではない」という事実に対応して「いいえ」と答えているということになります。

1）次の平叙文を否定疑問文にし、「はい」と「いいえ」で答え、さらに日本語に訳しましょう。

1. Олма қизил.
2. Санжар ёш.
3. Анвар журналист.
4. Иш осон.
5. Хона ифлос.

1. *Olma qizil.*
2. *Sanjar yosh.*
3. *Anvar jurnalist.*
4. *Ish oson.*
5. *Xona iflos.*

2）次の文をウズベク語に訳し、「はい」と「いいえ」で答えましょう。

1. アリーシェールは料理人ではありませんか？
2. 授業は難しくありませんか？
3. 本は悪くありませんか？
4. 服は小さくありませんか？
5. 荷物は重くありませんか？

3）以下の単語の中から２つの単語を選び、「ＡはＢではありませんか？」という形の否定疑問文をいくつか作り、「はい」と「いいえ」で答えてみましょう（同じ単語を何回使ってもかまいませんが、一つの文で使う単語は２つのみとしてください）。

машина | *mashina* 自動車
катта | *katta* 大きい
касал | *kasal* 病気の
яхши | *yaxshi* 良い
Умида | *Umida* ウミーダ（女性名）
янги | *yangi* 新しい
бола | *bola* こども

эски | *eski* 古い
Санжар | *Sanjar* サンジャル（男性名）
ёмон | *yomon* 悪い
қиз | *qiz* 娘、少女
кичкина | *kichkina* 小さい
олма | *olma* リンゴ
чиройли | *chiroyli* 美しい

コラム　多民族国家ウズベキスタン

　ウズベキスタンは、ウズベク人ばかりでなく多くの民族が住む多民族国家です。国民の民族構成は、ウズベク人83.8％、タジク人4.8％、ロシア人2.3％、カザフ人2.5％、カラカルパク人2.2％、キルギス人0.9％（2017年：ウズベキスタン国家統計委員会）となっており、そのほかにも100以上の民族が住んでいると言われています。この地域には古くから多民族が混住してきましたが、とくにソ連時代にソ連全土から多くの民族が移住してきたことにより現在のような状況が形成されました。その中には、朝鮮人やクリミア・タタール人などスターリン時代の強制移住によって連れてこられた人々もいます。

　主要民族であるウズベク人が国民の8割以上を占めていますが、移住してきた諸民族は農村部よりも都市部に居住する傾向が強く、とくに首都タシュケントなどの大都市においてはウズベク人以外の諸民族の割合が比較的高くなっています。たとえば、ソ連時代最後の1989年の国勢調査ではタシュケント市の人口に占める非ウズベク人の割合は55.8％であり、現在でも1/3程度を占めています。こうした状況の下、ウズベキスタンでは多民族の共生が図られているのです。

第2課　| 2-дарс | 2-dars

❶ 名詞の複数形
талабалар, дафтарлар | talabalar, daftarlar

❷ 形容詞
Санжар яхши талаба. | Sanjar yaxshi talaba.

❸ 指示詞（これ、あれ、それ）
Бу китоб. У ручка қизилми? | Bu kitob. U ruchka qizilmi?

❹ 人称代名詞と人称の付属語①
Мен талабаман. | Men talabaman.

❶ 名詞の複数形

名詞の複数形は、語末に**複数を表す接尾辞 -лар** を付加することで作ることができます。

талаба | talaba　学生	→	талаба**лар** | talaba**lar**	
ҳамшира | hamshira　看護師	→	ҳамшира**лар** | hamshira**lar**	
дафтар | daftar　ノート	→	дафтар**лар** | daftar**lar**	
уй | uy　家	→	уй**лар** | uy**lar**	

> **参考**　名詞の複数形は、明確に数えられる名詞の場合は**数量的な複数**を表していますが、そうでない名詞の場合は数量ではなく**種類が複数**あることを表す場合があります。
>
> талаба | talaba　学生　→　талабалар | talabalar　（複数人の学生）
> мева | meva　果物　→　мевалар | mevalar　（複数の種類の果物）
> китоб | kitob　本　→　китоблар | kitoblar
> 　　　　　　　　　　　　　（複数冊の本、あるいは複数の種類の本）

また、名詞の複数形は**尊敬**の意味を表したり、**概数**を表したりすることがあります。これらの用法については、また後で言及します。

練習

以下の名詞を複数形にしてみましょう。

бола | *bola*　　машина | *mashina*　　олма | *olma*
қиз | *qiz*　　ўқитувчи | *oʻqituvchi*　　таржимон | *tarjimon*

❷ 形容詞

ウズベク語では、**形容詞**は**名詞**を前から修飾します。被修飾語の名詞が複数であっても**形容詞の形は変化しません**。また、第1課で学んだとおり、形容詞はそのままで文の述語になります。

яхши талаба | *yaxshi talaba*　　　　よい学生
яхши талабалар | *yaxshi talabalar*　　よい学生たち

Санжар яхши талаба.　　　　サンジャルは、よい学生です。
　Sanjar yaxshi talaba.

Яхши талаба оз.　　　　　　よい学生は少ない。
　Yaxshi talaba oz.

Яхши талаба кўп эмас.　　　よい学生は多くない。
　Yaxshi talaba koʻp emas.

練習

1）次の文を日本語に訳しましょう。

1. Умида ёш ўқитувчи.
2. Иссиқ нон мазали.
3. Эски кийим чиройли эмас.
4. Бухоро катта шаҳарми?
5. Яхши гўшт қиммат эмасми?

1. *Umida yosh oʻqituvchi.*
2. *Issiq non mazali.*

3. *Eski kiyim chiroyli emas.*
4. *Buxoro katta shaharmi?*
5. *Yaxshi goʻsht qimmat emasmi?*

2) 以下の単語の中から３つの単語を選び、いくつかの文を自由に作ってみましょう。その際、否定文、疑問文、否定疑問文の文型を使うこと。

машина | *mashina* 自動車　　эски | *eski* 古い
катта | *katta* 大きい　　Санжар | *Sanjar* サンジャル(男性名)
ёш | *yosh* 若い　　ёмон | *yomon* 悪い
яхши | *yaxshi* 良い　　қиз | *qiz* 娘、少女
Умида | *Umida* ウミーダ（女性名）　　кичкина | *kichkina* 小さい
янги | *yangi* 新しい　　олма | *olma* リンゴ
бола | *bola* こども　　чиройли | *chiroyli* 美しい

3 指示詞（これ、あれ、それ）

ウズベク語にはいくつかの種類の**指示詞**がありますが、ここでは代表的な指示詞として以下の二つを挙げておきます。それぞれ**名詞的**に使うことができますし（**これ、あれ、それ**）、また名詞の前に置いて**形容詞的**に使うこともできます（**この、あの、その**）。

бу | *bu*　　これ／この
у | *u*　　あれ／あの、それ／その

бу | *bu* は話し手の**近く**のものを指し示し、у | *u* は話し手から**比較的遠く**のものを指し示します。また、бу | *bu* と у | *u* は、ものだけでなく人を指し示すこともできます。

Бу китоб.　　これは本です。
Bu kitob.

Бу китоб яхши.　　この本はよい。
Bu kitob yaxshi.

Бу Санжар, у Умида.　　こちらはサンジャルで、あちらはウミーダです。
Bu Sanjar, u Umida.　　（人を紹介するとき）

A: Бу ручка.　　これはペンです。
A: Bu ruchka.

B: У ручка қизилми?　そのペンは赤色ですか？
B: *U ruchka qizilmi?*

(A・B 二人の会話。B が少し離れたところから A の手元にあるペンを指し示す際は、у｜*u* を使います)

また、бу, у｜*bu, u* の名詞的用法の複数形は **булар**｜***bular***（これら）、**улар**｜***ular***（あれら、それら）となりますが、形容詞的用法では名詞の複数形の前にそのまま бу, у｜*bu, u* を置きます（複数接尾辞 -лар｜*-lar* は名詞に付加され、形容詞には付加されません）。

Булар китоб.｜*Bular kitob.*　　これらは本です。
Бу китоблар яхши.｜*Bu kitoblar yaxshi.*　これらの本はよい。
（×Булар китоблар яхши.｜*Bular kitoblar yaxshi.* とはなりませんので注意してください）

> 参考　そのほか、ウズベク語には шу, ўша, манави (мана бу), анави (ана у)｜*shu, oʻsha, manavi (mana bu), anavi (ana u)* といった指示詞がありますが、これらは指示対象がすでに話題になっているか否か、話し手および聞き手から近いか遠いか、可視的であるか否かなどの状況によって使い分けられ、複雑な体系をなしているので、ここでは深く立ち入らないことにします。たとえば、шу｜*shu* と ўша｜*oʻsha* は基本的に話し手と聞き手の間ですでに話題になっているものを指し示し、ўша｜*oʻsha* は шу｜*shu* よりも遠くのものを指し示します。

1）次の文を日本語に訳しましょう。

1. Бу қизил қалам.
2. У йигит Санжарми?
3. Бу уй катта.
4. У бино баланд эмас.
5. Бу кийим арзон эмасми?

1. *Bu qizil qalam.*
2. *U yigit Sanjarmi?*
3. *Bu uy katta.*

4. *U bino baland emas.*
5. *Bu kiyim arzon emasmi?*

2）次の文をウズベク語に訳しましょう。

1. この人は病気です。
2. この仕事は難しくありません。
3. これは難しい仕事ではありません。
4. あの少女は美しい。
5. これは学校で、あれは大学ですか？

❹ 人称代名詞と人称の付属語①

4.1 人称代名詞

ウズベク語の人称代名詞は、以下のとおりです。

人称代名詞		
	単数	複数
1人称	мен　私	биз　我々
2人称	сен　君、おまえ	сиз　あなた、君たち
3人称	у　彼、彼女	улар　彼ら

	単数	複数
1人称	*men*　私	*biz*　我々
2人称	*sen*　君、おまえ	*siz*　あなた、君たち
3人称	*u*　彼、彼女	*ular*　彼ら

　2人称 сен｜*sen* は、ごく親しい友人や年少の家族、小さな子どもに対して「君、おまえ」の意味で用いられます。

　2人称 сиз｜*siz* は、文法上は2人称複数として扱われ、「君たち」の意味を持ちます。また、それと同時にсиз｜*siz* は敬意を込めるべき2人称単数の相手に対して「あなた」の意味で頻繁に用いられます。ウズベク語では2人称の相手に呼びかける際には、相手が一人であってもсиз｜*siz*「あなた」を用いることが一般的ですので、普段はсиз｜*siz* を使うようにしましょう。

3人称 y｜u は、**男性・女性の区別なく同一**の形で用いられます。複数形 улар｜ular は、3人称単数の相手に尊敬を込めて「あのお方」の意味で用いられる場合もあります（ウズベク語では、尊敬を表す際に複数形を使うのが一般的です）。

> **参考** 文法上の人称カテゴリーにおいて、1人称は話し手、2人称は聞き手、3人称はそれ以外の人・物を表しています。話し手を含む集団（我々）も1人称ですし、聞き手を含む集団（君たち）も2人称です。また、3人称は必ずしも人間に限らず、他の生物や物であってもかまいません。

> **参考** 3人称の人称代名詞 y｜u と第2課3で学んだ指示代名詞 y｜u は、同一の形をしています。厳密にいえば、ウズベク語の人称代名詞は2人称までしかなく、3人称は指示代名詞 y｜u「あれ、それ」で代用しているということになります。ですので、3人称の複数形には固有の形がなく、ただ単に単数形の y｜u に複数接尾辞 -лар｜-lar が付加されただけの形となっています。

4.2 人称の付属語①　　　　DownLoad 9

ウズベク語では、「私は〜です」「あなたは〜です」といった文では、述語の末尾に**主語の人称に応じて**以下のような**人称の付属語**を付加する必要があります（ウズベク語には①から③まで3種類の人称の付属語があり、これから順番に学習していきます）。

人称の付属語①		
	単数	複数
1人称	-ман	-миз
2人称	-сан	-сиз
3人称	-（なし）	-(лар)

	単数	複数
1人称	-man	-miz
2人称	-san	-siz
3人称	-（なし）	-(lar)

人称の付属語は、述語が名詞・形容詞であるかにかかわらず、述語から離さずにつけて書かれます。以下の例文で確認しましょう。

述語が名詞の場合：талаба ｜ *talaba* 学生

Мен талаба**ман**. *Men talaba**man**.*	私は学生です。	Биз талаба**миз**. *Biz talaba**miz**.*	我々は学生です。
Сен талаба**сан**. *Sen talaba**san**.*	君は学生です。	Сиз талаба**сиз**. *Siz talaba**siz**.*	あなたは学生です。
У талаба. *U talaba.*	彼／彼女は学生です。	Улар талаба**(лар)**. *Ular talaba**(lar)**.*	彼らは学生です。

述語が形容詞の場合：касал ｜ *kasal* 病気の

Мен касал**ман**. *Men kasal**man**.*	私は病気です。	Биз касал**миз**. *Biz kasal**miz**.*	我々は病気です。
Сен касал**сан**. *Sen kasal**san**.*	君は病気です。	Сиз касал**сиз**. *Siz kasal**siz**.*	あなたは病気です。
У касал. *U kasal.*	彼／彼女は病気です。	Улар касал. *Ular kasal.*	彼らは病気です。

多くの場合、**3人称複数**の主語に対しても、**3人称単数**の人称の付属語が使われます。とくに、主語が無生物の場合は、複数であっても人称の付属語は単数となることが一般的です。また、3人称複数の主語が人間の場合、述語が名詞である場合には人称の付属語が**複数**（**-лар ｜ -lar**）となることがありますが、述語が形容詞である場合には人称の付属語は**単数**となることがほとんどです。

Бу машина**лар** жуда эски.　これらの自動車は、とても古い。
*Bu mashina**lar** juda eski.*

Бу қиз**лар** ўқувчи**(лар)**.　こちらの少女たちは生徒です。
*Bu qiz**lar** o'quvchi**(lar)**.*

Бола**лар** яхши.　子どもたちは元気です。
*Bola**lar** yaxshi.*

述語に人称の付属語がつけば主語の人称がわかるので、しばしば**主語は省略**されることもあります。

　　Чиройли**сиз**. ｜ *Chiroyli**siz**.*　あなたは美しい。

☞ また、人称代名詞に複数接尾辞 -лар｜ -lar が付加された形、бизлар｜ bizlar「我々」
や сенлар｜ senlar「お前ら」、сизлар｜ sizlar「あなたがた」が用いられることもあ
ります。とくに сиз｜ siz は単数の相手に対して「あなた」の意味で用いることが一般的
ですので、複数であることを強調したいときは сизлар｜ sizlar「あなたがた」という形
がよく使われます。それに対して、сенлар｜ senlar「お前ら」は相手をかなり卑下した
言い方になるので注意が必要です。これらの形が主語の場合は、人称の付属語はそれぞれ
-миз, -сан(лар), -сиз(лар)｜ -miz, -san(lar), -siz(lar) となります。

Бизлар ўқитувчи**миз**. 我々は教師です。
*Bizlar o'qituvchi**miz**.*

Сенлар ўқувчи**сан(лар)**. お前らは生徒だ。
*Senlar o'quvchi**san(lar)**.*

Сизлар ҳамшира**сиз(лар)**. あなたたちは看護師です。
*Sizlar hamshira**siz(lar)**.*

> ⚠ **注意** 第1課で学んだ「AはBです」などの文型は、実は述語に人称の付属語が何も付加されない**3人称単数が主語の文**でした。これまで、「主語と述語をそのまま並べればよい」という説明をしてきましたが、より正確には**主語が3人称以外の場合は、述語に人称の付属語を付加**する必要がありますので、注意してください。

1) 次の文を日本語に訳しましょう。

1. Сен ёшсан.
2. Мен ҳамшираман.
3. Биз таржимонмиз.
4. Мен жуда бандман.
5. Сиз яхши одамсиз.

1. *Sen yoshsan.*
2. *Men hamshiraman.*
3. *Biz tarjimonmiz.*
4. *Men juda bandman.*
5. *Siz yaxshi odamsiz.*

2) 次の文をウズベク語に訳しましょう。

1. 我々は幸せです。
2. 彼女らはとても美しい。
3. 私は医師です。
4. 君はとても親切です。
5. あなたは悪い生徒です。

4.3 否定文

述語に人称の付属語のついた文を否定文にするには、述語のあとに否定を意味する эмас｜emas を置き、人称の付属語を述語ではなく эмас｜emas に付加します。эмас｜emas ＋人称の付属語は、述語から**離して**書きます。

Мен талабаман.　　　　私は学生です。
Men talabaman.

Мен талаба эмасман.　　私は学生ではありません。
Men talaba emasman.

否定文	単数	複数
1人称	эмасман	эмасмиз
2人称	эмассан	эмассиз
3人称	эмас	эмас(лар)

	単数	複数
1人称	*emasman*	*emasmiz*
2人称	*emassan*	*emassiz*
3人称	*emas*	*emas(lar)*

Мен талаба эмасман.　　　Биз талаба эмасмиз.
Men talaba emasman.　　　*Biz talaba emasmiz.*
私は学生ではありません。　　我々は学生ではありません。

Сен талаба эмассан. 　　Сиз талаба эмассиз.
　Sen talaba emassan.　　　*Siz talaba emassiz.*
君は学生ではありません。　あなたは学生ではありません。

У талаба эмас.　　　　　Улар талаба эмас(лар).
　U talaba emas.　　　　　*Ular talaba emas(lar).*
彼／彼女は学生ではありません。　彼らは学生ではありません。

練習

1) 次の文を日本語に訳しましょう。

1. Биз банд эмасмиз.
2. Сиз семиз эмассиз.
3. Мен бой одам эмасман.

1. *Biz band emasmiz.*
2. *Siz semiz emassiz.*
3. *Men boy odam emasman.*

2) 次の文をウズベク語に訳しましょう。

1. 君はジャーナリストではありません。
2. 彼らは病気ではありません。
3. あなたは通訳ではありません。

4.4　疑問文・否定疑問文

疑問文は、肯定・否定にかかわらず、文末の人称の付属語の後ろに疑問を表す接辞 -ми？ | -mi? を付加します。ただし、主語が2人称の場合は -ми | -mi の位置が変わり、文末ではなく人称の付属語の前に置かれます。

疑問文		
	単数	複数
1人称	-манми?	-мизми?
2人称	-мисан?	-мисиз?
3人称	-ми?	-(лар)ми?

	単数	複数
1人称	-manmi?	-mizmi?
2人称	-misan?	-misiz?
3人称	-mi?	-(lar)mi?

Мен талабаманми?　　　Биз талабамизми?
Men talabamanmi?　　　*Biz talabamizmi?*
私は学生ですか？　　　　我々は学生ですか？

Сен талабамисан?　　　Сиз талабамисиз?
Sen talabamisan?　　　*Siz talabamisiz?*
君は学生ですか？　　　　あなたは学生ですか？

У талабами?　　　　　Улар талаба(лар)ми?
U talabami?　　　　　*Ular talaba(lar)mi?*
彼／彼女は学生ですか？　彼らは学生ですか？

否定疑問文		
	単数	複数
1人称	эмасманми?	эмасмизми?
2人称	эмасмисан?	эмасмисиз?
3人称	эмасми?	эмас(лар)ми?

	単数	複数
1人称	emasmanmi?	emasmizmi?
2人称	emasmisan?	emasmisiz?
3人称	emasmi?	emas(lar)mi?

Мен талаба эмасманми?　　Биз талаба эмасмизми?
Men talaba emasmanmi?　　*Biz talaba emasmizmi?*
私は学生ではありませんか？　我々は学生ではありませんか？

Сен талаба эмас**ми**сан?　　Сиз талаба эмас**ми**сиз?
　*Sen talaba emas**mi**san?*　　　*Siz talaba emas**mi**siz?*
　君は学生ではありませんか？　　あなたは学生ではありませんか？

У талаба эмас**ми**?　　Улар талаба эмас(лар)**ми**?
　*U talaba emas**mi**?*　　　*Ular talaba emas(lar)**mi**?*
　彼／彼女は学生ではありませんか？　彼らは学生ではありませんか？

> 🔍 **参考**　人称の付属語は①から③まで3種類ありますが、主語が2人称の疑問文で-ми｜-mi の位置が変わるのは述語に**人称の付属語①**が付加される場合だけです。人称の付属語②と③を使用する場合は、主語が2人称であっても原則どおり-ми｜-mi は文末の人称の付属語の後ろに付加されます。

練習

1) 次の文を日本語に訳しましょう。

1. Сен таржимонмисан?
2. Сиз ўқувчи эмасмисиз?
3. Мен касал эмасманми?
4. Биз ишчан одам эмасмизми?
5. Улар ўқитувчиларми?

1. *Sen tarjimonmisan?*
2. *Siz oʻquvchi emasmisiz?*
3. *Men kasal emasmanmi?*
4. *Biz ishchan odam emasmizmi?*
5. *Ular oʻqituvchilarmi?*

2) 次の文をウズベク語に訳しましょう。

1. 君はウズベク人ではないのですか？
2. 彼らはとても忙しいですか？
3. －あなたは健康ですか？　－いいえ、私は健康ではありません。
4. あの方は専門家ではいらっしゃらないのですか？
5. 我々は友人ではないのですか？

第3課   3-дарс | 3-dars

❶ 名詞の位置格：「〜で、〜に」
Биз ҳозир Тошкентдамиз. | Biz hozir Toshkentdamiz.

❷ 名詞の起点格：「〜から、〜より」
Мен Тошкентданман. | Men Toshkentdanman.

❸ 動詞の現在・未来形：「〜する」、人称の付属語②
Санжар кутубхонада китоб ўқийди. |
Sanjar kutubxonada kitob o'qiydi.

❶ 名詞の位置格：「〜で、〜に」

ウズベク語には、名詞の後ろに付加して日本語の「てにをは」と同じような働きをする文法要素があり、それを**格接尾辞**といいます。ウズベク語には **5 種類**の格接尾辞があり、これから順番に学習していきますが、ここではまず位置格の格接尾辞について学習しましょう。

位置格は、格接尾辞 **-да** | **-da** を名詞に付加して「〜で、〜に、〜において」の意味を表し、**場所や時**を表示します。

ウズベキスタン + で	→	ウズベキスタンで
Ўзбекистон + -да	→	Ўзбекистон**да**
O'zbekiston + -da		O'zbekiston**da**

夏 + に	→	夏に
ёз + -да	→	ёз**да**
yoz + -da		yoz**da**

☞ 指示詞 бу, у, шу | *bu, u, shu* などの位置格は、格接尾辞 -да | -da の前に н | *n* の子音が挿入され例外的に **бунда, унда, шунда** | ***bunda, unda, shunda*** となります（発音の際に調子を整える目的で挿入されるこの子音 н | *n* は、「介入子音」と呼ばれます）。

また、位置格の接尾辞が付加された名詞は、その後ろに人称の付属語をつけて述語にすることができ、人や物のいどころを表します。

50

Мен ишхона**да**ман.　　　私は職場にいます。
Men ishxonadaman.

Биз ҳозир Тошкент**да**миз.　我々は、今、タシュケントにいます。
Biz hozir Toshkentdamiz.

Қалам стол**да**.　　　　　鉛筆は机（の上）にあります。
Qalam stolda.

Бозор қаер**да**?　　　　　市場はどこにありますか？
Bozor qayerda?

> **参考**　ишхона ＋ -да ＋ -ман｜ishxona ＋ -da ＋ -man → ишхонадаман｜*ishxonadaman* のように、ウズベク語では、単語に様々な文法要素（接辞）を次々と付加していくことで色々な意味を表します。このような構造を持つ言語を「膠着語」と呼びます。接辞は前の語から離さずに続けて書かれますので、いくつもの接辞が付加された語はとても長くなることもあります。そのため、一続きの長い語のどこに意味的な区切りがあるのか、常に意識することが重要です。

練 習

1）次の文を日本語に訳しましょう。

1. Санжар ҳозир мактабда.
2. Биз бугун уйда эмасмиз.
3. – Сиз ҳозир Тошкентдамисиз?　– Йўқ, Самарқанддаман.
4. Сен аэропортда эмасмисан?
5. Умида кафеда.

1. *Sanjar hozir maktabda.*
2. *Biz bugun uyda emasmiz.*
3. *– Siz hozir Toshkentdamisiz?　– Yo'q, Samarqanddaman.*
4. *Sen aeroportda emasmisan?*
5. *Umida kafeda.*

2）次の文をウズベク語に訳しましょう。

1. 私は病院にいます。
2. 君は図書館にいますか？
3. ブハラはウズベキスタンにあります。
4. あなたは、今、どこにいますか？　大学にいるのではないのですか？
5. 彼らは、今日、市場にいます。

❷ 名詞の起点格：「～から、～より」　　Down Load 🔊 13

　起点格は、格接尾辞 -дан │ -dan を名詞に付加して「～から、～より」の意味を表し、動作の起点や比較の基準、材料、全体の一部（～のうち）、経由地などを表示します。

ウズベキスタン ＋ から	→	ウズベキスタンから
Ўзбекистон ＋ -дан	→	Ўзбекистондан
O'zbekiston ＋ -dan		O'zbekistondan

☞ 指示詞 бу, у, шу │ bu, un, shu などの起点格は、格接尾辞 -дан │ -dan の前に н │ n の子音が挿入され例外的に бундан, ундан, шундан │ bundan, undan, shundan となります。

　また、起点格の接尾辞が付加された名詞は、その後ろに人称の付属語をつけて述語にすることができ、上述の意味に加えて人や物の**出自**を表します。

Мен Тошкентданман.	私はタシュケント出身です。
Men Toshkentdanman.	
Бу чой Ҳиндистондан.	このお茶はインド産です。
Bu choy Hindistondan.	
Россия Ўзбекистондан катта.	ロシアはウズベキスタンより大きい。
Rossiya O'zbekistondan katta.	
Бу вино яхши узумдан.	このワインはよいブドウからできています。
Bu vino yaxshi uzumdan.	

練習

1) 次の文を日本語に訳しましょう。

1. Шинъичи Токиодан.
2. Сен қаердансан? Самарқанддданмисан?
3. Университет бу ердан узоқ эмас.
4. Бу ароқлар Россиядан.
5. Умида ундан чиройли.

1. *Shin'ichi Tokiodan.*
2. *Sen qayerdansan? Samarqanddanmisan?*
3. *Universitet bu yerdan uzoq emas.*
4. *Bu aroqlar Rossiyadan.*
5. *Umida undan chiroyli.*

2) 次の文をウズベク語に訳しましょう。

1. あなたはどこの出身ですか？　ウズベキスタン出身ではないのですか？
2. この建物はレンガでできています。
3. 我々は、彼らより若いです。
4. 君はサンジャルより賢い生徒です。
5. このお土産はフェルガナからではなく、ブハラからです。

❸ 動詞の現在・未来形：「〜する」、人称の付属語② 14

3.1 動詞の辞書形（基本形）・動詞語幹

　ウズベク語の動詞の辞書形（基本形）は語末が **-моқ** ｜ ***-moq*** で終わり、ふつう辞書にはこの形で掲載されています。辞書形から -моқ ｜ *-moq* を取った形を動詞の「語幹」と呼びます。語幹は動詞の変化の基礎となる部分で、語幹にさまざまな接辞を付加することで時制や人称などを表します。

　ここで学習する動詞の現在・未来形は、現在おこなわれている動作、繰り返しおこなわれる動作（習慣）、近い未来に実現される動作などを表し、日本語の「〜する」と同じような意味

で用いられます。

3.2 現在・未来形の作り方、人称の付属語②

動詞の語幹の後ろに、**現在・未来の時制を表す接辞 -a-/-й-｜-a-/-y-** を付加し、さらに下表の**人称の付属語②**を付加します。現在・未来の時制を表す接辞のうち、動詞語幹が**子音**で終わる場合には **-a-｜-a-** を、**母音**で終わる場合には **-й-｜-y-** を付加します。

子音で終わる語幹 ＋ **-а-** ＋ 人称の付属語②
母音で終わる語幹 ＋ **-й-** ＋ 人称の付属語②

子音で終わる語幹 ＋ ***-a-*** ＋ 人称の付属語②
母音で終わる語幹 ＋ ***-y-*** ＋ 人称の付属語②

人称の付属語②		
	単数	複数
1人称	-ман	-миз
2人称	-сан	-сиз
3人称	-ди	-ди(лар)

	単数	複数
1人称	*-man*	*-miz*
2人称	*-san*	*-siz*
3人称	*-di*	*-di(lar)*

☞ 人称の付属語②と以前に学習した人称の付属語①との相違点は、3人称の部分が違うだけです。

語幹が子音で終わる動詞： бормоқ｜*bormoq*　行く

Мен бор**а**ман.　私は行きます。　　Биз бор**а**миз.　我々は行きます。
Men bora man.　　　　　　　　　*Biz bora miz.*

Сен бор**а**сан.　君は行きます。　　Сиз бор**а**сиз.　あなたは行きます。
Sen borasan.　　　　　　　　　　*Siz borasiz.*

У бор*а*ди.　　　　彼／彼女は行きます。　　Улар бор*а*ди(лар).　彼らは行きます。
　U boradi.　　　　　　　　　　　　　　　　*Ular boradi(lar).*

語幹が母音で終わる動詞： ишламоқ │ *ishlamoq*　働く

Мен ишла*й*ман.　私は働きます。　　　　Биз ишла*й*миз.　　我々は働きます。
　Men ishlayman.　　　　　　　　　　　　*Biz ishlaymiz.*

Сен ишла*й*сан.　君は働きます。　　　　Сиз ишла*й*сиз.　　あなたは働きます。
　Sen ishlaysan.　　　　　　　　　　　　*Siz ishlaysiz.*

У ишла*й*ди.　　 彼／彼女は働きます。　 Улар ишла*й*ди(лар).　彼らは働きます。
　U ishlaydi.　　　　　　　　　　　　　　*Ular ishlaydi(lar).*

Биз жуда кўп *ичамиз*.　　　　　　　　　我々は、とてもたくさん飲みます。
　Biz juda ko'p ichamiz.

Санжар кутубхонада китоб *ўқийди*.　 サンジャルは図書館で本を読みます。
　Sanjar kutubxonada kitob o'qiydi.

> **！注意**　語幹が子音 **й** で終わる動詞の場合は、現在・未来の時制を表す接辞 -a- が付加され йа となるところを一文字で **я** と表記します。
>
> ex. **киймоқ**　着る　　мен кияман, биз киямиз, сен киясан, сиз киясиз, у кияди

名詞や形容詞が述語の文で見たように、動詞の変化形の場合でも、**3人称複数の主語**に対して3人称単数の人称の付属語が使われる場合がしばしばあります。とくに、主語が無生物の場合は、複数であっても人称の付属語は**単数**となることが一般的です。

Ўқувчилар яхши ўқий*ди*.　　　　　　生徒たちは、よく勉強します。
　O'quvchilar yaxshi o'qiydi.

Япониядан хабарлар кела*ди*.　　　　日本からさまざまな知らせが届きます。
　Yaponiyadan xabarlar keladi.

また、3人称複数の人称の付属語は、**尊敬**の意味を表す際に用いられることがあります。

Домла келади*лар*.　　　　　　　　　 先生がいらっしゃいます。
　Domla keladilar.

Ҳозир улар гапирадилар. 今、あのお方がお話されます。
Hozir ular gapiradilar.

3.3 否定文 ⏵)) 15

否定文を作るには、語幹の後ろに**否定を意味する接辞 -ма-｜*-ma-*** を挿入し、さらに時制を表す接辞と人称の付属語を付加します。-ма-｜*-ma-* は母音で終わっていますので、その後に続く時制を表す接辞は必然的に **-й-｜*-y-*** となります。語幹の後ろに接辞を付加する順番に注意してください。

> 語幹 ＋ -ма- ＋ -й- ＋ 人称の付属語②

> 語幹 ＋ *-ma-* ＋ *-y-* ＋ 人称の付属語②

Мен бормайман. Биз бормаймиз.
Men bormayman. *Biz bormaymiz.*
私は行きません。 我々は行きません。

Сен бормайсан. Сиз бормайсиз.
Sen bormaysan. *Siz bormaysiz.*
君は行きません。 あなたは行きません。

У бормайди. Улар бормайди(лар).
U bormaydi. *Ular bormaydi(lar).*
彼／彼女は行きません。 彼らは行きません。

Мен ишламайман. Биз ишламаймиз.
Men ishlamayman. *Biz ishlamaymiz.*
私は働きません。 我々は働きません。

Сен ишламайсан. Сиз ишламайсиз.
Sen ishlamaysan. *Siz ishlamaysiz.*
君は働きません。 あなたは働きません。

У ишламайди. Улар ишламайди(лар).
U ishlamaydi. *Ular ishlamaydi(lar).*
彼／彼女は働きません。 彼らは働きません。

Биз билмаймиз.
Biz bilmaymiz.
我々は知りません。

Умида ароқ ичмайди.
Umida aroq ichmaydi.
ウミーダは、ウォッカを飲みません。

3.4　疑問文・否定疑問文

疑問文は、肯定・否定にかかわらず、末尾の人称の付属語の後ろに**疑問を意味する接辞 -ми？ | -mi？** を付加します。

> 語幹 ＋ (-ма-) ＋ -а-/-й- ＋ 人称の付属語② ＋ -ми？

> 語幹 ＋ (-ma-) ＋ -a-/-y- ＋ 人称の付属語② ＋ -mi？

Мен бораманми？
Men boramanmi?
私は行きますか？

Сен борасанми？
Sen borasanmi?
君は行きますか？

У боради ми？
U boradimi?
彼／彼女は行きますか？

Биз борамизми？
Biz boramizmi?
我々は行きますか？

Сиз борасизми？
Siz borasizmi?
あなたは行きますか？

Улар боради(лар)ми？
Ular boradi(lar)mi?
彼らは行きますか？

Мен ишламайманми？
Men ishlamaymanmi?
私は働きませんか？

Сен ишламайсанми？
Sen ishlamaysanmi?
君は働きませんか？

У ишламайдими？
U ishlamaydimi?
彼／彼女は働きませんか？

Биз ишламаймизми？
Biz ishlamaymizmi?
我々は働きませんか？

Сиз ишламайсизми？
Siz ishlamaysizmi?
あなたは働きませんか？

Улар ишламайди(лар)ми？
Ular ishlamaydi(lar)mi?
彼らは働きませんか？

Сиз касалхонада ишлайсизми?
Siz kasalxonada ishlaysizmi?
あなたは病院で働いていますか？

Болалар ҳали ухламайдими？
Bolalar hali uxlamaydimi?
子どもたちは、まだ寝ませんか？

◆基本的な動詞の例　　　　　　　　　　17

бормоқ | *bormoq* 行く	келмоқ | *kelmoq* 来る
қилмоқ | *qilmoq* する	бўлмоқ | *boʻlmoq* なる
ўқимоқ | *oʻqimoq* 読む；勉強する	ёзмоқ | *yozmoq* 書く
тушунмоқ | *tushunmoq* 理解する	билмоқ | *bilmoq* 知っている、知る
кўрмоқ | *koʻrmoq* 見る	ўйламоқ | *oʻylamoq* 考える、思う
олмоқ | *olmoq* 取る	бермоқ | *bermoq* 与える
демоқ | *demoq* 言う	айтмоқ | *aytmoq* 言う
гапирмоқ | *gapirmoq* しゃべる	эшитмоқ | *eshitmoq* 聞く
емоқ | *yemoq* 食べる	ичмоқ | *ichmoq* 飲む
ўтирмоқ | *oʻtirmoq* 座る	турмоқ | *turmoq* 立つ、起きる
қолмоқ | *qolmoq* 残る	кетмоқ | *ketmoq* 去る
яшамоқ | *yashamoq* 住む、生きる	ухламоқ | *uxlamoq* 眠る、寝る
учрашмоқ | *uchrashmoq* 会う	кутмоқ | *kutmoq* 待つ
сўрамоқ | *soʻramoq* 尋ねる；頼む	ишламоқ | *ishlamoq* 働く

> **参考**　主語が人間の場合、3人称複数の動詞の変化形でУлар боришади. \| *Ular borishadi.*「彼らは行きます」という形が用いられることがあります（語幹に付加された -иш- \| -ish- は、相互の動作を意味する接辞で、この接辞を付加することにより複数人での動作であることを表します）。学習の初歩の段階では、この課で学習したようにまずУлар боради(лар). \| *Ular boradi(lar).* という形を覚えておきましょう。
>
> 　（これから動詞の様々な時制の変化形を学習しますが、人間が主語の場合での3人称複数の -иш- \| -ish- の使い方は、現在・未来形ばかりでなく他の時制の変化形にも当てはまります。）

練習

1) 次の文を日本語に訳しましょう。

1. Биз озгина ўзбекча гапирамиз.
2. У бу ерда қоладими?
3. Санжар эртага Бухородан келади.
4. Емайсизми?
5. – Қаерда яшайсан?   – Тошкентда яшайман.

1. *Biz ozgina oʻzbekcha gapiramiz.*
2. *U bu yerda qoladimi?*
3. *Sanjar ertaga Buxorodan keladi.*
4. *Yemaysizmi?*
5. *– Qayerda yashaysan?   – Toshkentda yashayman.*

2) 次の文をウズベク語に訳しましょう。

1. 私は、明日、家で本を読みます。
2. 今日、我々は働かないのですか？
3. あなたはどこから来ますか？　大学から来るのではないのですか？
4. 我々は、ここで少し待ちます。
5. – 君はウォッカを飲みますか？　– いいえ、ウォッカは飲みません。お茶を飲みます。

第4課　4-dars

❶ 名詞の所有格：「〜の」・所属人称接尾辞
менинг дўстим, сизнинг отангиз
mening do'stim, sizning otangiz

❷ 複合名詞（名詞結合）
Ўзбекистон Республикаси ｜ *O'zbekiston Respublikasi*

❶ 名詞の所有格：「〜の」・所属人称接尾辞

所有格は、格接尾辞 **-нинг**｜*-ning* を名詞に付加して「〜の」の意味を表し、**所有・所属関係**を表します。

サンジャル ＋ の　　→　　サンジャルの
Санжар ＋ -нинг　　→　　Санжар**нинг**
Sanjar ＋ *-ning*　　　　　*Sanjarning*

☞ 人称代名詞 мен｜*men*「私」、сен｜*sen*「君」の所有格は、н｜*n* の子音が一つ脱落して例外的に **менинг, сенинг**｜*mening, sening* となります。

1.1　所属人称接尾辞（所有接尾辞）

「あなたのノート」というように二つの名詞「あなた」(A)・「ノート」(B) の所有関係を表す場合、日本語ではAとBの間に格助詞「の」を入れるだけですが、ウズベク語では**限定される名詞**（B）にさらに**所属人称接尾辞**という文法要素が付加されます。所属人称接尾辞は、下表のとおり所有格の名詞（A）の人称に応じて異なった形となります。

あなた ＋ の ＋ ノート　　　　　　　　→　　あなたのノート
сиз ＋ -нинг　дафтар ＋ 所属人称接尾辞　→　сиз**нинг** дафтар**ингиз**
siz ＋ *-ning daftar* ＋ 所属人称接尾辞　　　*sizning daftaringiz*

所属人称接尾辞は、語末が子音で終わる名詞に付加する場合と母音で終わる名詞に付加する場合の2種類があります。

第4課 ◆ 4-dars | 4-dars

所属人称接尾辞			子音で終わる名詞	母音で終わる名詞
1人称単数		менинг	-им	-м
	複数	бизнинг	-имиз	-миз
2人称単数		сенинг	-инг	-нг
	複数	сизнинг	-ингиз	-нгиз
3人称		у(лар)нинг	-и	-си

			子音で終わる名詞	母音で終わる名詞
1人称単数		*mening*	-im	-m
	複数	*bizning*	-imiz	-miz
2人称単数		*sening*	-ing	-ng
	複数	*sizning*	-ingiz	-ngiz
3人称		*u(lar)ning*	-i	-si

子音で終わる名詞：дўст | *do'st*　友だち

менинг дўст**им** *mening do'st**im***	私の友だち	бизнинг дўст**имиз** *bizning do'st**imiz***	我々の友だち
сенинг дўст**инг** *sening do'st**ing***	君の友だち	сизнинг дўст**ингиз** *sizning do'st**ingiz***	あなたの友だち
унинг дўст**и** *uning do'st**i***	彼／彼女の友だち	уларнинг дўст**и** *ularning do'st**i***	彼らの友だち

母音で終わる名詞：ота | *ota*　父

менинг ота**м** *mening ota**m***	私の父	бизнинг ота**миз** *bizning ota**miz***	我々の父
сенинг ота**нг** *sening ota**ng***	君の父	сизнинг ота**нгиз** *sizning ota**ngiz***	あなたの父
унинг ота**си** *uning ota**si***	彼／彼女の父	уларнинг ота**си** *ularning ota**si***	彼らの父

所属人称接尾辞は、名詞の複数形にも付加することができます。

болалар | *bolalar*　子どもたち

меним болаларим　　　　бизнинг болаларимиз
mening bolalarim　　　　*bizning bolalarimiz*
私の子どもたち　　　　　　我々の子どもたち

сенинг болаларинг　　　сизнинг болаларингиз
sening bolalaring　　　　*sizning bolalaringiz*
君の子どもたち　　　　　　あなたの子どもたち

унинг болалари　　　　　уларнинг болалари
uning bolalari　　　　　*ularning bolalari*
彼／彼女の子どもたち　　　彼らの子どもたち

☞限定される名詞に所属人称接尾辞がついていれば、それが誰の所有物かわかるので、とくに1人称・2人称の所有格の人称代名詞（менинг, сизнинг | *mening, sizning* など）は、所有者を強調する場合以外では省略されることがしばしばあります。

дўстим | *do'stim*　私の友だち　　　отангиз | *otangiz*　あなたの父

🔍 **参考**　語末が母音で終わるアラビア語・ペルシア語起源の一部の語においては、例外的に以下のように所属人称接尾辞が付加されます。

1) アラビア語・ペルシア語起源で語末が母音 o, y, ў | *o, u, o'* で終わる語

худо | *xudo*　神　　худойим, худойимиз, …. худоси
　　　　　　　　　　xudoyim, xudoyimiz, …. xudosi

жазо | *jazo*　罰　　жазойим, жазойимиз, …. жазоси
　　　　　　　　　　jazoyim, jazoyimiz, …. jazosi

орзу | *orzu*　希望　орзуйим, орзуйимиз, …. орзуси
　　　　　　　　　　orzuyim, orzuyimiz, …. orzusi

обрў | *obro'*　権威　обрўйим, обрўйимиз, …. обрўйи/обрўси
　　　　　　　　　　　obro'yim, obro'yimiz, …. obro'yi/obro'si

авзо | *avzo*　気分；表情　авзойим, авзойимиз, …. авзойи
　　　　　　　　　　　　　avzoyim, avzoyimiz, …. avzoyi

2）アラビア語起源でアラビア語の原綴では語末が子音 'ayn（声門閉鎖音）で終わる語（ウズベク語の正書法では語末の声門閉鎖音は表記されていません）

мавзу | *mavzu*　テーマ (< mawḍūʻ موضوع)	мавзу**им**, мавзу**имиз**, ... мавзу**и** *mavzuim, mavzuimiz, ... mavzui*
мавқе | *mavqe*　地位 (< mawqiʻ موقع)	мавқе**им**, мавқе**имиз**, ... мавқе**и** *mavqeim, mavqeimiz, ... mavqei*
толе | *tole*　幸運 (< ṭāliʻ طالع)	толе**им**, толе**имиз**, ... толе**и** *toleim, toleimiz, ... tolei*

1.2　所属人称接尾辞のルール① 🔊 20

2音節以上からなり、**語末が к, қ | *k, q* の子音で終わる**名詞に所属人称接尾辞が付加される場合、к, қ | *k, q* はそれぞれ **г, ғ | *g, gʻ* に変えて**から所属人称接尾辞をつけます（к, қ | *k, q* の子音が母音に挟まれるため**有声化**します）。

к | *k* で終わる名詞：юрак | *yurak*　心、心臓

менинг юра**г**им *mening yuragim*	私の心	бизнинг юра**г**имиз *bizning yuragimiz*	我々の心
сенинг юра**г**инг *sening yuraging*	君の心	сизнинг юра**г**ингиз *sizning yuragingiz*	あなたの心
унинг юра**г**и *uning yuragi*	彼／彼女の心	уларнинг юра**г**и *ularning yuragi*	彼らの心

қ | *q* で終わる名詞：қишлоқ | *qishloq*　村

менинг қишло**ғ**им *mening qishlogʻim*	私の村	бизнинг қишло**ғ**имиз *bizning qishlogʻimiz*	我々の村
сенинг қишло**ғ**инг *sening qishlogʻing*	君の村	сизнинг қишло**ғ**ингиз *sizning qishlogʻingiz*	あなたの村
унинг қишло**ғ**и *uning qishlogʻi*	彼／彼女の村	уларнинг қишло**ғ**и *ularning qishlogʻi*	彼らの村

☞ 複数の接尾辞 -лар | *-lar* がついた場合は、このルールは適用されません。
　бизнинг кўйла**к**ларимиз | *bizning koʻylaklarimiz* （кўйлак | *koʻylak*　シャツ；

ワンピース）

менинг ўртоқларим｜*mening o'rtoqlarim*（ўртоқ｜*o'rtoq* 仲間、友人）

☞ また、アラビア語・ペルシア語起源の一部の語、あるいはロシア語からの借用語や外国語の固有名詞などに関しては、2音節以上の単語であってもこのルールは適用されません。

иштирок｜*ishtirok* 参加　→　иштироки｜*ishtiroki*
иттифоқ｜*ittifoq* 同盟　→　иттифоқи｜*ittifoqi*

1.3 所属人称接尾辞のルール② 　　　　　　　　　Down Load 21

　2音節からなり、第2音節が**子音・母音・子音**で構成される語のうちの**一部**は、所属人称接尾辞がつくと**第2音節の母音が脱落**するという特別なルールがあります。以下はそのような単語の例です。

ўғил｜*o'g'il* 息子、男の子　　кўнгил｜*ko'ngil* 心　　шаҳар｜*shahar* 町、市
сингил｜*singil* 妹　　　　　бурун｜*burun* 鼻　　оғиз｜*og'iz* 口
қорин｜*qorin* おなか　　　　ярим｜*yarim* 半分　　など

　たとえば、шаҳар｜*shahar*（町、市）という語は2音節からなり、第1音節が ша｜*sha*、第2音節が ҳар｜*har* で、第2音節は子音・母音・子音の形になっています。この語に所属人称接尾辞が付加される場合は、以下のようになります。

шаҳар + -им　　→　　шаҳрим　　私の町
shahar + *-im*　　　　　*shahrim*

例：ўғил｜*o'g'il* 息子、男の子

менинг ўғлим　　私の息子　　　бизнинг ўғлимиз　　我々の息子
mening o'g'lim　　　　　　　*bizning o'g'limiz*

сенинг ўғлинг　　君の息子　　　сизнинг ўғлингиз　　あなたの息子
sening o'g'ling　　　　　　　*sizning o'g'lingiz*

унинг ўғли　　　彼／彼女の息子　уларнинг ўғли　　　彼らの息子
uning o'g'li　　　　　　　　*ularning o'g'li*

例外：син**гил** | sin*gil*　妹

менинг син**гл**им　私の妹
mening sin*gl*im

бизнинг син**гл**имиз　我々の妹
bizning sin*gl*imiz

сенинг син**гл**инг　君の妹
sening sin*gl*ing

сизнинг син**гл**ингиз　あなたの妹
sizning sin*gl*ingiz

унинг син**гл**иси　彼／彼女の妹
uning sin*gl*isi

уларнинг син**гл**иси　彼らの妹
ularning sin*gl*isi

> **注意**　このсингил | *singil* という単語に限って3人称の所属人称接尾辞が сингли | *singli* ではなく、**例外的に** син**гл**иси | sin*gl*isi となるので注意してください。

◆親族名称　　　　　　　　　　　　　　　　　　　　　　Down Load 🔊 22

ота	*ota* 父	она	*ona* 母	ота-она	*ota-ona* 父母
ака	*aka* 兄	ука	*uka* 弟	ака-ука	*aka-uka* 兄弟
опа	*opa* 姉	сингил	*singil* 妹	опа-сингил	*opa-singil* 姉妹
ўғил	*oʻgʻil* 息子	қиз	*qiz* 娘	бола	*bola* 子ども
бува	*buva* 祖父	буви	*buvi* 祖母	невара	*nevara* 孫
эр	*er* 夫	хотин	*xotin* 妻	оила	*oila* 家族

1.4　接尾辞-ники | -*niki*　　　　　　　　　　　　　　Down Load 🔊 23

接尾辞 -ники | -*niki* は、名詞に付加されて「～のもの」という意味を表します。人称代名詞をはじめ、固有名詞も含めてあらゆる名詞に付加することができます。

Бу дафтар у**ники**.　　　　　このノートは彼のものです。
　Bu daftar u*niki*.

– Бу ручка сиз**ники**ми?　　　このペンはあなたのものですか？
– Bu ruchka siz*niki*mi?

　– Ҳа, ме**ники**.　　　　　　はい、私のものです。
　– Ha, me*niki*.

– Оқ машина ким**ники**?　　　白い車は誰のものですか？
– Oq mashina kim*niki*?

　– Санжар**ники**.　　　　　　サンジャルのものです。
　– Sanjar*niki*.

– Бу уларнинг сумкасими?   これは彼らのバッグですか？
– *Bu ularning sumkasimi?*

– Йўқ, улар**ники** эмас.   いいえ、彼らのものではありません。
– *Yo'q, ularniki emas.*

☞ 人称代名詞 мен｜*men*「私」、сен｜*sen*「君」に付加される場合は、н｜*n* の子音が一つ脱落して例外的に **мeники, сеники**｜***meniki, seniki*** となります。

以下の二つの文を比較してみましょう。文の意味する内容は、ほとんど同じものになります。

Бу бизнинг ишимиз.｜*Bu bizning ishimiz.*　これは我々の仕事です。
Бу иш бизники.｜*Bu ish bizniki.*　この仕事は我々のものです。

練習

1) 次の名詞に適切な所属人称接尾辞をつけ、日本語に訳しましょう。

1. унинг (　　　)　←　она
2. менинг (　　　)　←　уй
3. бизнинг (　　　)　←　ўртоқ
4. сизнинг (　　　)　←　оғиз
5. Санжарнинг (　　　)　←　китоблар

1. *uning (　　　)*　←　*ona*
2. *mening (　　　)*　←　*uy*
3. *bizning (　　　)*　←　*o'rtoq*
4. *sizning (　　　)*　←　*og'iz*
5. *Sanjarning (　　　)*　←　*kitoblar*

2) 次の文を日本語に訳しましょう。

1. Менинг укам университетда ўқийди.
2. – Исмингиз нима?　– Исмим Умида.
3. Бизнинг ўқитувчимиз жуда меҳрибон одам.
4. Сенинг ишхонанг қаерда? Уйингдан узоқ эмасми?
5. – Бу кўк ручка кимники? Сизникими?　– Йўқ, меники эмас.

Улуғбекники.

1. *Mening ukam universitetda o'qiydi.*
2. *– Ismingiz nima?   – Ismim Umida.*
3. *Bizning o'qituvchimiz juda mehribon odam.*
4. *Sening ishxonang qayerda? Uyingdan uzoq emasmi?*
5. *– Bu ko'k ruchka kimniki? Sizniki mi?   – Yo'q, meniki emas. Ulug'bekniki.*

3) 次の文をウズベク語に訳しましょう。

1. 君の考えは悪くありません。
2. 我々の会社は東京にあります。
3. – あなたのお父さんはどこで働いていますか？ – 私の父は郵便局で働いています。
4. 彼女は、サンジャルの妹さんの友だちではないのですか？
5. 私の町はとても美しい町です。

❷ 複合名詞（名詞結合）

ウズベク語には、「名詞A　名詞B＋3人称所属人称接尾辞（-и/-си｜-i/-si）」の構成による**複合名詞、名詞結合**の表現が多くあります。

ウズベキスタン ＋ 共和国	→	ウズベキスタン共和国
Ўзбекистон　республика ＋ -си	→	Ўзбекистон Республика**си**
O'zbekiston　respublika ＋ -si		O'zbekiston Respublika*si*

日本語では二つ以上の名詞をそのまま並べるだけで複合名詞を作ることができますが、ウズベク語では**基本的に**名詞をそのまま並べることはできず、3人称所属人称接尾辞（-и/-си｜-i/-si）を付加することで複数の名詞が結びついていることを表します。

Тошкент	аэропорт	→	Тошкент аэропорт**и**
Toshkent	*aeroport*		*Toshkent aeroporti*
タシュケント	空港		タシュケント空港

телефон	рақам	→	телефон рақам**и**
telefon	*raqam*		*telefon raqami*
電話	番号		電話番号

университет	талаба	→	университет талаба**си**
universitet	*talaba*		*universitet talaba**si***
大学	学生		大学生

ўқув	бино	→	ўқув бино**си**
o'quv	*bino*		*o'quv bino**si***
学習、勉強	建物		校舎

◆複合名詞の特徴　　　　　　　　　　　Down Load 25

1）複合名詞を複数にする場合、複数接尾辞 -лар｜*-lar* は名詞 B と所属人称接尾辞の間に置かれます。

телефон рақам**лар**и｜*telefon raqamlari*　（複数の）電話番号
университет талаба**лар**и｜*universitet talabalari*　大学生たち

2）複合名詞を構成する2つの名詞の結びつきは強く、その間には形容詞などほかの要素を挿入することはできません。

янги телефон рақами｜*yangi telefon raqami*　新しい電話番号
мазали Хоразм гуручи｜*mazali Xorazm guruchi*　おいしいホラズム米

3）複合名詞が3つ以上の名詞から構成される場合もあります。その場合は、名詞同士の意味的な結びつきを考え、どの名詞に3人称所属人称接尾辞（-и/-си｜*-i/-si*）を付加するのか判断する必要があります。

a)　Ўзбекистон　республика　президент
　　O'zbekiston　*respublika*　*prezident*
　　ウズベキスタン　共和国　大統領

　→　Ўзбекистон Республика**си** Президент**и**
　　　O'zbekiston Respublikasi Prezidenti
　　　ウズベキスタン共和国大統領

この場合は、3つの名詞のうち、まず「ウズベキスタン」Ўзбекистон｜*O'zbekiston* と「共和国」республика｜*respublika* が結びついて「ウズベキスタン共和国」という複合名詞になりますので、後ろの「共和国」に3人称所属人称接尾辞を付加します。さらに、「ウズベキスタン共和国」Ўзбекистон Республикаси｜*O'zbekiston*

Respublikasi と「大統領」президент | *prezident* が結びつきますので、「大統領」に3人称所属人称接尾辞を付加します。

b)   Бухоро   давлат   университет
         Buxoro   *davlat*   *universitet*
         ブハラ   国家   大学

       →   Бухоро Давлат Университет**и**
             *Buxoro Davlat Universitet**i***
             ブハラ国立大学

この場合は、まず「国家」давлат | *davlat* と「大学」университет | *universitet* が結びついて「国家大学（国立大学）」という複合名詞になりますので、後ろの「大学」に3人称所属人称接尾辞を付加します。そして、「ブハラ」Бухоро | *Buxoro* と「国家大学（国立大学）」давлат университети | *davlat universiteti* を結びつけるために、後ろの「国家大学（国立大学）」に3人称所属人称接尾辞を付加したいところなのですが、すでに「国家大学（国立大学）」の末尾には3人称所属人称接尾辞が付加されています。所属人称接尾辞は2つ以上重複して付加することはできませんので、すでに所属人称接尾辞が付けられている場合は、そのまま重複させずにそれ以上は付加しません。

4) 複合名詞にさらに所属人称接尾辞を付加する場合は、所属人称接尾辞は重複して付加することはできないので、もとあった3人称の所属人称接尾辞を**削除**した上で付加します。

ўқув бино**си**   校舎   →   бизнинг ўқув бино**миз**   我々の校舎
o'quv binosi   *bizning o'quv binomiz*
                        （× ўқув бино**симиз** | *o'quv binosimiz* とはなりません）

телефон рақам**и**   電話番号 → унинг телефон рақам**и**   彼の電話番号
telefon raqami   *uning telefon raqami*
                        （× телефон рақам**иси** | *telefon raqamisi* とはなりません）

練習

1）名詞を組み合わせて複合名詞にし、日本語に訳しましょう。

　1. Ўзбекистон, элчихона
　2. япон, тил
　3. Самарқанд, шаҳар
　4. иш, жой, манзил
　5. Ўзбекистон, ҳаво, йўллар

　1. *O'zbekiston, elchixona*
　2. *yapon, til*
　3. *Samarqand, shahar*
　4. *ish, joy, manzil*
　5. *O'zbekiston, havo, yo'llar*

2）次の文を日本語に訳しましょう。

　1. «Амир Темур хиёбони» метро бекати қаерда?
　2. Она тилингиз ўзбек тилими?
　3. Биз Токио Чет тиллар Университетининг талабасимиз.

　1. *«Amir Temur xiyoboni» metro bekati qayerda?*
　2. *Ona tilingiz o'zbek tilimi?*
　3. *Biz Tokio Chet tillar Universitetining talabasimiz.*

3）次の文をウズベク語に訳しましょう。

　1. タシュケント駅の新しい建物は大きくて高いです。
　2. 成田空港は東京の中心からとても遠く、不便です。
　3. 坂本教授のロシア文学の授業はおもしろいです。

　（坂本教授　профессор Сакамото | *professor Sakamoto*）

日本語の「の」とウズベク語の -нинг｜-ning

　　日本語の格助詞「の」は、名詞と名詞を結びつける際に広く用いられ、さまざまな意味を表します。たとえば、「サンジャル<u>の</u>家」という表現では「の」は所有関係を表し、「文学<u>の</u>授業」という表現では所有関係ではなく授業の内容について表しています。

　一方でウズベク語の -нинг｜-ning は、「所有格接尾辞」という名前が示すとおり、基本的に所有・所属関係を意味します。ですので、「サンジャルの家」は Санжар<u>нинг</u> уйи｜Sanjar<u>ning</u> uyi と言うことができますが、所有・所属関係を表さない「文学の授業」は адабиёт<u>нинг</u> дарси｜adabiyot<u>ning</u> darsi と言うことができません。この場合は、複合名詞（名詞結合）と同様の形で адабиёт дарси｜adabiyot darsi と言う必要があります。

　以上のとおり、日本語の格助詞「の」はウズベク語の -нинг｜-ning に機械的に置き換えが可能ではなく、その意味に応じて -нинг｜-ning とする場合と複合名詞の形とする場合がありますので、注意してください。

サンジャル<u>の</u>家	Санжар<u>нинг</u> уйи｜Sanjar<u>ning</u> uyi
文学<u>の</u>授業	○ адабиёт дарси｜adabiyot darsi
	× адабиёт<u>нинг</u> дарси｜adabiyot<u>ning</u> darsi（間違い）

ウズベク語のあいさつ

　　ウズベク語のあいさつ表現は、Assalomu alaykum｜Assalomu alaykum といいます。これはイスラーム圏共通のアラビア語起源の表現で、昼夜関係なく人と人が出会った際に使われ、あいさつをされた側は Ва алайкум ассалом｜Va alaykum assalom と答えるのが正式です。親しい間柄では、省略形の Салом｜Salom も使われます。それに続けて Яхшимисиз?｜Yaxshimisiz?「ご機嫌いかがですか？」などと聞き、さらに仕事や勉強の調子、家族の健康を尋ねる表現等が続き、あいさつがとても長くなるのが特徴です。道端で知り合いと出会ったときも、日本なら軽く会釈で済ますところをウズベキスタンでは必ず立ち止まって一通りあいさつをしなければならないので、急いでいるときなどは大変です。

　別れの際も含めてあいさつ時の仕草としては、握手をすることが多いでしょう。親しい間柄では肩を寄せ合ったり、抱擁したり、さらには同性同士でもお互いの頬にキスをしあったりすることもあります。自分より目上の人に対しては、右手（片手）を自分の胸に当てて敬意を表すポーズをします。この仕草は感謝の意を表す際にもよく使われます。

第 5 課

5-дарс | 5-dars

❶ 存在文と所有文：「〜がある、〜がいる」「〜をもっている」
Чой бор, сув йўқ. Менинг акам бор. |
Choy bor, suv yo'q. Mening akam bor.

❷ 数詞
бир, икки, уч, тўрт, беш… | *bir, ikki, uch, to'rt, besh…*

❸ 名詞の方向格：「〜へ、〜に」
Мен Тошкентга бораман. | *Men Toshkentga boraman.*

---

❶ 存在文と所有文：「〜がある、〜がいる」「〜をもっている」 26

бор | bor は「ある」、**йўқ | yo'q** は「ない」を意味する特殊な語で、**存在**と**所有**を表す場合に使われます。これらの語は、動詞ではありません。単独の形でおもに述語として使われます。

Чой бор, сув йўқ. *Choy bor, suv yo'q.*	お茶はあります、水はありません。
Бугун дарс бор. *Bugun dars bor.*	今日、授業があります。

1.1 存在文 27

存在文は、「〜に…がある、〜に…がいる」というようにどこかに何かが**存在している状況**を表します。何かが存在している状況を表すことに主眼が置かれ、英語の **There** 構文とも似たような使われ方をします。多くの場合、3人称の物が存在文の主語となります。

場所を示す語句　　主語　　бор/йўқ | *bor/yo'q*

Бу ошхонада шашлик бор. *Bu oshxonada shashlik bor.*	この食堂にはシャシリクがあります。
Ўзбекистонда денгиз йўқ. *O'zbekistonda dengiz yo'q.*	ウズベキスタンには海がありません。
Касалхонамизда кўп ҳамширалар бор. *Kasalxonamizda ko'p hamshiralar bor.*	我々の病院には大勢の看護師がいます。

☞ 「…がたくさんある／いる」は、…. кўп бор | …. ko'p bor ではなく、кўп …. бор | ko'p …. bor 「たくさんの…がある／いる」という表現になりますので注意してください。

すでに話題になっている物や人について、その**いどころ**を表す場合には、位置格 **-да | -da** を述語とした表現（**いどころ文**）を用い、бор/йўқ | bor/yo'q は使いません。主語が1人称、2人称の場合は、存在文ではなく、この「いどころ文」を使うことが普通です。

Болалар уй**да**. Bolalar uy**da**.	子どもたちは家にいます。 （特定の子どもたちについて、彼らがどこにいるかを表す）
比較：Уйда болалар бор. Uyda bolalar bor.	家には子どもたちがいます。 （「子どもたちがいる」という状況を表す）
У китоблар кутубхона**да**. U kitoblar kutubxona**da**.	それらの本は図書館にあります。 （特定の本について、それがどこにあるかを表す）
比較：Кутубхонада китоблар бор. Kutubxonada kitoblar bor.	図書館には本があります。 （「本がある」という状況を表す）
Биз Япония**да**миз. Biz Yaponiya**da**miz.	我々は日本にいます。
比較：Японияда биз бормиз. Yaponyada biz bormiz.	日本には（他でもない）我々がいます。 （非常に限られた文脈でしか使いません）

1.2 所有文　　　　　　　　　　　　　28

所有文は、「〜は…をもっている」「〜には…がいる」という**所有関係**を表します。ウズベク語には英語の have（〜をもっている）に相当する動詞がなく、所有関係を表す際には**動詞を使わずに** бор/йўқ | bor/yo'q を用いた所有文で表現します。所有文では、所有者ではなく所有の対象となる物や人が主語となり、以下のように字義通りでは「〜の…がある」という表現で「〜は…をもっている」という意味を表します。

（所有格名詞）　　名詞 + 所属人称接尾辞　　бор/йўқ | bor/yo'q

Ме**нинг** ака**м** бор. Me**ning** aka**m** bor.	私には兄がいます。
– Машина**нгиз** йўқми? – Mashina**ngiz** yo'qmi?	あなたは車をもっていないのですか？
– Ҳа, машина**м** йўқ. – Ha, mashina**m** yo'q.	はい、私は車をもっていません。

Эртага иш**имиз йўқ**.　　　　　明日は、我々は仕事がありません。
*Ertaga ish*imiz yo'q*.

> 参考　「〜をもっている」という所有を表す表現は、Машинам бор. | *Mashinam bor.*「私は車をもっています」のように所属人称接尾辞を使った所有文となるのが基本です。しかし、所有の対象が**無生物**である場合には、Менда машина бор. | *Menda mashina bor.*「私には車があります」のように存在文の表現が使われることもあります。ただし、所有の対象が**人間**である場合は、基本どおりにАкам бор. | *Akam bor.*「私には兄がいます」といった所有文を使うのが一般的です。

練習

1) 次の文を日本語に訳しましょう。

1. Санжарнинг синглиси бор.
2. Ҳамёнимда майда пул йўқ.
3. Ёзда ҳам баланд тоғларда қор бор.
4. – Болаларингиз борми？ – Ҳа, ўғилларим бор.
5. Сизда Умиданинг телефон рақами борми？

1. *Sanjarning singlisi bor.*
2. *Hamyonimda mayda pul yo'q.*
3. *Yozda ham baland tog'larda qor bor.*
4. *– Bolalaringiz bormi? – Ha, o'g'illarim bor.*
5. *Sizda Umidaning telefon raqami bormi?*

2) 次の文をウズベク語に訳しましょう。

1. 我々の学校にはたくさんの生徒と教師がいます。
2. 私の家にはテレビがありません。
3. 今日、私には仕事があります。時間がありません。
4. あなたはサマルカンドに友だちがいますか？
5. タシュケント駅の近くに小さな市場があります。

❷ 数詞

2.1 基数詞

ウズベク語の基数詞は、以下のとおりです。

0	ноль | *nol*			
1	бир | *bir*	10	ўн | *oʻn*
2	икки | *ikki*	20	йигирма | *yigirma*
3	уч | *uch*	30	ўттиз | *oʻttiz*
4	тўрт | *toʻrt*	40	қирқ | *qirq*
5	беш | *besh*	50	эллик | *ellik*
6	олти | *olti*	60	олтмиш | *oltmish*
7	етти | *yetti*	70	етмиш | *yetmish*
8	саккиз | *sakkiz*	80	саксон | *sakson*
9	тўққиз | *toʻqqiz*	90	тўқсон | *toʻqson*

100	юз | *yuz*	1,000	минг | *ming*
1,000,000	миллион | *million*		

これらの数詞の組み合わせ方は、基本的に**日本語の場合と同様**です。11 ならば、ўн ｜ *oʻn*（10）と бир ｜ *bir*（1）をそのまま並べて ўн бир ｜ *oʻn bir* といいます。ただし、20 は икки ўн ｜ *ikki oʻn* ではなく йигирма ｜ *yigirma* となり、20, 30, 40, ... 90 は固有の数詞があります。

13	ўн уч | *oʻn uch*	28	йигирма саккиз | *yigirma sakkiz*
64	олтмиш тўрт | *oltmish toʻrt*	200	икки юз | *ikki yuz*
540	беш юз қирқ | *besh yuz qirq*	799	етти юз тўқсон тўққиз | *yetti yuz toʻqson toʻqqiz*
6,000	олти минг | *olti ming*	3,851	уч минг саккиз юз эллик бир | *uch ming sakkiz yuz ellik bir*

1 万、10 万は、英語と同様にそれぞれ「10 千」「100 千」というようないい方をします。

| 10,000 | ўн минг \| *o'n ming* | 60,000 | олтмиш минг \| *oltmish ming* |

82,400　саксон икки минг тўрт юз \| *sakson ikki ming to'rt yuz*
100,000　юз минг \| *yuz ming*　　500,000　беш юз минг \| *besh yuz ming*

100、1,000 は、単独では юз, минг \| *yuz, ming* といいますが、さらに下位に数字が続く場合は、бир юз, бир минг \| *bir yuz, bir ming* というように **бир** \| *bir* を補う必要があります。

100　юз \| *yuz*　　　　　　101　**бир** юз бир \| *bir yuz bir*
147　**бир** юз қирқ етти \| *bir yuz qirq yetti*
1,000　минг \| *ming*　　　　1,002　**бир** минг икки \| *bir ming ikki*
1,918　**бир** минг тўққиз юз ўн саккиз \| *bir ming to'qqiz yuz o'n sakkiz*

数詞の後に来る名詞は、単数形のままで、**複数形にしないのが基本です**。

уч доктор \| *uch doktor*　3人の医師　　икки давлат \| *ikki davlat*　二つの国家

2.2　さまざまな単位　　　　　　　　　　30

■ -та \| *-ta*　〜個、〜人

-та \| *-ta* は、物を数えるときに使うもっとも一般的な助数詞で、数詞の後ろに離さずに付加して「〜個、〜人」を表します。物に対しても人に対しても使うことができます。бир \| *bir* につく場合にのみ、例外的に битта \| *bitta* という形になります。

битта нон \| *bitta non*　1個のナン　　тўрт**та** меҳмон \| *to'rtta mehmon*　4人の客
ўн икки**та** машина \| *o'n ikkita mashina*　12台の自動車

☞ 人の人数を数える際には、нафар \| *nafar*「〜人」という助数詞を使うこともあります（нафар \| *nafar* は文章語でより多く使用される傾向があります）。

тўрт нафар меҳмон \| *to'rt nafar mehmon*　　　4人の客
икки минг нафар талаба \| *ikki ming nafar talaba*　　2000人の学生

■ марта ｜ *marta* 　～回　　　　　　 фоиз ｜ *foiz* 　パーセント
　даража ｜ *daraja* 　度（温度、角度）　 сўм ｜ *so'm* 　ソム（通貨単位）

уч марта ｜ *uch marta* 　3回　　йигирма беш фоиз ｜ *yigirma besh foiz* 　25%
қирқ даража ｜ *qirq daraja* 　40度　ўн минг сўм ｜ *o'n ming so'm* 　1万ソム

■ киши ｜ *kishi* 　～人の人

Биз уч кишимиз.　我々は3人です。（あなたたちは何人か？という質問に対して）
　Biz uch kishimiz.

Ўзбекистондан бир киши, Қозоғистондан икки киши келади.
　O'zbekistondan bir kishi, Qozog'istondan ikki kishi keladi.
ウズベキスタンからは1人、カザフスタンからは2人（の人）が来ます。

☞　「5人の生徒」というように「～人の…」を表す場合には、беш киши ўқувчи ｜ *besh kishi o'quvchi* とはいうことができないので注意してください。その場合は、бешта ўқувчи ｜ *beshta o'quvchi*, беш нафар ўқувчи ｜ *besh nafar o'quvchi* といいます。

◆その他の表現

■ ярим ｜ *yarim* 　半分

ウズベク語では、数字をいい表す際にярим ｜ *yarim* をよく使います。ярим ｜ *yarim* は「半分」、すなわち「0.5」を表し、たとえば1.5は1（бир）と0.5（ярим）を並べてбир ярим ｜ *bir yarim* といいます。また、бир ярим минг ｜ *bir yarim ming* は1.5×1,000で1,500を表します。

ярим килограмм ｜ *yarim kilogramm* 　0.5キログラム
икки ярим йил ｜ *ikki yarim yil* 　2年半
саккиз ярим минг сўм ｜ *sakkiz yarim ming so'm* 　8,500ソム
беш ярим фоиз ｜ *besh yarim foiz* 　5.5パーセント

■ бир неча ｜ *bir necha* 　いくつかの

Синфхонада бир неча ўқувчилар бор.　教室には何人かの生徒がいます。
　Sinfxonada bir necha o'quvchilar bor.

Бу қишлоқда бир неча минг одам яшайди.
Bu qishloqda bir necha ming odam yashaydi.
この村には数千人の人が住んでいます。

◆ 年齢の表し方 　　　　　　　　　　　　　　Down Load 32

年齢の聞き方・表し方には以下のように二通りの表現があります。いずれも位置格 -да | -*da* を使って表現します。

- Неча ёшдасиз? 　　　　　　　　　　　あなたは何歳ですか？
- *Necha yoshdasiz?* 　　　　　　　　　（неча | *necha* いくつ、ёш | *yosh* 年齢）

　- Йигирма ёшдаман. 　　　　　　　　　20 歳です。
　- *Yigirma yoshdaman.*

- Ёшингиз нечада? 　　　　　　　　　　あなたは何歳ですか？
- *Yoshingiz nechada?*

　- Менинг ёшим ўн тўққизда. 　　　　　19 歳です。
　- *Mening yoshim oʻn toʻqqizda.*

2.3　序数詞 　　　　　　　　　　　　　　　　Down Load 33

「〜番目」を表す序数詞は、語末が子音で終わる基数詞に **-инчи** | *-inchi* を、母音で終わる基数詞に **-нчи** | *-nchi* を付加することでつくることができます。

0 番目	нолинчи | *nolinchi*			
1 番目	биринчи | *birinchi*		10 番目	ўнинчи | *oʻninchi*
2 番目	иккинчи | *ikkinchi*		20 番目	йигирманчи | *yigirmanchi*
3 番目	учинчи | *uchinchi*		30 番目	ўттизинчи | *oʻttizinchi*
4 番目	тўртинчи | *toʻrtinchi*		40 番目	қирқинчи | *qirqinchi*
5 番目	бешинчи | *beshinchi*		50 番目	эллигинчи | *elliginchi*
6 番目	олтинчи | *oltinchi*		60 番目	олтмишинчи | *oltmishinchi*
7 番目	еттинчи | *yettinchi*		70 番目	етмишинчи | *yetmishinchi*
8 番目	саккизинчи | *sakkizinchi*		80 番目	саксонинчи | *saksoninchi*
9 番目	тўққизинчи | *toʻqqizinchi*		90 番目	тўқсонинчи | *toʻqsoninchi*
100 番目	юзинчи | *yuzinchi*		1,000 番目	мингинчи | *minginchi*

1,000,000 番目　миллионинчи | *millioninchi*

☞ 50 番目は、**эллик** + **-инчи** | *ellik* + *-inchi* で語末の子音 **к** | *k* が母音に挟まれることによって有声化して **г** | *g* となり、**эллигинчи** | *elliginchi* となりますので注意してください。

йигирма бир**инчи** аср | *yigirma birinchi asr*　21 世紀
икки минг ўн саккиз**инчи** йил | *ikki ming oʻn sakkizinchi yil*　2018 年
бир**инчи** марта | *birinchi marta*　初めて、1 回目 (cf. бир марта | *bir marta*　1 回)
неча**нчи** | *nechanchi*　何番目 (неча| *necha* いくつ)
неча**нчи** марта | *nechanchi marta*　何回目(cf. неча марта | *necha marta* 何回)

アラビア数字で表記する際は、ハイフンを入れることで序数を表します。

152-мактаб (бир юз эллик икки**нчи** мактаб | *bir yuz ellik ikkinchi maktab*)　第 152 番学校
30-бет (ўттиз**инчи** бет | *oʻttizinchi bet*)　30 ページ（特定のページを示すとき）
　　(бет | *bet*　ページ)
cf. 30 бет (ўттиз бет | *oʻttiz bet*)　30 ページ（総ページ数、ページの分量を示すとき）

練習

1) 以下の数字を声に出して発音し、さらに序数詞にしましょう。

1. 46
2. 867
3. 1,153
4. 87,475
5. 23,501,094

2) 次の文を日本語に訳しましょう。

1. Эртага бозордан беш килограмм пиёз сотиб оламан.
2. Ҳозир ҳамёнингизда ўттиз етти ярим минг сўм борми?
3. – Тошкент шаҳри аҳолисининг неча фоизи эркак киши?
   – Қирқ тўққиз фоизи.
4. 56-автобус қаердан келади?

1. *Ertaga bozordan besh kilogramm piyoz sotib olaman.*
2. *Hozir hamyoningizda oʻttiz yetti yarim ming soʻm bormi?*
3. *– Toshkent shahri aholisining necha foizi erkak kishi?*
   – Qirq toʻqqiz foizi.
4. *56-avtobus qayerdan keladi?*

3) 次の文をウズベク語に訳しましょう。

1. 私には2人の息子と1人の娘がいます。
2. – あなたの妹さんは何歳ですか？　　– 23歳です。病院で働いています。
3. 我々の学校には1,138人の生徒と61人の教師がいます。
4. カリモフ（Каримов | *Karimov*）は、ウズベキスタン共和国の最初の大統領です。

❸ 名詞の方向格:「～へ、～に」　　Down Load 34

名詞の方向格は、「～へ、～に」を意味し、**移動の目標・到達点や動作の受け手など**を表し

ます。原則的に、名詞に格接尾辞 **-га｜-ga** を付加することでつくられますが、名詞の語末の子音によって以下で説明するような例外的なルールがあります。

　　ウズベキスタン ＋ へ　　　　→　　ウズベキスタンへ
　　Ўзбекистон ＋ -га　　　　　 →　　Ўзбекистон**га**
　　O'zbekiston + -ga　　　　　　　　*O'zbekiston**ga***

　　あなた ＋ に　　　　　　　　→　　あなたに
　　сиз ＋ -га　　　　　　　　　→　　сиз**га**
　　siz + -ga　　　　　　　　　　　*siz**ga***

　　Мен **Тошкентга** бораман.　　私はタシュケントに行きます。
　　*Men **Toshkentga** boraman.*

　　Сиз **онангизга** хат ёзасизми?　あなたはお母さんに手紙を書きますか？
　　*Siz **onangizga** xat yozasizmi?*

☞ 指示詞 **бу, у, шу｜bu, u, shu** などの方向格は、格接尾辞 **-га｜-ga** の前に **н｜n** の子音が挿入され、例外的に**бунга, унга, шунга｜bunga, unga, shunga** となります。

3.1　方向格接尾辞のルール　　　　　　　　　　Download 35

1）語末が **к｜k** で終わる名詞の場合には **-га｜-ga** ではなく **-ка｜-ka** を付加します。語末が **г｜g** で終わる名詞の場合には、語末の子音 **г｜g** を **к｜k** に変えた上で、**-ка｜-ka** を付加します。

　　эшик ＋ -га　　　　→　　эшик**ка**　　扉に
　　eshik + -ga　　　　　　*eshik**ka***

　　барг ＋ -га　　　　→　　бар**кка**　　葉に
　　barg + -ga　　　　　　*bar**kka***

☞ ただし、語末が **нг｜ng** で終わる場合や、語末が **г｜g** で終わるロシア語からの借用語、外国語の固有名詞などにはこのルールは当てはまりません。

　　ўнг ＋ -га　　　　　→　　ўнг**га**　　右に
　　o'ng + -ga　　　　　　　*o'ng**ga***

　　Санкт-Петербург ＋ -га　→　Санкт-Петербург**га**　サンクトペテルブルグへ
　　Sankt-Peterburg + -ga　　　*Sankt-Peterburg**ga***

2）語末が қ｜q で終わる名詞の場合には -га｜-ga ではなく -қa｜-qa を付加します。語末が ғ｜g' で終わる場合には、語末の子音 ғ｜g' を қ｜q に変えた上で、-қa｜-qa を付加します。

узоқ + -га	→	узоққа	遠くへ
uzoq + -ga		uzoqqa	
тоғ + -га	→	тоққа	山に
tog' + -ga		toqqa	

> **参考** 日本語の格助詞「に」は様々な意味を表しますが、その意味内容によって対応するウズベク語の格接尾辞が異なります。
>
> 職場に行く。　　　　　Ишхонага боради.
> 　　　　　　　　　　　　*Ishxonaga boradi.*（移動の目標・到達点：方向格 -га｜-ga）
> タシュケントに住んでいる。Тошкентда яшайди.
> 　　　　　　　　　　　　*Toshkentda yashaydi.*（動作の場所：位置格 -да｜-da）
> 大学生になる。　　　　Талаба бўлади.
> 　　　　　　　　　　　　*Talaba bo'ladi.*（変化の結果：格接尾辞なし）

練習

1）次の文を日本語に訳しましょう。

1. Ҳозир қаерга кетасиз? Ишхонангизгами ёки уйингизгами?
2. Санжар ҳозир бу ерга келади.
3. Бизга уч юз қирқ минг сўм керак.
4. Бу муаммоларнинг сабаблари менга маълум эмас.
5. Бу касалхонада 200га яқин ҳамшира ишлайди.

1. *Hozir qayerga ketasiz? Ishxonangizgami yoki uyingizgami?*
2. *Sanjar hozir bu yerga keladi.*
3. *Bizga uch yuz qirq ming so'm kerak.*
4. *Bu muammolarning sabablari menga ma'lum emas.*
5. *Bu kasalxonada 200ga yaqin hamshira ishlaydi.*

2) 次の文をウズベク語に訳しましょう。

1. このバスは村に行きますか？
2. 冬に我々は初めてロシアに行きます。
3. 私の家に日本から4人のお客さんが来ます。
4. 明日、私は君に電話します。
5. 我々には、あなたにとても重要な質問があります。

> **コラム　ウズベク語とロシア語**
>
> 　現在のウズベキスタンでは、国家語であるウズベク語と並んでロシア語が広く使われています。法律上はロシア語の地位は規定されていませんが、多民族国家であるウズベキスタンでは、ロシア語は実質的に民族間交流の言語として使われてきました。ソ連時代にはロシア語がソ連全土の共通語であり、学校教育においてもロシア語の学習が必須であったため、ソ連時代に教育を受けた世代ではウズベク人であってもロシア語ができるという人が多くいます。
>
> 　また、国民の数％の割合でロシア語母語話者が住んでおり、彼らはほぼロシア語のみを使って日常生活を送っています。ウズベキスタンに住むタジク人やカザフ人、キルギス人などはウズベク語ができることがほとんどであるのに対し、ロシア人や朝鮮人などロシア語母語話者は、現在では学校でウズベク語も学習していますが、ウズベク語がほとんどできないというのが現状です。
>
> 　ウズベク語はソ連時代を通じて、学術用語を始めとしてロシア語から多くの借用語を取り入れてきました。学校教育においては、現在でもすべての教科をウズベク語で教育する学校とロシア語で教育する学校が併存しており、大学等では教育言語ごとにクラスが分かれています。独立後27年を経て、地方を中心にロシア語ができない若い世代が増えてきていますが、たとえば現在でもタシュケント市の人口（約250万人）の1/4程度はロシア語母語話者であり、さらに非ロシア語母語話者であっても敢えてロシア語教育学校に入学する生徒も少なくなく、社会におけるロシア語の影響力はそれほど急速には失われることはないのかもしれません。

第6課　6-дарс | 6-dars

❶ 動詞の過去形：「〜した」、人称の付属語③
　Мен Японияда келдим. | Men Yaponiyadan keldim.
❷ 名詞の対象格：「〜を」
　Бу ерда Санжарни кутаман. | Bu yerda Sanjarni kutaman.
❸ 格接尾辞のまとめ
　-да,-дан,-нинг,-га/-ка/-қа,-ни | -da,-dan,-ning,-ga/-ka/-qa,-ni
❹ 日時の表現
　бугун, кечқурун, йил, сешанба, баҳор, январь |
　bugun, kechqurun, yil, seshanba, bahor, yanvar

❶ 動詞の過去形：「〜した」、人称の付属語③

動詞の過去形は、**比較的近い過去の動作の終了**を表し、「〜した」を意味します。動詞の過去形は、話者が直接目撃したことなど**確実におこなわれた動作**について使われます。

1.1　過去形の作り方、人称の付属語③　　　DownLoad 36

動詞の語幹の後ろに、**過去の時制を表す接辞 -ди- | -di-** を付加し、さらに下表の**人称の付属語③**を付加します。

> 動詞の語幹 ＋ -ди- ＋ 人称の付属語③

> 動詞の語幹 ＋ *-di-* ＋ 人称の付属語③

人称の付属語③		
	単数	複数
1人称	-м	-к
2人称	-нг	-нгиз
3人称	-（なし）	-（лар）

	単数	複数
1人称	-m	-k
2人称	-ng	-ngiz
3人称	-（なし）	-(lar)

例：бормоқ ｜ *bormoq*　行く

Мен бор**дим**.　私は行きました。　　Биз бор**дик**.　我々は行きました。
Men bordim.　　　　　　　　　　　*Biz bordik.*

Сен бор**динг**.　君は行きました。　　Сиз бор**дингиз**.　あなたは行きました。
Sen bording.　　　　　　　　　　　*Siz bordingiz.*

У бор**ди**.　彼／彼女は行きました。　Улар бор**ди**(лар).　彼らは行きました。
U bordi.　　　　　　　　　　　　　*Ular bordi(lar).*

Чой **ичдим**.　私はお茶を飲みました。
Choy ichdim.

Биз Япониядан **келдик**.　我々は日本から来ました。
Biz Yaponiyadan keldik.

☞ 3人称の変化形は、以前に学習した動詞の現在・未来形の変化形とよく似ているので、混同しないように注意してください。

У келади. ｜ *U keladi.*　　彼／彼女は来ます。
У келди. ｜ *U keldi.*　　彼／彼女は来ました。

У ишлайди. ｜ *U ishlaydi.*　彼／彼女は働いています。
У ишлади. ｜ *U ishladi.*　彼／彼女は働きました。

У китоб ўқийди. ｜ *U kitob o'qiydi.*　彼／彼女は本を読んでいます。
У китоб ўқиди. ｜ *U kitob o'qidi.*　彼／彼女は本を読みました。

☞ 語幹が無声子音 т, п, қ, к, ч ｜ *t, p, q, k, ch* で終わる場合は、後に続く -ди- ｜ *-di-* の д ｜ *d* 音が直前の無声子音の影響により**無声化して** т ｜ *t* 音で発音されることがあります。ただし、文字で書く際の綴りは -ди- ｜ *-di-* のままです。

кетмоқ	→ кет**ди**м	топмоқ	→ топ**ди**нгиз	чиқмоқ	→ чиқ**ди**
ketmoq	→ *ket**di**m*	*topmoq*	→ *top**di**ngiz*	*chiqmoq*	→ *chiq**di***

1.2　否定文　　　　　　　　　　　　　　　　　　　37

否定文を作るには、語幹の後ろに否定を意味する接辞 **-ма-** ｜ **-*ma*-** を挿入し、さらに時制を表す接辞と人称の付属語を付加します。

> 動詞の語幹 ＋ -ма- ＋ -ди- ＋ 人称の付属語③

> 動詞の語幹 ＋ -*ma*- ＋ -*di*- ＋ 人称の付属語③

Мен бор**ма**дим.
　*Men bor**ma**dim.*
私は行きませんでした。

Биз бор**ма**дик.
　*Biz bor**ma**dik.*
我々は行きませんでした。

Сен бор**ма**динг.
　*Sen bor**ma**ding.*
君は行きませんでした。

Сиз бор**ма**дингиз.
　*Siz bor**ma**dingiz.*
あなたは行きませんでした。

У бор**ма**ди.
　*U bor**ma**di.*
彼／彼女は行きませんでした。

Улар бор**ма**ди(лар).
　*Ular bor**ma**di(lar).*
彼らは行きませんでした。

Сен кеча дарсга **келмадинг**.
　*Sen kecha darsga **kelmading**.*
君は、昨日、授業に来ませんでした。

Санжар нонушта **қилмади**.
　*Sanjar nonushta **qilmadi**.*
サンジャルは朝食を食べませんでした。

1.3　疑問文・否定疑問文　　　　　　　　　　　　　38

疑問文は、肯定・否定にかかわらず、末尾の人称の付属語の後ろに疑問を表す接辞 **-ми?** ｜ **-*mi?*** を付加します。

> 動詞の語幹 ＋ (-ма-) ＋ -ди- ＋ 人称の付属語③ ＋ -ми?

> 動詞の語幹 ＋ (-*ma*-) ＋ -*di*- ＋ 人称の付属語③ ＋ -*mi?*

Мен бордимми?
Men bordimmi?
私は行きましたか？

Биз бордикми?
Biz bordikmi?
我々は行きましたか？

Сен бординг ми?
Sen bordingmi?
君は行きましたか？

Сиз бордингизми?
Siz bordingizmi?
あなたは行きましたか？

У бордими?
U bordimi?
彼／彼女は行きましたか？

Улар борди(лар)ми?
Ular bordi(lar)mi?
彼らは行きましたか？

Мен келмадимми?
Men kelmadimmi?
私は来ませんでしたか？

Биз келмадикми?
Biz kelmadikmi?
我々は来ませんでしたか？

Сен келмадингми?
Sen kelmadingmi?
君は来ませんでしたか？

Сиз келмадингизми?
Siz kelmadingizmi?
あなたは来ませんでしたか？

У келмадими?
U kelmadimi?
彼／彼女は来ませんでしたか？

Улар келмади(лар)ми?
Ular kelmadi(lar)mi?
彼らは来ませんでしたか？

Кеча Умида ишга келдими?
Kecha Umida ishga keldimi?
昨日、ウミーダは仕事に来ましたか？

Дарсга бормадингизми?
Darsga bormadingizmi?
あなたは授業に行かなかったのですか？

練習

1) 次の文を日本語に訳しましょう。

1. Сиз синглимга жуда катта ёрдам бердингиз.
2. Бу иш менга ёқмади.
3. Самарқандда мазали шашлик едингизми?
4. Акангдан сўрамадингми?
5. Кеча магазиндан иккита оёқ кийим сотиб олдим.

1. *Siz singlimga juda katta yordam berdingiz.*
2. *Bu ish menga yoqmadi.*
3. *Samarqandda mazali shashlik yedingizmi?*
4. *Akangdan so'ramadingmi?*
5. *Kecha magazindan ikkita oyoq kiyim sotib oldim.*

2) 次の文をウズベク語に訳しましょう。

1. アリーシェール（Алишер｜Alisher）は会議でとてもたくさんしゃべりました。
2. 今日、我々は東京外国語大学図書館で本を読みました。
3. 昨日、私はサンジャルの家でビールとワインを飲みましたが、ウォッカは飲みませんでした。
4. サンジャルとウミーダは、今、どこからここに来ましたか？
5. 君はお母さんに手紙を書かなかったのですか？

❷ 名詞の対象格：「～を」　Down Load 39

　対象格は、格接尾辞 -ни｜-ni を名詞に付加して「～を」の意味を表し、**動作の及ぶ対象（目的語）**を表します。ただし、日本語の「を」とは異なり、目的語に常に付加されるわけではなく、**対象が特定化**されている場合にのみ用いられます（目的語が不特定の場合は、格接尾辞 -ни｜-ni は付加されません）。

ウズベキスタン ＋ を	→	ウズベキスタンを
Ўзбекистон ＋ -ни	→	Ўзбекистон**ни**
O'zbekiston ＋ -ni		*O'zbekiston**ni***

☞ 人称代名詞 мен, сен｜*men, sen* の対象格は、н｜*n* の子音が一つ脱落して例外的に **мени, сени｜*meni, seni*** となります。

対象が特定化されていない（＝対象格接尾辞が付加されない）目的語の例：

Китоб ўқидим.　　　　　　私は本を読みました。（読書をしました。）
Kitob o'qidim.

Кафеда чой ичдим.　　　　私はカフェでお茶を飲みました。
Kafeda choy ichdim.

Иккита олма едим.　　　　私はリンゴを２個食べました。
　Ikkita olma yedim.

◆対象格接尾辞が用いられる場合　　　　　　　　　　　🔽 40

　目的語が特定化されているか否かは個々の文脈によるので、対象格接尾辞の有無を単純に予測することはできませんが、次の場合には原則として対象格接尾辞が用いられます。

1）目的語が地名や人名などの固有名詞である場合

　Бу ерда Санжарни кутаман.　　私はここでサンジャルを待ちます。
　　Bu yerda Sanjarni kutaman.

　Сизларга Тошкентни таништирамиз.
　　Sizlarga Toshkentni tanishtiramiz.
　我々は、あなた方にタシュケントを紹介します。

2）目的語が人称代名詞（мен, биз, сен, сиз, у ｜ men, biz, sen, siz, u）、指示代名詞（бу, у, шу ｜ bu, u, shu など）、疑問代名詞 ким ｜ kim「誰」などである場合

　Мен сизни алдамайман.　　私はあなたをだましません。
　　Men sizni aldamayman.

　Буни сенга бераман.　　私はこれを君にあげます。
　　Buni senga beraman.

　Ўзбекистоннинг қўшиқчиларидан кимни биласиз?
　　Oʻzbekistonning qoʻshiqchilaridan kimni bilasiz?
　あなたはウズベキスタンの歌手のうち誰を知っていますか？

3）目的語が бу ｜ bu「この」, у ｜ u「あの、その」などの指示詞、および疑問詞 қайси ｜ qaysi「どの」によって限定されている場合

　Мен бу қовунни сотиб оламан.　　私はこのメロンを買います。
　　Men bu qovunni sotib olaman.

　Сиз қайси ёзувчини кўп ўқийсиз?　あなたはどの作家をたくさん読みますか？
　　Siz qaysi yozuvchini koʻp oʻqiysiz?

4）目的語が所属人称接尾辞（所有接尾辞）によって限定されている場合

　Унинг гапини тушунмадим.　　私は彼の話がわかりませんでした。
　　Uning gapini tushunmadim.

Отангиз**ни** ҳурмат қиласизми? あなたはお父さんを尊敬していますか？
Otangiz*ni* hurmat qilasizmi?

その他、以下の場合にも対象格接尾辞が用いられます。

5) 目的語が話者同士の間ですでに話題になっていて既知である場合

Китоб**ни** олиб келдингизми?
Kitobni olib keldingizmi?
あなたは（以前に話題になった、例の）本を持ってきましたか？

6) 目的語が動名詞、形動詞の名詞的用法（後述）などの場合

Мен ош пишириш**ни** яхши биламан.
Men osh pishirishni yaxshi bilaman.
私はピラフを料理することをよく知っています。

7) 目的語が ҳар | *har*「あらゆる」, ҳамма | *hamma*「すべての」, бутун | *butun*「すべての、全体の」などによって修飾されている場合

Сиз унга ҳамма нарса**ни** тушунтирдингизми?
Siz unga hamma narsani tushuntirdingizmi?
あなたは彼にすべてのことを説明しましたか？

8) 一部の特定の動詞（好む яхши кўрмоқ | *yaxshi ko'rmoq*, 愛する севмоқ | *sevmoq* など）の目的語

Улуғбек шашлик**ни** жуда яхши кўради.
Ulug'bek shashlikni juda yaxshi ko'radi.
ウルグベクはシャシリクがとても好きです。

練習

1) 次の文を日本語に訳しましょう。

1. Бу хабарни Санжардан эшитдим.
2. Ўзбек тилини қаерда ўргандинг?
3. Уйингизга кимларни чақирасиз?
4. Биз ёмон йигитларни яхши кўрмаймиз.
5. Янги ўқитувчининг исмини биласизми?

1. *Bu xabarni Sanjardan eshitdim.*
2. *O'zbek tilini qayerda o'rganding?*
3. *Uyingizga kimlarni chaqirasiz?*
4. *Biz yomon yigitlarni yaxshi ko'rmaymiz.*
5. *Yangi o'qituvchining ismini bilasizmi?*

2）次の文をウズベク語に訳しましょう。

1. 昨日、私は市場で君を見ました。
2. ウミーダは（彼女の）ノートを机に置きました。
3. あなたは、この時計をどこで買いましたか？
4. あなたはどの言語を知っていますか？　英語ですか、それともロシア語ですか？
5. 我々は、我々の祖国と母語を愛しています。

❸ 格接尾辞のまとめ

主格（〜は）　　ゼロ（何も付加されない）
位置格（〜で）　-да ｜ *-da*
起点格（〜から）-дан ｜ *-dan*
所有格（〜の）　-нинг ｜ *-ning*
方向格（〜へ）　-га/-ка/-қа ｜ *-ga/-ka/-qa*
対象格（〜を）　-ни ｜ *-ni*

> **！▶注意**
>
> 1）所有格によって限定される名詞には、所有者の人称に応じて所属人称接尾辞が付加されます。（→　第4課1参照）
>
> 2）人称代名詞 мен, сен ｜ *men, sen* の所有格・対象格は、н ｜ *n* の子音が一つ脱落してそれぞれ例外的に менинг, мени ｜ *mening, meni* および сенинг, сени ｜ *sening, seni* となります。（→　第4課1、第6課2参照）
>
> 3）指示詞 бу, у ｜ *bu, u* などの位置格・起点格・方向格は、それぞれ бунда, бундан, бунга ｜ *bunda, bundan, bunga* というように指示詞と格接尾辞の間に子音 -н- ｜ *-n-* が入ります（これを「介入子音」といいます）。

◆接尾辞の順序

名詞　＋　複数接尾辞　＋　所属人称接尾辞　＋　格接尾辞

дўст-лар-имиз-га
do'st-lar-imiz-ga
友人 － たち － 我々の － へ

❹ 日時の表現

ここでは、日時にかんするウズベク語の基本的な表現を学習します。

4.1　昨日・今日・明日　　　　　　　　　　　　Down Load 41

ўтган куни おととい 名詞 ўтган кун	кеча 昨日	бугун 今日	эртага 明日 名詞 эрта	индинга あさって 名詞 индин
o'tgan kuni おととい 名詞 *o'tgan kun*	*kecha* 昨日	*bugun* 今日	*ertaga* 明日 名詞 *erta*	*indinga* あさって 名詞 *indin*

これらの語は、そのままの形で時を表す副詞として使うことができます。

Бугун дарсимиз йўқ.　　　　　　今日は我々は授業がありません。
Bugun darsimiz yo'q.

Ўтган куни кафега бординггизми?　おととい、あなたはカフェに行きましたか？
O'tgan kuni kafega bordingizmi?

ただし、副詞形と名詞形が異なる場合、これらの語の後ろに -дан｜-*dan*「〜から」、
-гача｜-*gacha*「〜まで」などの接辞が付加される際には**名詞形**を使います。

ўтган кундан кечагача おとといから昨日まで
*o'gan kun*dan *kecha*gacha

бугундан эртагача 今日から明日まで
*bugun*dan *ertag*acha

эртадан индингача 明日からあさってまで
*erta*dan *inding*acha

4.2　一日の中での時間帯　🔊 42

эрталаб 朝	кундузи 昼 名詞 кундуз	кечки пайт 夕方	кечқурун 晩／夜	тун 夜中 副詞 тунда

ertalab 朝	*kunduzi* 昼 名詞 *kunduz*	*kechki payt* 夕方	*kechqurun* 晩／夜	*tun* 夜中 副詞 *tunda*

Бугун эрталаб нонушта қилдингизми?　今日の朝、あなたは朝食を食べましたか？
Bugun ertalab nonushta qildingizmi?

Эртага кечқурун Тошкентга кетаман.　明日の晩、私はタシュケントに帰ります。
Ertaga kechqurun Toshkentga ketaman.　　（去ります）

эрталабдан кечқурунгача ｜ *ertalab*dan *kechqurun*gacha　朝から晩まで
кундуздан тунгача ｜ *kunduz*dan *tun*gacha　昼から夜中まで

4.3　週・月・年　🔊 43

кун 日	ҳафта 週	ой 月	йил 年

kun 日	*hafta* 週	*oy* 月	*yil* 年

бу ҳафта *bu hafta*	今週	бу ой *bu oy*	今月	бу йил *bu yil*	今年
ўтган ҳафта *o'tgan hafta*	先週	ўтган ой *o'tgan oy*	先月	ўтган йил *o'tgan yil*	去年
кейинги ҳафта *keyingi hafta*	来週	кейинги ой *keyingi oy*	来月	кейинги йил *keyingi yil*	来年
(келаси ҳафта (*kelasi hafta*	来週	келаси ой *kelasi oy*	来月	келаси йил *kelasi yil*)	来年)
кейинги кун *keyingi kun*	翌日				

> **注意** ўтган йил ｜ *o'tgan yil*「去年」、келаси йил ｜ *kelasi yil*「来年」の副詞形は、**ўтган йили** ｜ ***o'tgan yili*, келаси йили** ｜ ***kelasi yili*** となります。

Бу ҳафта ҳаво совуқ.　　　　　今週は（天気が）寒いです。
Bu hafta havo sovuq.

Ўтган ой уйландим.　　　　　　先月、私は結婚しました。
O'tgan oy uylandim.

Кейинги йил Россияга бораман.　来年、私はロシアに行きます。
Keyingi yil Rossiyaga boraman.

4.4 曜日

душанба 月曜	сешанба 火曜	чоршанба 水曜	пайшанба 木曜
жума 金曜	шанба 土曜	якшанба 日曜	

dushanba 月曜	*seshanba* 火曜	*chorshanba* 水曜	*payshanba* 木曜
juma 金曜	*shanba* 土曜	*yakshanba* 日曜	

曜日はそのままの形では副詞として使うことができず、副詞的に使う場合には以下のように **кун｜kun** を補って使います。曜日と кун｜*kun* は、それぞれ名詞同士ですので、кун｜*kun* には 3 人称所属人称接尾辞 **-и｜*-i*** が付加されます。

душанба кун**и**　月曜日に　　жума кун**и**　金曜日に
*dushanba kun**i***　　　　　　　*juma kun**i***

また、位置格の接尾辞 -да｜*-da* を用いて以下のように言うこともできます。

чоршанба**да**　水曜日に　　якшанба**да**　日曜日に
*chorshanba**da***　　　　　　　*yakshanba**da***

Шанба куни Тошкентдан ўртоғим келади.
　Shanba kuni Toshkentdan o'rtog'im keladi.
土曜日にタシュケントから私の友人が来ます。

Пайшанбада ўзбек тили дарси бор.
　Payshanbada o'zbek tili darsi bor.
木曜日にウズベク語の授業があります。

曜日を尋ねる場合は、以下のような表現を使います。

　– Бугун қайси (/қандай) кун?　（қайси どの、қандай どんな）
　– *Bugun qaysi (/qanday) kun?*　　（*qaysi* どの、*qanday* どんな）
今日は何曜日ですか？

　– Бугун сешанба.
　– *Bugun seshanba.*
　今日は火曜日です。

4.5　季節

баҳор	ёз	куз	қиш
春	夏	秋	冬

bahor	yoz	kuz	qish
春	夏	秋	冬

季節を副詞的に使う場合には、**位置格**を用います。

Бухорода ёзда ҳаво жуда иссиқ бўлади. ブハラでは夏にとても暑くなります。
Buxoroda yozda havo juda issiq bo'ladi.

Келаси қишда мен ватанимга қайтаман. 今度の冬に私は祖国に戻ります。
Kelasi qishda men vatanimga qaytaman.

4.6　月名・日付

январь	февраль	март	апрель
1月	2月	3月	4月
май	июнь	июль	август
5月	6月	7月	8月
сентябрь	октябрь	ноябрь	декабрь
9月	10月	11月	12月

yanvar	*fevral*	*mart*	*aprel*
1月	2月	3月	4月
may	*iyun*	*iyul*	*avgust*
5月	6月	7月	8月
sentyabr	*oktyabr*	*noyabr*	*dekabr*
9月	10月	11月	12月

月を副詞的に使う場合には、**位置格**を用います。

майда ｜ *mayda*　5月に　　　августда ｜ *avgustda*　8月に

> **!注意**　語末に軟音記号（ь）が位置する語に接辞が付加される場合は、軟音記号は**脱落**します。
>
> すなわち、декабрьда, декабрьдан, декабрьгаではなく、**декабрда**, **декабрдан**, **декабрга** となります（ラテン文字表記の正書法では軟音記号は廃止されていますので、そのまま接辞を付加します）。
>
> Кейинги сентябрда талаба бўламан.　今度の9月に私は大学生になります。
> *Keyingi sentyabrda talaba bo'laman.*

日付を表す場合には、まず日にちを序数詞で言い、その後に月名を言います。

ўн биринчи июль　　　　　　　　　　　7月11日
　o'n birinchi iyul

йигирма олтинчи октябрь　　　　　　　10月26日
　yigirma oltinchi oktyabr

– Бугун нечанчи сана (/число)?　　　　今日は何日ですか？
– Bugun nechanchi sana (/chislo)?

　– Бугун тўққизинчи февраль.　　　　今日は2月9日です。
　– Bugun to'qqizinchi fevral.

Ўттизинчи мартда касалхонага бордим.　私は3月30日に病院に行きました。
　O'ttizinchi martda kasalxonaga bordim.

Бугун икки минг ўн саккизинчи йил бешинчи ноябрь.
　Bugun ikki ming o'n sakkizinchi yil beshinchi noyabr.
今日は2018年11月5日です。

練習

1) 次の文を日本語に訳しましょう。

　1. Ўтган куни кечқурун ўртоғимнинг уйига бордик.
　2. Янги ишимиз келаси ҳафта ўн учинчи июнда бошланади.
　3. Ўтган ҳафта чоршанба куни эрталабдан тоққа бордим.
　4. Саволимга кейинги ҳафта жавоб берасизми?
　5. Японияда одатда душанба кунидан жума кунигача ишлаймиз.

　1. *O'tgan kuni kechqurun o'rtog'imning uyiga bordik.*
　2. *Yangi ishimiz kelasi hafta uchinchi iyunda boshlanadi.*
　3. *O'tgan hafta chorshanba kuni ertalabdan toqqa bordim.*
　4. *Savolimga keyingi hafta javob berasizmi?*
　5. *Yaponiyada odatda dushanba kunidan juma kunigacha ishlaymiz.*

2) 次の文をウズベク語に訳しましょう。

　1. 私は1997年1月に初めてあなたの本を読みました。
　2. あなたのお兄さんは、サマルカンドから土曜日に来ますか、それとも日曜日ですか？

3. 今日は、私は朝から晩まで図書館にいます。
4. 先月、京都ではとてもたくさん雨が降りました。
5. 我々は、来年、4月に2つの大きな重要な会議があります。

コラム **ウズベキスタンの料理 1**

ウズベキスタンのもっとも代表的な民族料理はプロフでしょう。プロフは肉（羊、牛）とニンジン、玉ねぎを大量の油で炒め、米やクミン（香辛料）、その他の具材とともに炊き込んだ米料理で、西洋のピラフの源流に連なる料理です。プロフはロシア語の発音 плов による名称で、ウズベク語では палов ｜ *palov* または ош ｜ *osh* といいます（日本語ではプロフという呼び方が一般化しつつあるようです）。プロフは結婚式や割礼などハレの日の祝宴、葬儀や法事などの際に欠かせない料理で、数百人単位の大勢の人を招いてプロフを振る舞い、共食をすることで共同体の一体感を確認するという社会的意義も持っています。かつてはごちそうであったこの料理を、毎週木曜日の夜（イスラームの休日である金曜日の前日）に必ず作るという家庭は現在でも少なくありません。

そのほかの民族料理としては、ショルヴァ шўрва ｜ *sho'rva* と呼ばれるスープ、シャシリク шашлик ｜ *shashlik*（串焼き肉）、ディムラマ димлама ｜ *dimlama*（肉じゃが）、ラグマン лағмон ｜ *lag'mon*（肉うどん）、チュチュヴァラ чучвара ｜ *chuchvara*（水餃子）、マンティ манти ｜ *manti*（蒸し餃子）などがあります。このうちラグマンとチュチュヴァラ、マンティは、そう古くない時代に中国の新疆方面から流入したものと考えられます。こうした民族料理は街中の食堂 ошхона ｜ *oshxona* で食べることができ、たいてい半人前 яримта ｜ *yarimta* ずつ注文することができます。たとえば、ショルヴァとプロフを一人で半人前ずつ注文して一食を済ますということがしばしば見られます。

第7課 ◆ 7-дарс | 7-dars

❶ **無動詞文の過去「AはBでした」**
Санжар талаба эди. | Sanjar talaba edi.

❷ **疑問詞**
нима, ким, қаер, қачон, қанча, нимага… | nima, kim, qayer, qachon, qancha, nimaga…

❸ **動詞の命令形：「〜しろ」「〜してください」**
Бу стулга ўтир! Менинг гапимни эшитинг. | Bu stulga o'tir! Mening gapimni eshiting.

❶ 無動詞文の過去「AはBでした」

1.1 無動詞文の過去　　　　　　　　　　　　　47

　文における動詞の役割の一つは、動作を表すとともに**時制**を表すことです。しかし、第1課で学習したとおり、ウズベク語では「AはBです」という形式の文では動詞を使いません。このような無動詞文の時制を変えるためには、時制を表すことができる**動詞を補う**必要があり、過去時制にするには述語の後ろに動詞 **эди | edi** を置いて過去の意味を表します。

Санжар талаба.　→　Санжар талаба эди.
　Sanjar talaba.　　　　*Sanjar talaba edi.*
サンジャルは学生です。　サンジャルは学生でした。

Нон мазали.　→　Нон мазали эди.
　Non mazali.　　　　*Non mazali edi.*
ナンはおいしい。　　ナンはおいしかった。

> **参考**　эди | *edi* は、元来「〜である」を意味する動詞 эмоқ | *emoq* の過去形ですが、この動詞は一般の動詞とは異なり、すべての時制の変化形があるわけでなく**特殊**な用いられ方をします。

　эди | *edi* は動詞の過去形ですので、主語が1・2人称である場合には主語の人称に応じて人称の付属語③が付加されます。

Мен ўқитувчиман. → Мен ўқитувчи эди**м**.
Men o'qituvchiman. *Men o'qituvchi edi**m**.*
私は教師です。 私は教師でした。

Сен чиройлисан. → Сен чиройли эди**нг**.
Sen chiroylisan. *Sen chiroyli edi**ng**.*
君は美しい。 君は美しかった。

Биз Токиодамиз. → Биз Токиода эди**к**.
Biz Tokiodamiz. *Biz Tokioda edi**k**.*
我々は東京にいます。 我々は東京にいました。

否定文は、эмас | *emas* のあとに эди | *edi* を置きます。

Санжар талаба эмас. → Санжар талаба **эмас эди**.
Sanjar talaba emas. *Sanjar talaba **emas edi**.*
サンジャルは学生ではありません。 サンジャルは学生ではありませんでした。

Мен касал эмасман. → Мен касал **эмас эдим**.
Men kasal emasman. *Men kasal **emas edim**.*
私は病気ではありません。 私は病気ではありませんでした。

Сиз Тошкентда эмассиз. → Сиз Тошкентда **эмас эдингиз**.
Siz Toshkentda emassiz. *Siz Toshkentda **emas edingiz**.*
あなたはタシュケントにいません。 あなたはタシュケントにいませんでした。

疑問文は、эди | *edi* の後ろに疑問を表す接辞 -ми? | *-mi?* を付加します。

Санжар талабами? → Санжар талаба эди**ми**?
Sanjar talabami? *Sanjar talaba edi**mi**?*
サンジャルは学生ですか？ サンジャルは学生でしたか？

Сиз банд эмасмисиз? → Сиз банд эмас эдингиз**ми**?
Siz band emasmisiz? *Siz band emas edingiz**mi**?*
あなたは忙しくないのですか？ あなたは忙しくなかったのですか？

Сен кафедамисан? → Сен кафеда эдинг**ми**?
Sen kafedamisan? *Sen kafeda eding**mi**?*
君はカフェにいますか？ 君はカフェにいましたか？

> **参考** 過去の否定疑問文では、-ми │ -mi の位置が変わり、さらに эди │ edi の省略形が付加した эмасмидим, эмасмидик, эмасмидинг, эмасмидингиз, эмасмиди │ emasmidim, emasmidik, emasmiding, emasmidingiz, emasmidi という形もしばしば使われます。

1.2　存在文と所有文の過去

動詞を使わない**存在文**と**所有文**を過去時制にする場合にも、同様に文末に эди │ edi を置きます。

Бугун иш бор.　　　　　→　Бугун иш бор эди.
　Bugun ish bor.　　　　　　*Bugun ish bor edi.*
今日、仕事があります。　　　　　今日、仕事がありました。

Синфхонада одам йўқ.　→　Синфхонада одам йўқ эди.
　Sinfxonada odam yo'q.　　　*Sinfxonada odam yo'q edi.*
教室には人がいません。　　　　　教室には人がいませんでした。

Менинг акам бор.　　　→　Менинг акам бор эди.
　Mening akam bor.　　　　　*Mening akam bor edi.*
私には兄がいます。　　　　　　　私には兄がいました。

Кутубхонада китоблар бор.　→　Кутубхонада китоблар бор эди.
　Kutubxonada kitoblar bor.　　　*Kutubxonada kitoblar bor edi.*
図書館には本（複数）があります。　図書館には本（複数）がありました。

疑問文は、эди │ edi の後ろに疑問を表す接辞 -ми? │ -mi? を付加します。

Бугун иш борми?　　　　→　Бугун иш бор эдими?
　Bugun ish bormi?　　　　　*Bugun ish bor edimi?*
今日、仕事がありますか？　　　　今日、仕事がありましたか？

Синфхонада одам йўқми?　→　Синфхонада одам йўқ эдими?
　Sinfxonada odam yo'qmi?　　　*Sinfxonada odam yo'q edimi?*
教室には人がいませんか？　　　　教室には人がいませんでしたか？

Санжарнинг машинаси борми?　→　Санжарнинг машинаси бор эдими?
　Sanjarning mashinasi bormi?　　*Sanjarning mashinasi bor edimi?*
サンジャルは車をもっていますか？　サンジャルは車をもっていましたか？

> **参考** 無動詞文の未来時制
>
> 動詞を使わない無動詞文を未来時制にするには、動詞 **бўлмоқ** / *bo'lmoq*「なる」の現在・未来形を補って未来の意味を表します。
>
> Санжар талаба. → Санжар талаба **бўлади**.
> *Sanjar talaba.* *Sanjar talaba bo'ladi.*
> サンジャルは学生です。 サンジャルは学生になります。
>
> Ҳаво яхши. → Ҳаво яхши **бўлади**.
> *Havo yaxshi.* *Havo yaxshi bo'ladi.*
> 天気はよい。 天気はよくなります。
>
> Мен уйдаман. → Эртага мен уйда **бўламан**.
> *Men uydaman.* *Ertaga men uyda bo'laman.*
> 私は家にいます。 明日、私は家にいます。
>
> Биз ишхонада эмасмиз. → Индинга биз ишхонада **бўлмаймиз**.
> *Biz ishxonada emasmiz.* *Indinga biz ishxonada bo'lmaymiz.*
> 我々は職場にいません。 あさって、我々は職場にいません。
>
> Тошкентдамисиз? → Кейинги ой Тошкентда **бўласизми**?
> *Toshkentdamisiz?* *Keyingi oy Toshkentda bo'lasizmi?*
> あなたはタシュケントにいますか？ 来月、あなたはタシュケントにいますか？

練習

1）次の文を日本語に訳しましょう。

1. Мен ёш эмас эдим.
2. Бу чой иссиқ эдими?
3. Сиз кеча қаерда эдингиз? Университетда эмас эдингизми?
4. Уйимнинг яқинида бир катта дарахт бор эди.
5. Бугун фақат уйда эдик. Ҳеч қаерга бормадик.

1. *Men yosh emas edim.*
2. *Bu choy issiq edimi?*
3. *Siz kecha qayerda edingiz? Universitetda emas edingizmi?*
4. *Uyimning yaqinida bir katta daraxt bor edi.*
5. *Bugun faqat uyda edik. Hech qayerga bormadik.*

2) 次の文をウズベク語に訳しましょう。

1. あの食堂にはピラフもショルヴァもありませんでした。
2. 君のお父さんは病気だったのですか？
3. 私の兄は、とても高価な白い車をもっていました。
4. 私はあなたの娘さんの教師でした。彼女はとても良い生徒でした。
5. 昨日、私には仕事がありました。時間がありませんでした。

❷ 疑問詞

ウズベク語の疑問詞には以下のようなものがあります。疑問詞は、それぞれ意味に応じて**名詞的・形容詞的・副詞的**に使うことができます。疑問詞を使った疑問文では、疑問を表す接辞 **-ми？｜-mi?** は用いられませんので注意してください（-ми？｜-mi? は、基本的に「はい」「いいえ」で答えられる疑問文で使用されます）。疑問文における疑問詞の位置・語順は、日本語の場合とほぼ同様です。

■ нима｜nima 何

Исмингиз нима?　　　　　　あなたの名前は何ですか？
Ismingiz nima?

Шундай фикрнинг нимаси ёмон?　そのような考えの何が悪いのですか？
Shunday fikrning nimasi yomon?

■ ким｜kim 誰

Бу киши ким?　　　　　　この人は誰ですか？
Bu kishi kim?

У кимдан сўради?　　　　彼は誰に尋ねましたか？
U kimdan so'radi?

■ қаер｜qayer どこ

Ҳожатхона қаерда?　　　　お手洗いはどこですか？
Hojatxona qayerda?

Умида қаерга кетди?　　ウミーダはどこに行きましたか？
Umida qayerga ketdi?

■ қачон | *qachon*　いつ

Тошкентга қачон келасиз?　　あなたはタシュケントにいつ来ますか？
Toshkentga qachon kelasiz?

Бу баҳс қачонгача давом этади?　　この議論はいつまで続きますか？
Bu bahs qachongacha davom etadi?

■ қанча | *qancha*　どれだけ、いくら（分量、値段、程度）

分量や程度を尋ねる際に使われ、おおよそ英語の how much に相当します。

Ошга қанча гуруч керак?　　ピラフにはどれだけ米が必要ですか？
Oshga qancha guruch kerak?

Ҳозир қанча пулинг бор?　　今、君はいくらお金を持っていますか？
Hozir qancha puling bor?

■ неча | *necha*　いくつ

数を尋ねる際に使われ、おおよそ英語の how many に相当します。

Ўзбек тилини неча йил ўргандингиз?
Oʻzbek tilini necha yil oʻrgandingiz?
あなたはウズベク語を何年勉強しましたか？

Неча ёшдасиз?　　あなたは何歳ですか？
Necha yoshdasiz?

■ нечта | *nechta*　何個、いくつ（明確に数えられる物に対して）

неча + -та | *necha* + *-ta* の短縮形としてできた疑問詞で、明確に数えられる物に対して使われます。この疑問詞に後続する名詞は単数にします。

Нечта шафтоли едингиз?　　あなたは何個桃を食べましたか？
Nechta shaftoli yedingiz?

Нечта болангиз бор?　　あなたは何人お子さんがいますか？
Nechta bolangiz bor?

■ нимага / нега / нима учун | nimaga / nega / nima uchun　なぜ

日本語でも「なぜ」「どうして」「なにゆえ」というように何通りかの訊き方があるように、ウズベク語でもいくつかの表現があります。нега | nega は口語で、нима учун | nima uchun は文章語で多く使われる傾向があります。この疑問詞を使った質問に答える際には、чунки | chunki「なぜなら」を使って答えます。

　– Нимага унга телефон қилмадингиз?
　– Nimaga unga telefon qilmadingiz?
　あなたは、なぜ彼に電話しなかったのですか？

　　– Чунки жуда банд эдим ва вақтим йўқ эди.
　　– Chunki juda band edim va vaqtim yo'q edi.
　　なぜなら、とても忙しくて、時間がありませんでした。

　Нега емайсиз?　　なぜ食べないのですか？
　Nega yemaysiz?

■ қандай / қанақа | qanday / qanaqa　どのように、どのような

қандай | qanday がもっとも一般的に使われる表現で、қанақа | qanaqa は口語で多く使われる傾向があります。副詞的、形容詞的、述語として使うことができます。

　Ишларингиз қандай?　　　　お仕事（の状況）はいかがですか？
　Ishlaringiz qanday?

　Қандай мусиқани яхши кўрасиз?　　あなたは、どんな音楽が好きですか？
　Qanday musiqani yaxshi ko'rasiz?

　Сиз қандай ўйлайсиз?　　　あなたはどのように考えますか？
　Siz qanday o'ylaysiz?

■ қалай | qalay　どのようだ？　どのような状態だ？

述語としてしか使うことができません。口語で多く使われる傾向があります。

　Ишларингиз қалай?　お仕事（の状況）はいかがですか？
　Ishlaringiz qalay?

　Қалайсиз?　　　　ごきげんいかがですか？
　Qalaysiz?

■ қайси | qaysi どれ、どの

Ручкангиз қайси?　　　　　　　あなたのペンはどれですか？
　Ruchkangiz qaysi?

Қайси китобни ўқидингиз?　　　あなたは、どの本を読みましたか？
　Qaysi kitobni o'qidingiz?

☞ 疑問詞に -дир | -dir を付加すると不定や曖昧さを意味します。

нимадир | nimadir 何か　　　　қаердадир | qayerdadir どこかで
қачондир | qachondir いつだか　негадир | negadir なぜだか
қандайдир | qandaydir どのようにしてか　қайсидир | qaysidir どれだか

Кимдир келди.　　　　　　　　誰か来ました。
　Kimdir keldi.

Нимагадир ҳамёнимда пул йўқ эди.　なぜだか私の財布にはお金がありませんでした。
　Nimagadir hamyonimda pul yo'q edi.

Қаердадир яна учрашамиз.　　　どこかで、またお会いしましょう。
　Qayerdadir yana uchrashamiz.

◆◆ 練習 ◆◆

1) 次の文を日本語に訳しましょう。

1. Бугун мажлисда нимага ҳеч ким гапирмади?
2. Кейинги ҳафта бозордан қанча пиёз сотиб оламиз?
3. Қайси шаҳардансиз? Бухородан эмасмисиз?
4. Тошкентда одатда қанақа чой ичасизлар?
5. Умида «Космонавтлар» метро бекатидан бу магазинга қандай келди?

1. *Bugun majlisda nimaga hech kim gapirmadi?*
2. *Keyingi hafta bozordan qancha piyoz sotib olamiz?*
3. *Qaysi shahardansiz? Buxorodan emasmisiz?*
4. *Toshkentda odatda qanaqa choy ichasizlar?*
5. *Umida «Kosmonavtlar» metro bekatidan bu magazinga qanday keldi?*

2) 次の文をウズベク語に訳しましょう。

1. ― 先生は大学にいついらっしゃいますか？　― 来週の金曜日にいらっしゃいます。
2. 先週の水曜日、ウルグベクは我々の家になぜ来なかったのですか？
3. サンジャルは、あなたの妹さんの電話番号を誰からもらったのですか？
4. おととい、ロシア語の授業であなたは先生に何を尋ねましたか？
5. この学校には、何人の生徒と何人の教師がいますか？

❸ 動詞の命令形：「～しろ」「～してください」

　動詞の命令形は、2人称の相手に対してのみ用いられ、「～しろ」「～してください」の意味を表します。2人称単数 сен｜sen に対して用いられる**命令形単数**と、2人称複数 сиз｜siz に対して用いられる**命令形複数**の2種類があります。

3.1　命令形単数

　命令形単数は、сен｜sen「君、お前」に対する命令を表し、「～しろ」「～しなさい」を意味します。動詞の語幹がそのまま命令形単数となります（何も接辞をつけません）。

келмоқ	→	Кел.	来い。
kelmoq		*Kel.*	
ўтирмоқ	→	Ўтир.	座れ。
o'tirmoq		*O'tir.*	
тўхтамоқ	→	Тўхта.	止まれ／やめろ。
to'xtamoq		*To'xta.*	

Бу стулга **ўтир**!　　　この椅子に座りなさい。
Bu stulga o'tir!

Тез **кел**!　　　（もたもたせずに）はやく来い！
Tez kel!

3.2 命令形複数

命令形複数は、сиз｜siz「あなた」に対する命令を表し、「〜してください」といった、より丁寧な命令を意味します。子音で終わる語幹には -инг｜-ing を、母音で終わる語幹には -нг｜-ng を付加することで作ることができます。

> 子音で終わる語幹 ＋ -инг
> 母音で終わる語幹 ＋ -нг

> 子音で終わる語幹 ＋ -ing
> 母音で終わる語幹 ＋ -ng

келмоқ	→	Келинг.	来てください。
kelmoq		Keling.	
ўтирмоқ	→	Ўтиринг.	座ってください。
o'tirmoq		O'tiring.	
тўхтамоқ	→	Тўхтанг.	止まって／やめてください。
to'xtamoq		To'xtang.	

Бу стулга ўтиринг.　　　この椅子に座ってください。
Bu stulga o'tiring.

Менинг гапимни эшитинг.　　私の話を聞いてください。
Mening gapimni eshiting.

☞ сизлар｜sizlar「あなたがた」に対する命令は、-(и)нглар｜-(i)nglar となります。

Келинглар.　　（複数の相手に対して）来てください。
Kelinglar.

3.3 否定命令形

動詞語幹の後ろに否定を表す接辞 -ма｜-ma を付加し、「〜するな」「〜しないでください」の意味を表します。

> 命令形単数： 動詞の語幹 ＋ -ма
> 命令形複数： 動詞の語幹 ＋ -ма- ＋ -нг

> 命令形単数： 動詞の語幹 ＋ *-ma*
> 命令形複数： 動詞の語幹 ＋ *-ma-* ＋ *-ng*

Келма. | *Kelma.* 来るな。 / Келманг. | *Kelmang.* 来ないでください。
Ўтирма. | *O'tirma.* 座るな。 / Ўтирманг. | *O'tirmang.* 座らないでください。
Ўқима. | *O'qima.* 読むな。 / Ўқиманг. | *O'qimang.* 読まないでください。

動詞の命令形は、しばしば **марҳамат** | *marhamat* 「どうぞ」（勧誘）、**илтимос** | *iltimos* 「どうか」（依頼）などの副詞とともに用いられます。

Марҳамат, уйимга келинг. どうぞ私の家に来てください。
Marhamat, uyimga keling.

Илтимос, бу стулга ўтирманг. どうかこの椅子には座らないでください。
Iltimos, bu stulga o'tirmang.

練習

1）次の文を日本語に訳しましょう。

1. Илтимос, бизга ёрдам беринг.
2. Япониядан албатта менга хат ёзинг.
3. Илтимос, менга бу саволни берманг.
4. Дарс пайтида қўл телефонидан фойдаланманг!
5. Марҳамат, бемалол бундан олинг, кўп енг.

1. *Iltimos, bizga yordam bering.*
2. *Yaponiyadan albatta menga xat yozing.*
3. *Iltimos, menga bu savolni bermang.*
4. *Dars paytida qoʻl telefonidan foydalanmang!*
5. *Marhamat, bemalol bundan oling, koʻp yeng.*

2）次の文をウズベク語に訳しましょう。

1. 警察に知らせてください！
2. たくさんウォッカを飲むな！
3. どうぞ来週の日曜日にあなたの友だちも私の家に呼んでください。
4. 2キロのトマトと3.5キロのキュウリをください。
5. 明日の夜、サンジャルに電話してください。

第8課　8-дарс | 8-dars

❶ 後置詞と後置詞的表現
учун, билан, каби, бошқа, ташқари... |
uchun, bilan, kabi, boshqa, tashqari...

❷ 意向・欲求の表現：「～するつもりだ、～したい」
Мен қора чой ичмоқчиман. | *Men qora choy ichmoqchiman.*

❸ 形容詞の比較級と最上表現
Бухоро Самарқанддан узоқроқ. |
Buxoro Samarqanddan uzoqroq.

❶ 後置詞と後置詞的表現

ウズベク語には、たとえば英語の前置詞に似た働きをするものとして、**後置詞**があります。いくつかある後置詞のうち、ここでは主要なものを示します。さらに、後置詞に似た働きをする名詞を使った表現（後置詞的表現）をいくつか取り上げます。後置詞ごとに、その前に来る名詞にどのような**格接尾辞**（起点格 -дан | *-dan*、方向格 -га | *-ga*、所有格 -нинг | *-ning*）が付加されるかが決まっていますので、注意してください。

1.1　格接尾辞が何もつかない名詞とともに用いられる後置詞　　DownLoad 53

■ **учун | *uchun*** 　～のために；～のための、～にとって（の）

DL

Имтиҳон учун ҳаракат қилинг.　　　　試験のために努力してください。
Imtihon uchun harakat qiling.

Бугун футбол учун вақтим йўқ эди.
Bugun futbol uchun vaqtim yo'q edi.
今日は私にはサッカー（をする）のための時間がありませんでした。

☞ ただし、指示代名詞 бу, у, шу | *bu, u, shu* などが先行する場合、指示代名詞には**所有格接尾辞 -нинг | *-ning*** が付加されます。先行する名詞が所有格となっても、учун | *uchun* には所属人称接尾辞（所有接尾辞）は付加されません。

111

Шу**нинг учун** бормадим.　　そのため（それ故）、私は行きませんでした。
*Shu**ning uchun** bormadim.*

Бу саёҳат у**нинг учун** яхши тажриба бўлди.
*Bu sayohat u**ning uchun** yaxshi tajriba bo'ldi.*
この旅行は彼にとってよい経験となった。

☞ у｜u が3人称単数の人称代名詞として使われる場合は、所有格接尾辞が付加されず、у учун｜u uchun となることもあります。

また、複数形 булар, улар, шулар｜bular, ular, shular の場合は、指示代名詞に所有格接尾辞は付加されません。

Улар учун бу жуда муҳим нарса эди.
Ular uchun bu juda muhim narsa edi.
彼らにとって、これはとても重要なことであった。

■ **билан｜bilan**　～と（一緒に）、～でもって（手段）

Дўстларим **билан** ресторанга бордик.
Do'stlarim bilan restoranga bordik.
我々は、私の友人たちとレストランに行きました。

Бухорога поезд **билан** бордим.　ブハラには電車で行きました。
Buxoroga poyezd bilan bordim.

🔍 **参考**　手段を表す場合は、位置格（-да｜-da）を使って言うこともできます。

Университетга автобус**да** келдим.　大学にバスで来ました。
Universitetga avtobusda keldim.

■ **каби｜kabi**　～のように；～のような

Умида опаси **каби** чиройли.　ウミーダは彼女の姉のように美しい。
Umida opasi kabi chiroyli.

Сиз **каби** яхши одам жуда кам.　あなたのような良い人はとても少ない。
Siz kabi yaxshi odam juda kam.

1.2 起点格(-дан ｜ -dan)の名詞とともに用いられる後置詞 54

■ бошқа ｜ boshqa　～のほかに、～以外、～とは別に；～以外の

Улар**дан бошқа** ҳеч ким келмади.　彼ら以外に誰も来ませんでした。
　*Ular**dan boshqa** hech kim kelmadi.*

Бун**дан бошқа** яна қандай йўл бор?　これ以外に、またどのような道がありますか？
　*Bun**dan boshqa** yana qanday yo'l bor?*

■ ташқари ｜ tashqari　～のほかに、さらに

Бун**дан ташқари** нима қиласиз?　このほかに（さらに）あなたは何をしますか？
　*Bun**dan tashqari** nima qilasiz?*

Инглиз тили**дан ташқари** қайси тилни биласиз?
　*Ingliz tili**dan tashqari** qaysi tilni bilasiz?*
あなたは英語以外に何語を知ってますか？

■ олдин ｜ oldin　～以前、～より前に（時間）

Каникул**дан олдин** имтиҳон бор.　長期休暇の前にテストがあります。
　*Kanikul**dan oldin** imtihon bor.*

Кечки овқат**дан олдин** ҳеч нарса ичманг. 夕食の前には何も飲まないでください。
　*Kechki ovqat**dan oldin** hech narsa ichmang.*

■ кейин ｜ keyin　～以後、～より後に（時間）

Рус адабиёти дарси**дан кейин** уйга кетаман.
　*Rus adabiyoti darsi**dan keyin** uyga ketaman.*
ロシア文学の授業の後に家に帰ります。

Бу мажлис**дан кейин** яна бошқа мажлис бошланади.
　*Bu majlis**dan keyin** yana boshqa majlis boshlanadi.*
この会議の後に、また別の会議が始まります。

■ бери | *beri* 〜以来

Мен чоршанба куни**дан бери** Тошкентдаман.
Men chorshanba kunidan beri Toshkentdaman.
私は水曜日からタシュケントにいます。

Кеча**дан бери** сув йўқ.　　　　昨日から水がありません。
Kechadan beri suv yo'q.

☞ 期間を表す語と олдин, кейин, бери | *oldin, keyin, beri* の使い方
上の例では、ある起点から以前・以後・以来の意味としての例を説明しましたが、これらの後置詞は期間を表す語と一緒に用いることもできます。この場合、олдин | *oldin* は起点格ではなく、格接尾辞なしで使われるので注意してください。

Уч ой **олдин** Японияга келдим.　　　3ヶ月前に日本に来ました。
Uch oy oldin Yaponiyaga keldim.

Икки ҳафта**дан кейин** Японияга бораман.　2週間後に日本に行きます。
Ikki haftadan keyin Yaponiyaga boraman.

Японияда тўрт йил**дан бери** яшайман.　日本に4年来住んでいます。
Yaponiyada to'rt yildan beri yashayman.

1.3　方向格(-га | *-ga*)の名詞とともに用いられる後置詞　　55

■ қарамай | *qaramay* 〜にもかかわらず

У касаллиги**га қарамай** мактабга келди.
U kasalligiga qaramay maktabga keldi.
彼は病気にもかかわらず学校に来ました。

Шун**га қарамай** Санжар уни севади.
Shunga qaramay Sanjar uni sevadi.
それにもかかわらず、サンジャルは彼女を愛しています。

■ қараганда | *qaraganda*　～にくらべて

Ўзбекистон Японияга қараганда катта мамлакат.
Oʻzbekiston Yaponiyaga qaraganda katta mamlakat.
ウズベキスタンは日本にくらべて大きな国です。

Сиз бошқаларга қараганда ақлли ўқувчи эдингиз.
Siz boshqalarga qaraganda aqlli oʻquvchi edingiz.
あなたは、他の人たちにくらべて賢い生徒でした。

■ кўра | *koʻra*　～によれば；～にしたがって

Хабарларга кўра, Япония бош вазири мартда АҚШ Президенти билан учрашади.
Xabarlarga koʻra, Yaponiya bosh vaziri martda AQSh Prezidenti bilan uchrashadi.
報道によれば、日本の首相は３月にアメリカ合衆国大統領と会談します（会います）。

1.4　後置詞的表現

ウズベク語では、「名詞＋所属人称接尾辞＋格接尾辞」が後置詞に似た働きをすることがあります。たとえば、「真実、正しさ」を意味する名詞 ҳақ | *haq* および тўғри | *toʻgʻri* は、所属人称接尾辞と位置格接尾辞 -да | *-da* をともなって「～について」の意味を表し、後置詞的に使うことができます。

бу воқеа ҳақида / тўғрисида | *bu voqea haqida / toʻgʻrisida*　この出来事について
биз ҳақимизда / тўғримизда | *biz haqimizda / toʻgʻrimizda*　我々について

このような後置詞的表現は数多くあり、たとえば以下の名詞は所属人称接尾辞と格接尾辞をともなって、さまざまな意味を表します。こうした名詞を使った後置詞的表現は、その使い方に日本語の場合と共通点が多く見られます。

олд | *old*　前（位置）　　олдингизга | *oldingizga*　あなたの前へ
орқа | *orqa*　後（位置）　Санжарнинг орқасида　サンジャルの後ろで
　　　　　　　　　　　　Sanjarning orqasida
уст | *ust*　上　　　　　　стол устига | *stol ustiga*　テーブルの上へ
ост | *ost*　下　　　　　　ер остида | *yer ostida*　地下で
ич | *ich*　中　　　　　　 сув ичига | *suv ichiga*　水中へ

ичкари | *ichkari* 内部	бино ичкарисида | *bino ichkarisida* 建物内で	
ташқари | *tashqari* 外	мамлакат ташқарисидан 国外から *mamlakat tashqarisidan*	
ўрта | *oʻrta* 中央、中間	кўча ўртасида | *koʻcha oʻrtasida* 通りの真ん中で Япония ва Ўзбекистон ўртасида *Yaponiya va Oʻzbekiston oʻrtasida* 日本とウズベキスタンの間で	
ора | *ora* 間	орангизда | *orangizda* あなたたちの間で	
ён | *yon* そば、傍ら	ёнимга | *yonimga* 私のそばへ	
атроф | *atrof* 周り、周辺	бозор атрофида | *bozor atrofida* バザールの周辺で	
тараф | *taraf* 方向、側	тарафингиздан | *tarafingizdan* あなたの側から、あなたによって	
томон | *tomon* 側、方面	томонимдан | *tomonimdan* 私の側から、私によって	
сифат | *sifat* 質	вазир сифатида | *vazir sifatida* 大臣として	

練習

1) 次の文を日本語に訳しましょう。

1. Кеча ишдан кейин Умида билан учрашдингизми?
2. Хона ичкарисига кирманг. Мени ташқарида кутинг.
3. Биз фақат ватанимиз учун ишлаймиз.
4. Ўтган якшанба куни онам ёмғирга қарамай бозорга бордилар.
5. Ўзбекистон тарихи ёки ўзбек маданияти ҳақида нимани биласиз?

1. *Kecha ishdan keyin Umida bilan uchrashdingizmi?*
2. *Xona ichkarisiga kirmang. Meni tashqarida kuting.*
3. *Biz faqat vatanimiz uchun ishlaymiz.*
4. *Oʻtgan yakshanba kuni onam yomgʻirga qaramay bozorga bordilar.*
5. *Oʻzbekiston tarixi yoki oʻzbek madaniyati haqida nimani bilasiz?*

2) 次の文をウズベク語に訳しましょう。

1. 私の友人の家は、駅の裏にあります。
2. 今日、会議にはあなたのほかに誰が来ますか？
3. 若者たちの間にはどのような問題がありますか？

4. 君は私にくらべて、ウズベク語をよく理解しますね。
5. 3日前、病気になりました。そのため、私はおととい以来家にいます。

❷ 意向・欲求の表現：「～するつもりだ、～したい」

2.1 現在時制　　　　　　　　　　　　　　　　　　　DownLoad 57

話者にとって実現可能と思われる動作について、**意向**「～するつもりだ」・**欲求**「～したい」を表す場合は、-моқчи │ -moqchi を使った表現を用います。意向・欲求の表現は、動詞の語幹の後ろに -моқчи │ -moqchi を付加し、さらに人称の付属語①を付加します。

```
動詞語幹 + -моқчи- + 人称の付属語①
```

```
動詞語幹 + -moqchi- + 人称の付属語①
```

例：бормоқ │ bormoq　行く

Мен бор**моқчи**ман.　　　　　　　Биз бор**моқчи**миз.
　Men bormoqchiman.　　　　　　　*Biz bormoqchimiz.*
私は行くつもりだ／行きたい。　　　　我々は行くつもりだ／行きたい。

Сен бор**моқчи**сан.　　　　　　　Сиз бор**моқчи**сиз.
　Sen bormoqchisan.　　　　　　　*Siz bormoqchisiz.*
君は行くつもりだ／行きたい。　　　　あなたは行くつもりだ／行きたい。

У бор**моқчи**.　　　　　　　　　Улар бор**моқчи**(лар).
　U bormoqchi.　　　　　　　　　*Ular bormoqchi(lar).*
彼／彼女は行くつもりだ／行きたい。　彼らは行くつもりだ／行きたい。

Мен қора чой ич**моқчиман**.　　　私は紅茶を飲むつもりです／飲みたいです。
　Men qora choy ichmoqchiman.

У Тошкентга кет**моқчи**.　　　　　彼はタシュケントに行くつもりです／行きたいです。
　U Toshkentga ketmoqchi.

◆否定文・疑問文・否定疑問文　58

否定文・疑問文・否定疑問文の作り方は、同じく人称の付属語①を使った名詞・形容詞が述語の文の場合と同様です（第1課参照）。以前に学習したように、人称の付属語①を使った表現では、疑問文で2人称が主語の場合、-ми｜-mi の位置が変わりますので注意してください。

Биз бормоқчи эмасмиз.　　我々は行くつもりではありません／行きたくありません。
Biz bormoqchi emasmiz.

Сиз бормоқчимисиз?　　あなたは行くつもりですか？／行きたいですか？
Siz bormoqchimisiz?

У бормоқчи эмасми?　　彼は行くつもりではありませんか？／行きたくないのですか？
U bormoqchi emasmi?

2.2　過去時制　59

過去時制は、やはり名詞・形容詞が述語の文の場合と同様に эди｜edi を使って表します（第7課1参照）。

Сен бормоқчи эдинг.　　君は行くつもりだった／行きたかった。
Sen bormoqchi eding.

Биз бормоқчи эмас эдик.　　我々は行くつもりではなかった／行きたくなかった。
Biz bormoqchi emas edik.

Сиз бормоқчи эдингизми?　あなたは行くつもりでしたか？／行きたかったですか？
Siz bormoqchi edingizmi?

У бормоқчи эмас эдими?　彼は行くつもりではなかったのか？／行きたくなかったのか？
U bormoqchi emas edimi?

また、過去時制「～するつもりだった、～したかった」は、現在時制での**控えめなニュアンス**「～したいのですが」を意味することもあります。

Кечирасиз, сиз билан озгина гаплашмоқчи эдим.
Kechirasiz, siz bilan ozgina gaplashmoqchi edim.
すみません、あなたと少しお話がしたいのですが。

> **参考** -моқчи｜-moqchi は、話者にとって実現可能な動作、あるいは実行しようと思っている動作について意向・欲求を表しますが、実現可能かわからない動作、あるいは実行するかどうか不確定の動作についての願望・欲求、または無意識の欲求を表す場合は、以下の表現を用います。
>
> ```
> 動詞の語幹 ＋ -ги- ＋ 所属人称接尾辞    келмоқ
> ```
> ```
> 動詞の語幹 ＋ -gi- ＋ 所属人称接尾辞    kelmoq
> ```
>
> 所属人称接尾辞の人称は動作の主体の人称と一致させ、келмоқ｜kelmoq の部分の人称は3人称となります。また、接辞 -ги｜-gi は、方向格接尾辞 -га｜-ga の場合と同様に、動詞語幹の末尾の子音によって語幹が子音 к, г で終わる場合は -ки｜-ki、語幹が子音 қ, ғ で終わる場合は -қи｜-qi に変化します（第5課3参照）。
>
> Ёзда Ўзбекистоннинг ширин қовунини егим келади.
> Yozda Oʻzbekistonning shirin qovunini yegim keladi.
> 私は夏にウズベキスタンの甘いメロンを食べたいです。
>
> У сизни жуда ҳам кўргиси келди.　　彼はあなたにとても会いたかった。
> U sizni juda ham koʻrgisi keldi.
>
> Сув ичгингиз келяптими?　　あなたは水が飲みたいですか？
> Suv ichgingiz kelyaptimi?
>
> ☞ 現在時制の願望・欲求を表す場合は келмоқ｜kelmoq の部分が現在進行形（第10課1参照）となります。

練習

1) 次の文を意向・欲求の表現に書き換え、日本語に訳しましょう。

1. Эртага дарсдан кейин Умида билан учрашаман.
2. Ўтган пайшанба куни менга телефон қилдингми?
3. Кузда дўстингиз билан бирга Россияга саёҳат қилмайсизми?

1. *Ertaga darsdan keyin Umida bilan uchrashaman.*
2. *O'tgan payshanba kuni menga telefon qildingmi?*
3. *Kuzda do'stingiz bilan birga Rossiyaga sayohat qilmaysizmi?*

2) 次の文を日本語に訳しましょう。

1. Ҳозир ҳеч нарса ичмоқчи эмасман.
2. Рус тили ва ўзбек тилидан ташқари яна қайси тилни ўрганмоқчисиз?
3. Биз Тошкентда яшамоқчимиз ва у ерда ўзбек урф-одатлари билан танишмоқчимиз.

1. *Hozir hech narsa ichmoqchi emasman.*
2. *Rus tili va o'zbek tilidan tashqari yana qaysi tilni o'rganmoqchisiz?*
3. *Biz Toshkentda yashamoqchimiz va u yerda o'zbek urf-odatlari bilan tanishmoqchimiz.*

3) 次の文をウズベク語に訳しましょう。

1. あなたは、坂本教授の新しい本を読みたくありませんか？
2. すみません、あなたに日本政府の考えについてお尋ねしたいのですが。
3. 我々は、1ヶ月後にはここから祖国に戻るつもりです。

❸ 形容詞の比較級と最上表現

3.1 比較級

形容詞の比較級を表すためには、形容詞に **-роқ** ｜ *-roq* を付加します。比較の対象「～より」を表す場合は、起点格 **-дан** ｜ *-dan* を使います。

Сиздан меҳрибонроқ одам йўқ. あなたより親切な人はいません。
Sizdan mehribonroq odam yo'q.

Бухоро Самарқанддан узоқроқ. ブハラはサマルカンドより遠いです。
Buxoro Samarqanddan uzoqroq.

比較級は、比較の対象とくらべて**性質**や**状態の程度**がより高いことを**強調**する場合や、一見して両者の違いが不明確で、その**差違を強調**したい場合などに用います。誰の目にも差違が明確な場合は、わざわざ比較級を用いる必要はなく、形容詞の原形を使うのが普通です。

Ўзбекистон Япониядан каттароқ.　ウズベキスタンは日本より大きいです。
O'zbekiston Yaponiyadan kattaroq.

Россия Япониядан катта.　ロシアは日本より大きいです。
Rossiya Yaponiyadan katta.　（ロシアが日本よりかなり大きいことは明白）

また、-роқ｜-roq は形容詞だけでなく、副詞などにも付加されて比較の意味を表します。

Тезроқ юринг.　もっとはやく歩いてください。
Tezroq yuring.

Бундан кейин ўзбек тилини яхшироқ ўрганамиз!
Bundan keyin o'zbek tilini yaxshiroq o'rganamiz!
以後、我々はウズベク語をもっとよく勉強します！

3.2　最上表現

最上表現は、形容詞や副詞の前に「もっとも」を意味する副詞 энг｜eng を補うことで表します。その使い方は日本語とほぼ同様です。

Ўзбекистоннинг энг машҳур ёзувчиси ким?
O'zbekistonning eng mashhur yozuvchisi kim?
ウズベキスタンのもっとも有名な作家は誰ですか？

Талабалар орасида Умида энг кўп китоб ўқийди.
Talabalar orasida Umida eng ko'p kitob o'qiydi.
学生たちの間でウミーダはもっとも多く本を読みます。

練習

1）次の文を日本語に訳しましょう。

1. Ундан ёмонроқ ўқувчи борми?
2. Бизнинг ҳаётимиз учун энг муҳим ва энг керакли нарса нима?
3. Бугун эрталаб ишхонага озгина кечроқ келдим.

4. Наврўз байрамига бир ҳафтадан камроқ вақт қолди.
5. Такси учун тўққиз ярим минг сўмдан кўпроқ тўламоқчи эмасман.

1. *Undan yomonroq o'quvchi bormi?*
2. *Bizning hayotimiz uchun eng muhim va eng kerakli narsa nima?*
3. *Bugun ertalab ishxonaga ozgina kechroq keldim.*
4. *Navro'z bayramiga bir haftadan kamroq vaqt qoldi.*
5. *Taksi uchun to'qqiz yarim ming so'mdan ko'proq to'lamoqchi emasman.*

2) 次の文をウズベク語に訳しましょう。

1. あなたはサンジャルより太っていますか？
2. ここにもっとも近い地下鉄駅はどこですか？
3. どうかもう一度もう少しゆっくり言ってください。
4. 日本経済のもっとも大きな問題について我々に説明してください。
5. あなたたちの間で、もっとも怠け者の生徒は誰ですか？

コラム　ウズベキスタンの料理 2

ウズベキスタンの主食はナン нон | *non* と呼ばれる丸く平たいパンです。ナンは、小麦粉の発酵生地をタンディル тандир | *tandir* と呼ばれる土窯（インド料理で使うタンドールと同様のもの）で焼いて作られます。ナンは毎食必ず食卓に上り、日本人にとってのお米と同様に、ウズベク人はナンを食べないと力が出ないとよく言います。バターを練り込んだものやパイ状の生地のもの、さらに地方ごとに様々な大きさや形のものが作られており、なかでもサマルカンドのナンはとくに有名です。中身の詰まった生地でずっしりと重く、一つ数百グラムはある大きなもので、ウズベクの人はサマルカンドに行くとほぼ必ずナンをお土産に買って帰るほどです。タンディルを使った料理には、肉と玉ねぎ、あるいはカボチャなどの具材を小麦粉の生地で包んで焼いたサムサ сомса | *somsa* という料理もあります。

飲み物としては、緑茶 кўк чой | *ko'k choy* と紅茶 қора чой | *qora choy* をよく飲みます。緑茶と紅茶のどちらを飲むかは地方によって好みの差があり、タシュケントでは紅茶が多く飲まれます。食後には必ずお茶を飲み、来客があった際にもまずお茶とドライフルーツなどのお茶請けを出してもてなします。ウズベキスタンでは、緑茶・紅茶ともに砂糖やミルクなど何も入れずに飲むことが普通です。ウズベキスタンではお茶は栽培できないので、緑茶は中国から、紅茶はインドなどから輸入されています。

第9課　9-дарс | 9-dars

❶ 動詞の完了形：「〜したことがある、〜した」
Мен илгари Самарқандга борганман. |
Men ilgari Samarqandga borganman.

❷ 再帰代名詞：「〜自身」
Бу китобни отангизнинг ўзлари ёздиларми? |
Bu kitobni otangizning o'zlari yozdilarmi?

❸ 可能の表現：「〜することができる」
Мен кела оламан. | *Men kela olaman.*

---

❶ 動詞の完了形：「〜したことがある、〜した」

　動詞の完了形は、過去におこなわれた行為について**動作の完了**を表します。ただし、以前に学習した動詞の過去形と異なる点は、過去形が行為がおこなわれたという動作自体に着目しているのに対し、完了形は行為そのものというよりは、行為がおこなわれた結果、その後どのような**状態**にあるのかについて着目していることにあります。

◆完了形の作り方　　　　　　　　　　　　　　　　　　　Down Load 62

　動詞の語幹の後ろに、完了の意味を表す接辞 **-ган-** | **-gan-** を付加し、さらに人称の付属語①を付加します。

> 語幹 ＋ **-ган-** ＋ 人称の付属語①

> 語幹 ＋ ***-gan-*** ＋ 人称の付属語①

例：келмоқ | *kelmoq*　来る

Мен кел**ган**ман.	Биз кел**ган**миз.
Men kelganman.	*Biz kelganmiz.*
Сен кел**ган**сан.	Сиз кел**ган**сиз.
Sen kelgansan.	*Siz kelgansiz.*

123

У кел**ган**. Улар кел**ган**(лар).
 *U kel**gan**.* *Ular kel**gan**(lar).*

ただし、動詞の語幹の末尾の子音によって以下のような例外があります。

1）動詞の語幹が子音 к ｜ *k* で終わる場合には -кан- ｜ *-kan-* を付加します。г ｜ *g* で終わる場合には、末尾の子音 г ｜ *g* を к ｜ *k* に変えた上で、-кан- ｜ *-kan-* を付加します。

例：чўкмоқ　沈む　→　чўк**кан**
　　choʻkmoq　　　　*choʻkkan*

　　тегмоқ　触れる　→　те**ккан**
　　tegmoq　　　　　*tekkan*

2）動詞の語幹が子音 қ ｜ *q* で終わる場合には -қан- ｜ *-qan-* を付加します。ғ ｜ *gʻ* で終わる場合には、末尾の子音 ғ ｜ *gʻ* を қ ｜ *q* に変えた上で、-қан- ｜ *-qan-* を付加します。

例：чиқмоқ　出る　→　чиқ**қан**
　　chiqmoq　　　　*chiqqan*

　　ёғмоқ　降る　→　ё**ққан**
　　yogʻmoq　　　　*yoqqan*

☞ 動詞語幹が無声子音 т, п, ч ｜ *t, p, ch* で終わる場合は、後ろに続く -ган- ｜ *-gan-* の г ｜ *g* 音が直前の無声子音の影響により**無声化**して、しばしば к ｜ *k* 音で発音されます。ただし、文字で書く際の綴りは -ган- ｜ *-gan-* のままです。

ўтмоқ 過ぎる　→　ўт**ган**　　топмоқ 見つける　→　топ**ган**
oʻtmoq　　　→　*oʻtgan*　　*topmoq*　　　　→　*topgan*

ичмоқ 飲む　→　ич**ган**
ichmoq　　　→　*ichgan*

1.1 完了形の用法

動詞の完了形には、おもに以下の三つの用法があります。

1) 経験 「～したことがある」

Мен илгари Самарқандга **борганман**.
Men ilgari Samarqandga borganman.
私は、以前、サマルカンドに行ったことがあります。

Шашлик **еганмисиз**?　　あなたはシャシリクを食べたことがありますか？
Shashlik yeganmisiz?

2) 過去におこなわれた行為の結果の継続 「～している」「～した」

Санжар **уйланган**.　　　　サンジャルは結婚しています。
Sanjar uylangan.

cf. Ўтган ой Санжар уйланди.　先月、サンジャルは結婚しました。
　　O'tgan oy Sanjar uylandi.

☞ 過去に結婚という行為がおこなわれ、その結果として婚姻関係が続いている状況を表す場合は、動詞の完了形を使います。それに対して、結婚という行為をおこなったという事実のみを表す場合は動詞の過去形を使います（この場合は、現在婚姻関係が続いているかどうかは考慮されません）。

Умида **кетганми**?　　（もうここにいない状況を見て）ウミーダは帰りましたか？
Umida ketganmi?

☞ ウミーダが帰った結果、ここにもういないという状況を見て、それを確認する場合は完了形を使うことがあります。

3) 遠い過去におこなわれた行為、あるいは歴史的事実 「～した」

Амир Темур 1336 йилда **туғилган**.
Amir Temur 1336 yilda tug'ilgan.
アミール・ティムールは 1336 年に生まれました。

Уч йил олдин университетни **тугатганман**.
Uch yil oldin universitetni tugatganman.
私は 3 年前に大学を卒業しました。

1.2 疑問文　　　　　　　　　　　　　　　　　　　　　Down Load 64

```
語幹 ＋ -ган- ＋ 人称の付属語① ＋ -ми?
```

```
語幹 ＋ -gan- ＋ 人称の付属語① ＋ -mi?
```

疑問文の作り方は、同じく人称の付属語①を使った名詞・形容詞が述語の文の場合と同様です（第1課3参照）。以前に学習したように、人称の付属語①を使った表現では、2人称が主語の疑問文は -ми｜-mi の位置が変わりますので注意してください。

Мен келганманми?　　　　Биз келганмизми?
Men kelganmanmi?　　　　*Biz kelganmizmi?*

Сен келганмисан?　　　　Сиз келганмисиз?
Sen kelganmisan?　　　　*Siz kelganmisiz?*

У келганми?　　　　　　Улар келган(лар)ми?
U kelganmi?　　　　　　*Ular kelgan(lar)mi?*

1.3 否定文・否定疑問文　　　　　　　　　　　　　　　Down Load 65

動詞の完了形の否定文には、以下の三つの形があります。

1)
```
語幹 ＋ -ма- ＋ -ган- ＋ 人称の付属語①
```

```
語幹 ＋ -ma- ＋ -gan- ＋ 人称の付属語①
```

もっとも広く用いられる形で、一般的な否定を表します。
「〜しなかった」「〜したことがない」

Мен келмаганман.　　　　Биз келмаганмиз.
Men kelmaganman.　　　　*Biz kelmaganmiz.*

Сен келмагансан.　　　　Сиз келмагансиз.
Sen kelmagansan.　　　　*Siz kelmagansiz.*

У келмаган.　　　　　　Улар келмаган(лар).
U kelmagan.　　　　　　*Ular kelmagan(lar).*

Мен келмаганманми?　　Биз келмаганмизми?
Men kelmaganmanmi?　　*Biz kelmaganmizmi?*

Сен келмаганмисан?　　Сиз келмаганмисиз?
Sen kelmaganmisan?　　*Siz kelmaganmisiz?*

У келмаганми?　　Улар келмаган(лар)ми?
U kelmaganmi?　　*Ular kelmagan(lar)mi?*

2) 語幹 ＋ -ган　эмас ＋ 人称の付属語①

　 語幹 ＋ *-gan*　*emas* ＋ 人称の付属語①

否定を強調する場合に用いられます。
「（まったく）～しなかった」「（まったく）～したことがない」

Мен келган эмасман.　　Биз келган эмасмиз.
Men kelgan emasman.　　*Biz kelgan emasmiz.*

Сен келган эмассан.　　Сиз келган эмассиз.
Sen kelgan emassan.　　*Siz kelgan emassiz.*

У келган эмас.　　Улар келган эмас(лар).
U kelgan emas.　　*Ular kelgan emas(lar).*

Мен келган эмасманми?　　Биз келган эмасмизми?
Men kelgan emasmanmi?　　*Biz kelgan emasmizmi?*

Сен келган эмасмисан?　　Сиз келган эмасмисиз?
Sen kelgan emasmisan?　　*Siz kelgan emasmisiz?*

У келган эмасми?　　Улар келган эмас(лар)ми?
U kelgan emasmi?　　*Ular kelgan emas(lar)mi?*

3) 語幹 ＋ -ган- ＋ 所属人称接尾辞　йўқ

　 語幹 ＋ *-gan-* ＋ 所属人称接尾辞　*yo'q*

かなり強い否定、とくに経験の強い否定を表す場合に用いられます。
「（決して）～したことがない」「（決して）～しなかった」

Мен келганим йўқ.　　Биз келганимиз йўқ.
Men kelganim yo'q.　　*Biz kelganimiz yo'q.*

127

Сен келган**инг** йўқ.
Sen kelganing yo'q.

Сиз келган**ингиз** йўқ.
Siz kelganingiz yo'q.

У келган**и** йўқ.
U kelgani yo'q.

Улар келган**(лар)и** йўқ.
Ular kelgan(lar)i yo'q.

Мен келган**им** йўқ**ми**?
Men kelganim yo'qmi?

Биз келган**имиз** йўқ**ми**?
Biz kelganimiz yo'qmi?

Сен келган**инг** йўқ**ми**?
Sen kelganing yo'qmi?

Сиз келган**ингиз** йўқ**ми**?
Siz kelganingiz yo'qmi?

У келган**и** йўқ**ми**?
U kelgani yo'qmi?

Улар келган**(лар)и** йўқ**ми**?
Ular kelgan(lar)i yo'qmi?

◆無動詞文の完了　　　　　　　　　　 66

名詞や形容詞が述語の文など動詞が使われていない文（無動詞文）を完了形にするには、動詞 бўлмоқ｜*bo'lmoq* の完了形を補います。その場合、人称や否定などは動詞 бўлмоқ｜*bo'lmoq* の部分で表示します。

2005-2010 йилларда у бу касалхонанинг доктори **бўлган**.
　　2005-2010 yillarda u bu kasalxonaning doktori bo'lgan.
2005 年から 2010 年まで、彼はこの病院の医師でした。

Тошкентда **бўлган**мисиз?　　あなたはタシュケントに行ったことがありますか？
Toshkentda bo'lganmisiz?

◆過去完了　　　　　　　　　　 67

過去の時点で動作が完了していた状況を表すためには、動詞の完了形 + эди｜*edi* (-ган эди｜*-gan edi*) という表現を使います。

Бу компьютер **бузилган эди**.　　このコンピュータは壊れていました。
Bu kompyuter buzilgan edi.　　　（бузилмоқ｜*buzilmoq* 壊れる）

cf. Бу компьютер бузилган.　　このコンピュータは壊れています。
　　Bu kompyuter buzilgan.

> **参考** 動詞の過去形と完了形は、ともに過去の行為について表しますが、**行為の確実性**という点においても違いがあります。動詞の**過去形**は、自分が直接目撃したりその行為がおこなわれたことが**確実である場合**に用います。それに対して、動詞の**完了形**は、自分が直接目撃したことでもかまいませんし、自分が直接目撃しなくても、他の人から聞いて情報を得たり、状況から判断した場合など、その行為がおこなわれたことが**絶対確実でない場合**でも用いることができます。

練習

1) 次の文を日本語に訳しましょう。

1. – Уйланганмисиз?　– Йўқ, ҳали уйланмаганман.
   (– Турмушга чиққанмисиз?　– Йўқ, ҳали турмушга чиқмаганман.)
2. Иккинчи жаҳон уруши қачон ва қандай бошланган?
3. – Бу ресторанда бўлганмисан?　– Йўқ, ҳеч қачон бўлган эмасман.
4. Мен 1999 йил йигирма олтинчи майда туғилганман.
5. – Россияга саёҳат қилганмисиз?　– Ҳа, Санкт-Петербургга бир марта борганман.

1. – Uylanganmisiz?　– Yo'q, hali uylanmaganman.
   (– Turmushga chiqqanmisiz?　– Yo'q, hali turmushga chiqmaganman.)
2. Ikkinchi jahon urushi qachon va qanday boshlangan?
3. – Bu restoranda bo'lganmisan?　– Yo'q, hech qachon bo'lgan emasman.
4. Men 1999 yil yigirma oltinchi mayda tug'ilganman.
5. – Rossiyaga sayohat qilganmisiz?　– Ha, Sankt-Peterburgga bir marta borganman.

2) 次の文をウズベク語に訳しましょう。

1. あなたはウズベク文化についてどんな本を読んだことがありますか？
2. 日本人の学生たちの間で、あなたのほかに悪い学生を見たことがありません。
3. この問題はとても難しく、そのためまだ解決されていません。（解決される　ҳал қилинмоқ | hal qilinmoq）
4. 我々は、4年前にナヴァーイー（Навоий | Navoiy）劇場の前で初めて会いました。
5. あなたのお母さんは、何年にどこでお生まれになりましたか？

❷ 再帰代名詞：「〜自身」

ウズベク語では、「自身、自体」を意味する**再帰代名詞ў3｜*o'z***に所属人称接尾辞を付加して、「誰々自身」の意味を表します。

ўзим｜*o'zim*　私自身　　　　ўзимиз｜*o'zimiz*　我々自身
ўзинг｜*o'zing*　君自身　　　ўзингиз｜*o'zingiz*　あなた自身
ўзи｜*o'zi*　彼／彼女自身　　ўз(лар)и｜*o'z(lar)i*　彼ら自身

さらに、その前に名詞の所有格（-нинг｜-*ning*）を付加する場合があり、人称代名詞以外の3人称の名詞の場合には必ず付加する必要があります。

ме**нинг** ўзим｜*mening o'zim*　私自身
бу**нинг** ўзи｜*buning o'zi*　これ自身、これ自体
Санжар**нинг** ўзи｜*Sanjarning o'zi*　サンジャル自身

Кеча кечки овқатда Алишер**нинг** ўзи меҳмонлар учун ош пиширди.
　Kecha kechki ovqatda Alisherning o'zi mehmonlar uchun osh pishirdi.
昨日、夕食で、アリーシェール自身がお客さんのためにピラフを作りました。

Бу китобни отангиз**нинг** ўзлари ёздиларми？
　Bu kitobni otangizning o'zlari yozdilarmi?
この本をあなたのお父さんご自身がお書きになったのですか？

1人称または2人称の人称の付属語が付加された再帰代名詞が主語となる場合は、述語部分はその人称に対応します。

Бу винони ўзимиз ичдик.　　　　このワインを我々自身が飲みました。
　Bu vinoni o'zimiz ichdik.

Ўзингиз Азизага телефон қиласизми？ あなた自身がアズィーザに電話しますか？
　O'zingiz Azizaga telefon qilasizmi?

бир｜*bir* ＋ 再帰代名詞で「誰々一人」という意味になります。

Мен квартирада бир ўзим яшайман.　　私はアパートに私一人で住んでいます。
　Men kvartirada bir o'zim yashayman.

Бир ўзингиз Ўзбекистонга бордингизми?
Bir o'zingiz O'zbekistonga bordingizmi?
あなた一人でウズベキスタンに行ったのですか？

2.1 再帰代名詞の所有表現　　　　　69

「A 自身の B」というように再帰代名詞を含む所有関係を表す場合は、まず再帰代名詞 ўз｜*o'z* のみを名詞 B の前に置き、そして名詞 B の末尾に A の人称に対応する所属人称接尾辞を付加します。

例：юрт｜*yurt*　くに、故郷

ўз юрт**им** *o'z yurt*im	私自身の故郷	ўз юрт**имиз** *o'z yurt*imiz	我々自身の故郷
ўз юрт**инг** *o'z yurt*ing	君自身の故郷	ўз юрт**ингиз** *o'z yurt*ingiz	あなた自身の故郷
ўз юрт**и** *o'z yurt*i	彼／彼女自身の故郷	ўз юрт**(лар)и** *o'z yurt(lar)i*	彼ら自身の故郷

A が人称代名詞以外の名詞の場合は、上での説明と同様に ўз｜*o'z* の前に名詞の所有格（-нинг｜*-ning*）を付加する必要があります。

Санжар**нинг** ўз юрт**и**｜*Sanjarning o'z yurti*　サンジャル自身の故郷

отангиз**нинг** ўз юрт**лари**｜*otangizning o'z yurtlari*
あなたのお父さんご自身の故郷

> **参考**　ここで説明した再帰代名詞の所有表現は、文章語における標準的な用法です。しかし、口語を中心にこの用法から外れて、ўзимнинг ўғлим｜*o'zimning o'g'lim*「私自身の息子」、ўзингизнинг китобингиз｜*o'zingizning kitobingiz*「あなた自身の本」といった用例がしばしば目にされます。

練 習

1）次の文を日本語に訳しましょう。

1. Ҳар бир одамнинг ўз фикри бор ва мен шуни ҳурмат қиламан.

2. Эртага мажлисга бошлиғимизнинг ўзлари келадиларми, ёки бошқа одам келадими?
3. Университетнинг ўзида талабалар ётоқхонаси бор, ва у шу ерда яшайди.
4. Кейинги сафар акангиз билан биргаликда эмас, бир ўзингиз келинг.（кейинги сафар　次回、こんど）
5. Мен ўн икки йилдан бери Умиданинг ўзи билан учрашмадим.

1. *Har bir odamning o'z fikri bor va men shuni hurmat qilaman.*
2. *Ertaga majlisga boshlig'imizning o'zlari keladilarmi, yoki boshqa odam keladimi?*
3. *Universitetning o'zida talabalar yotoqxonasi bor, va u shu yerda yashaydi.*
4. *Keyingi safar akangiz bilan birgalikda emas, bir o'zingiz keling.* (*keyingi safar*　次回、こんど)
5. *Men o'n ikki yildan beri Umidaning o'zi bilan uchrashmadim.*

2) 次の文をウズベク語に訳しましょう。

1. あなた自身は、この出来事についてどう考えますか？
2. 我々自身のほかに誰が我々の祖国を愛するのであろうか？
3. 私はあなたご自身のお考えを知りたいのですが。
4. 病院自体には薬局はありませんが、その近くにはあります。
5. どうか、今ここにはサンジャルを呼ばないでください。彼自身とは話したくありません。

❸ 可能の表現：「～することができる」

ウズベク語では、可能や能力「～することができる」を意味する表現は、動詞 **олмоқ │ *olmoq*** 「取る、得る」を補助動詞として本動詞に付加することで表されます。本動詞の語幹の末尾が子音で終わる場合は **-а │ *-a*** を、母音で終わる場合は **-й │ *-y*** を付加し、その後ろに補助動詞 **олмоқ │ *olmoq*** を置きます。

> 子音で終わる動詞語幹 ＋ -a　олмоқ
> 母音で終わる動詞語幹 ＋ -й　олмоқ

> 子音で終わる動詞語幹 ＋ -a　olmoq
> 母音で終わる動詞語幹 ＋ -y　olmoq

例：келмоқ | kelmoq　来る

Мен кела оламан.
　Men kela olaman.
私は来ることができます。

Сен кела оласан.
　Sen kela olasan.
君は来ることができます。

У кела олади.
　U kela oladi.
彼／彼女は来ることができます。

Биз кела оламиз.
　Biz kela olamiz.
我々は来ることができます。

Сиз кела оласиз.
　Siz kela olasiz.
あなたは来ることができます。

Улар кела олади(лар).
　Ular kela oladi(lar).
彼らは来ることができます。

例：ишламоқ | ishlamoq　働く

Мен ишлай оламан.
　Men ishlay olaman.
私は働くことができます。

Сен ишлай оласан.
　Sen ishlay olasan.
君は働くことができます。

У ишлай олади.
　U ishlay oladi.
彼／彼女は働くことができます。

Биз ишлай оламиз.
　Biz ishlay olamiz.
我々は働くことができます。

Сиз ишлай оласиз.
　Siz ishlay olasiz.
あなたは働くことができます。

Улар ишлай олади(лар).
　Ular ishlay oladi(lar).
彼らは働くことができます。

本動詞の語幹部分はつねに不変で、否定・疑問・時制・人称などは、補助動詞 олмоқ | *olmoq* の部分で表します。

Мен кела олмайман.
　Men kela olmayman.
私は来ることができません。

Биз бора олмадик.
　Biz bora olmadik.
我々は行くことができませんでした。

Сен ўқий оласанми?
　Sen o'qiy olasanmi?
君は読むことができますか？

Сиз бора олмайсизми? あなたは行くことができませんか？
Siz bora olmaysizmi?

Санжар ишлай олмадими? サンジャルは働くことができなかったのですか？
Sanjar ishlay olmadimi?

☞ 語幹が1音節かつ母音で終わる動詞（демоқ, емоқ｜*demoq, yemoq* など）の場合は、動詞の語幹 + **-я олмоқ**｜*-ya olmoq* となりますので注意してください。

Мен ея олмайман. 私は食べることができません。 (ея < е + -й- + -а)
Men yeya olmayman. (*yeya < ye + -y- + -a*)

Сиз дея олдингизми? あなたは言うことができましたか？ (дея < де + -й- + -а)
Siz deya oldingizmi? (*deya < de + -y- + -a*)

> **参考**
>
> ここでは文章語における標準的な用法を説明しましたが、口語を中心に以下のように本動詞と補助動詞 олмоқ｜*olmoq* が一体化した形も見られます。この場合は語幹の後に接辞として付加され、さらにその後ろに時制や人称を表す接辞が付加されます。
>
> Мен келоламан. 私は来ることができます。
> *Men kelolaman.* （子音で終わる語幹 + -ол-｜*-ol-*）
>
> У ишлаёлмади. 彼は働くことができませんでした。
> *U ishlayolmadi.* （母音で終わる語幹 + -ёл-｜*-yol-*）

練習

1) 次の文を日本語に訳しましょう。

1. Ўтган жума куни акамга телефон қила олмадим.
2. Бу ишни бир ҳафта ичида тугата олмаймиз. Илтимос, бизга яна бир неча кун вақт беринг.
3. Унинг эллик минг сўми бор эди. Лекин бу пулга бир килограмм қўй гўшти ҳам сотиб ола олмади.
4. Сиз пивони жуда яхши кўрасиз. Бир мартада неча литр ича оласиз?
5. Сен каби зерикарли одам билан бундан кейин бирга яшай олмайман.

1. *O'tgan juma kuni akamga telefon qila olmadim.*
2. *Bu ishni bir hafta ichida tugata olmaymiz. Iltimos, bizga yana bir necha kun vaqt bering.*
3. *Uning ellik ming so'mi bor edi. Lekin bu pulga bir kilogramm qo'y go'shti ham sotib ola olmadi.*
4. *Siz pivoni juda yaxshi ko'rasiz. Bir martada necha litr icha olasiz?*
5. *Sen kabi zerikarli odam bilan bundan keyin birga yashay olmayman.*

2) 次の文をウズベク語に訳しましょう。

1. あなたはこれをロシア語かウズベク語で説明することができますか？
2. 昨日の晩はとても暑かったです。そのため、我々はよく眠ることができませんでした。
3. 君自身は、いつ我々の職場に来ることができますか？　9月30日に来れますか？
4. 日本では大学生たちは、大抵いくつの漢字を読むことができますか？
5. きみ以外の娘は愛せない。ぼくから遠くには行かないで。

第10課　10-дарс | 10-dars

❶ 動詞の現在進行形：「〜している」
　Ҳозир нима қиляпсиз? | Hozir nima qilyapsiz?
❷ 動名詞：「〜すること」
　У китоб ўқишни яхши кўради. | U kitob oʻqishni yaxshi koʻradi.
❸ 形動詞（1）：「〜した…」「〜する…」「〜している…」
　Ҳаётда умуман касал бўлмаган одам борми？ |
　Hayotda umuman kasal boʻlmagan odam bormi?

❶ 動詞の現在進行形：「〜している」

　動詞の現在進行形は、**現在明確に動作が進行していることを表し**、「〜している」を意味します。発話時に動作が進行していることを**強調**したい場合等によく用いられます。

1.1　現在進行形①　　　　　　　　　　　　　　　　Down Load 71

動詞の語幹の後ろに現在進行の時制を表す接辞 **-яп-** | *-yap-* を付加し、その後ろに人称の付属語②' を付加します（人称の付属語②と②'の違いは、3人称で д | *d* 音が**無声化**し **-ти, -ти(лар)** | *-ti, -ti(lar)* となります）。

```
語幹 ＋ -яп- ＋ 人称の付属語②'
```

```
語幹 ＋ -yap- ＋ 人称の付属語②'
```

例：келмоқ | *kelmoq*　来る

Мен кел**яп**ман.	Биз кел**яп**миз.
Men kelyapman.	*Biz kelyapmiz.*
私は来ています。	我々は来ています。

Сен кел**яп**сан.	Сиз кел**яп**сиз.
Sen kelyapsan.	*Siz kelyapsiz.*
君は来ています。	あなたは来ています。

У кел**яп**ти. 　　　Улар кел**яп**ти(лар).
　U kelyapti. 　　　*Ular kelyapti(lar).*
彼／彼女は来ています。　彼らは来ています。

◆現在進行形の用法

1）現在、発話中に進行している動作

Ҳозир нима қил**яп**сиз?　今、あなたは何をしていますか？
　Hozir nima qilyapsiz?

Сиз қаерга кет**яп**сиз?　（道で出会って）あなたはどこへ行くところですか？
　Siz qayerga ketyapsiz?

2）日常的な動作の反復

У университетда рус тилини ўрган**яп**ти.
　U universitetda rus tilini o'rganyapti.
彼は大学でロシア語を勉強しています。

Санжар ҳар куни онасига телефон қил**яп**ти.
　Sanjar har kuni onasiga telefon qilyapti.
サンジャルは、毎日、お母さんに電話しています。

◆否定文

否定文は動詞語幹の後ろに否定を表す接辞 **-ма** | *-ma* を挿入します。

語幹＋ **-ма-** ＋ **-яп-** ＋ 人称の付属語②′

語幹＋ *-ma-* ＋ *-yap-* ＋ 人称の付属語②′

Мен кел**ма**япман.　　Биз кел**ма**япмиз.
　Men kelmayapman.　　*Biz kelmayapmiz.*

Сен кел**ма**япсан.　　Сиз кел**ма**япсиз.
　Sen kelmayapsan.　　*Siz kelmayapsiz.*

У кел**ма**япти.　　　Улар кел**ма**япти(лар).
　U kelmayapti.　　　*Ular kelmayapti(lar).*

◆疑問文・否定疑問文

疑問文は、肯定・否定にかかわらず、末尾の人称の付属語の後ろに疑問を表す接辞 **-ми?** | ***-mi?*** を付加します。

Мен келяпман**ми**?　　　Биз келяпмиз**ми**?
*Men kelyapsan**mi**?*　　*Biz kelyapmiz**mi**?*

Сен келяпсан**ми**?　　　Сиз келяпсиз**ми**?
*Sen kelyapsan**mi**?*　　*Siz kelyapsiz**mi**?*

У келяпти**ми**?　　　　Улар келяпти(лар)**ми**?
*U kelyapti**mi**?*　　　*Ular kelyapti(lar)**mi**?*

参考　以下の4つの動詞については、動作が進行している状態を表すために **-яп-** | ***-yap-*** を使用せずに、**-иб-** | ***-ib-*** という特別な形を用います。

ўтирмоқ | *o'tirmoq*　座る　　　турмоқ | *turmoq*　立つ
ётмоқ | *yotmoq*　横たわる　　юрмоқ | *yurmoq*　動く、歩く

> 語幹 ＋ **-иб-** ＋ 人称の付属語②

> 語幹 ＋ ***-ib-*** ＋ 人称の付属語②

Санжар ҳозир олдимда **ўтирибди**.　サンジャルは、今、私の前に座っています。
*Sanjar hozir oldimda **o'tiribdi**.*

Бемор кроватда **ётибди**.　　　　　病人はベッドで寝ています。
*Bemor krovatda **yotibdi**.*

これらの動詞は **-яп-** | ***-yap-*** を使った表現もできなくはありませんが、その場合は動作の状態「～している」を表すのではなく、動作がおこなわれつつあることを意味します。

Ҳозир ўрнимдан **туряпман**.　　　今、私は席から立ち上がりつつあります。
*Hozir o'rnimdan **turyapman**.*

1.2 動詞の現在進行形②

動詞の語幹の後ろに **-моқда｜-moqda** を付加し、さらに人称の付属語①を付加します。この形は、おもに文章語（とくに報道文など）で使われます。否定形はありません。

> 語幹 ＋ **-моқда-** ＋ 人称の付属語①

> 語幹 ＋ **-moqda-** ＋ 人称の付属語①

Мен келмоқдаман.　　　Биз келмоқдамиз.
Men kelmoqdaman.　　*Biz kelmoqdamiz.*

Сен келмоқдасан.　　　Сиз келмоқдасиз.
Sen kelmoqdasan.　　 *Siz kelmoqdasiz.*

У келмоқда.　　　　　　Улар келмоқда(лар).
U kelmoqda.　　　　　*Ular kelmoqda(lar).*

Япония ҳукумати Ўзбекистонга катта ёрдам бермоқда.
Yaponiya hukumati Oʻzbekistonga katta yordam bermoqda.
日本政府はウズベキスタンに対し多くの援助をしています。

Россия билан Америка Сурия масаласини муҳокама қилмоқда.
Rossiya bilan Amerika Suriya masalasini muhokama qilmoqda.
ロシアとアメリカは、シリア問題について検討しています。

練習

1) 次の文を日本語に訳しましょう。

1. Бухорода ҳаво жуда иссиқ бўляпти.
2. – Ҳозир қаердасан? Тезроқ кел! – Ҳозир боряпман. Ўн минутдан кейин бораман.
3. Ҳозир уйимизда чироқ йўқ. Шунинг учун телевизор кўра олмаяпмиз.
4. – Сиз ҳар куни эрталаб кофе ичяпсизми? – Йўқ, ичмаяпман. Лекин қора чой ичяпман.

5. – Бу оёқ кийимни қаерда сотяпти? – Вокзалнинг яқинидаги магазинда.

1. *Buxoroda havo juda issiq bo'lyapti.*
2. *– Hozir qayerdasan? Tezroq kel! – Hozir boryapman. O'n minutdan keyin boraman.*
3. *Hozir uyimizda chiroq yo'q. Shuning uchun televizor ko'ra olmayapmiz.*
4. *– Siz har kuni ertalab kofe ichyapsizmi? – Yo'q, ichmayapman. Lekin qora choy ichyapman.*
5. *– Bu oyoq kiyimni qayerda sotyapti? – Vokzalning yaqinidagi magazinda.*

2) 次の文をウズベク語に訳しましょう。

1. 私は、今、母に手紙を書いているところです。
2. 今、何をしていますか？ お時間ありますか？ 私の事務所に来ることができますか？
3. アリーシェールは、どの大学のどの学部で勉強していますか？
4. あなたたちはウズベク語の授業を理解していますか、理解していませんか？
5. なぜあなたは、ウミーダと会話することができないでいるのですか？

❷ 動名詞：「～すること」

　動名詞は動詞から派生し、「～すること」を意味します。文中では名詞と同じように用いることができます。ウズベク語には、動名詞の形がいくつかありますが、ここではもっとも一般的な形を学びます。

◆動名詞の作り方　　　　　　　　　　　　　　　　　　　　Down Load 76

　動詞の語幹が子音で終わる場合には **-иш** ｜ *-ish* を、母音で終わる場合には **-ш** ｜ *-sh* を付加することで動名詞を作ることができます。

子音で終わる語幹 ＋ **-иш**
母音で終わる語幹 ＋ **-ш**

子音で終わる語幹 ＋ *-ish*
母音で終わる語幹 ＋ *-sh*

келмоқ	→	келиш	来ること
kelmoq		kelish	
ишламоқ	→	ишлаш	働くこと
ishlamoq		ishlash	

☞ ただし、語幹が1音節かつ母音で終わる場合は、**-йиш｜-yish** を付加します。

демоқ	→	дейиш	言うこと
demoq		deyish	
емоқ	→	ейиш	食べること
yemoq		yeyish	

◆否定の動名詞

否定の動名詞「〜しないこと」は、動詞の語幹の後ろに **-маслик｜-maslik** を付加することで作られます。

> 動詞の語幹 ＋ **-маслик**

> 動詞の語幹 ＋ **-maslik**

келмоқ	→	келмаслик	来ないこと
kelmoq		kelmaslik	
ишламоқ	→	ишламаслик	働かないこと
ishlamoq		ishlamaslik	
емоқ	→	емаслик	食べないこと
yemoq		yemaslik	

動名詞で表されている動作の行い手（**動作主**）は、動名詞に**所属人称接尾辞**を付加することで表します（このテキストでは、文の主語と区別するため、「Aが〜すること」という表現におけるAを動作主と呼びます）。

келишим	私が来ること	келишимиз	我々が来ること
kelishim		kelishimiz	
келишинг	君が来ること	келишингиз	あなたが来ること
kelishing		kelishingiz	

келиш*и*　　　彼／彼女が来ること　　келиш(лар)и　　彼ら／あの方が来ること
kelishi　　　　　　　　　　　　　　　*kelish(lar)i*

емаслиг*им*　　　　　　　　　　　емаслиг*имиз*
yemasligim　　　　　　　　　　　*yemasligimiz*
私が食べないこと　　　　　　　　　我々が食べないこと

емаслиг*инг*　　　　　　　　　　　емаслиг*ингиз*
yemasliging　　　　　　　　　　　*yemasligingiz*
君が食べないこと　　　　　　　　　あなたが食べないこと

емаслиг*и*　　　　　　　　　　　　емаслиг*и*/емаслик*лари*
yemasligi　　　　　　　　　　　　*yemasligi/yemasliklari*
彼／彼女が食べないこと　　　　　　彼ら／あの方が食べないこと

> **注意** -маслик｜-*maslik* の末尾の к｜*k* 音は、所属人称接尾辞が付加されて母音に挟まれることにより有声化して г｜*g* 音になります。綴りで書く場合も г｜*g* 音で表記しますので、注意してください。

動名詞には、他の一般の名詞と同様にさまざまな格接尾辞を付加することができます。

У китоб ўқиш**ни** яхши кўради.　　　彼は本を読むことが好きです。
　U kitob o'qishni yaxshi ko'radi.

Келишингиз**дан** олдин бу ишни тугатмоқчиман.
　Kelishingizdan oldin bu ishni tugatmoqchiman.
あなたが来る前にこの仕事を終えるつもりです。

Биз дарс пайтида қўл телефонидан фойдаланмаслик**ка** қарор қилдик.
　Biz dars paytida qo'l telefonidan foydalanmaslikka qaror qildik.
我々は、授業中に携帯電話を使わないことに決めました。

> **参考** 動名詞と хоҳламоқ, истамоқ｜*xohlamoq, istamoq*「欲する」という動詞を使うことで、「〜したい」という欲求の表現を表すことができます。

Келажакда Алишер Навоийнинг шеърларини япон тилига таржима қилишни хоҳлайман.

Kelajakda Alisher Navoiyning she'rlarini yapon tiliga tarjima qilishni xohlayman.

私は将来、アリーシェール・ナヴァーイーの詩を日本語に翻訳したいです。

У сиз каби яхши доктор бўлишни истайди.

U siz kabi yaxshi doktor bo'lishni istaydi.

彼はあなたのような良い医師になりたいと思っています。

2.1 動名詞を使ったいろいろな表現　　78

■ -(и)ш учун / -маслик учун | -(i)sh uchun / -maslik uchun
〜するために／〜しないように

Сиз билан учрашиш учун Япониядан келдим.
Siz bilan uchrashish uchun Yaponiyadan keldim.
あなたとお会いするために日本から来ました。

Бу нарсани эсингиздан чиқармаслик учун дафтарингизга ёзинг.
Bu narsani esingizdan chiqarmaslik uchun daftaringizga yozing.
このことを忘れないようにあなたのノートに書いてください。

■ -(и)ш керак / лозим | -(i)sh kerak / lozim 〜しなければならない、〜する必要がある（-(и)ш лозим | -(i)sh lozim の形はおもに文章語で使われます。）

Ҳар куни эрталабдан кечқурунгача ишлашимиз керак.
Har kuni ertalabdan kechqurungacha ishlashimiz kerak.
毎日、我々は朝から晩まで働かなくてはなりません。

Кеча кечки овқатдан кейин дори ичишингиз керак эди.
Kecha kechki ovqatdan keyin dori ichishingiz kerak edi.
昨日、夕飯の後にあなたは薬を飲まなくてはいけませんでした。

Қизим касал бўлди. Шунинг учун бугун уйда бўлишим керак.
Qizim kasal bo'ldi. Shuning uchun bugun uyda bo'lishim kerak.
私の娘が病気になりました。そのため、今日は私は家にいなければなりません。

■ **-(и)ш керак эмас / лозим эмас | *-(i)sh kerak emas / lozim emas***
～しなくてもよい、～する必要がない

Нон сотиб олиш учун бозорга боришингиз керак эмас. Нонвойхонадан сотиб олинг.
Non sotib olish uchun bozorga borishingiz kerak emas. Nonvoyxonadan sotib oling.
あなたはナンを買うためにバザールに行く必要はありません。ナン屋でお買いなさい。

Индинга Санжар мажлисга келиши керак эмасми?
Indinga Sanjar majlisga kelishi kerak emasmi?
あさって、サンジャルは会議に来る必要はありませんか？

■ **-(и)ш мумкин | *-(i)sh mumkin*** ～してもよい、～することができる（状況）；～するかもしれない

Ҳозир сизга савол беришим мумкинми?
Hozir sizga savol berishim mumkinmi?
今、あなたに質問してもいいですか？

Индинга, душанба куни ёмғир ёғиши мумкин.
Indinga, dushanba kuni yomgʻir yogʻishi mumkin.
あさっての月曜日は雨が降るかもしれません。

■ **-(и)ш мумкин эмас | *-(i)sh mumkin emas*** ～してはならない、～することはできない

Кириш мумкин эмас!　　　立入禁止
Kirish mumkin emas!

Бу ерда чекиш мумкин эмас.　　ここでタバコを吸ってはいけません。
Bu yerda chekish mumkin emas.

■ **-маслик керак | *-maslik kerak*** ～すべきではない

Бу дориларни докторнинг рухсатисиз ичмаслик керак. (-сиз | *-siz* ～なしに)
Bu dorilarni doktorning ruxsatisiz ichmaslik kerak.
これらの薬を医師の許可なしに飲むべきではありません。

Болаларга қандай фильмларни кўрсатмаслик керак?
Bolalarga qanday filmlarni ko'rsatmaslik kerak?
子どもたちには、どのような映画を見せるべきではありませんか？

■ -маслик мумкин ｜ *-maslik mumkin*　〜しないかもしれない

Эртага Умида университетга келмаслиги мумкин.
Ertaga Umida universitetga kelmasligi mumkin.
明日、ウミーダは大学に来ないかもしれません。

Кечирасиз, сизга ёрдам бера олмаслигимиз мумкин.
Kechirasiz, sizga yordam bera olmasligimiz mumkin.
すみません、我々はあなたを助けてあげることができないかもしれません。

練習

1）次の文を日本語に訳しましょう。

1. Инсонлар ҳаёти учун энг ёмон нарсалардан бири — ёлғон гапириш.
2. Сиз Умиданинг Санжарга турмушга чиқишини кимдан эшитдингиз?
3. Сешанба куни касалхонага боришимга рухсат беришингизни сўрайман.
4. Бу воқеанинг сабабларини талабаларга тушунтириш учун эртага ўзингиз университетга келишингиз керак.
5. Бу ердан тарих музейига бориш учун метрога ўтириш керак эмас. Пиёда бора оласиз.

1. *Insonlar hayoti uchun eng yomon narsalardan biri — yolg'on gapirish.*
2. *Siz Umidaning Sanjarga turmushga chiqishini kimdan eshitdingiz?*
3. *Seshanba kuni kasalxonaga borishimga ruxsat berishingizni so'rayman.*
4. *Bu voqeaning sabablarini talabalarga tushuntirish uchun ertaga o'zingiz universitetga kelishingiz kerak.*
5. *Bu yerdan tarix muzeyiga borish uchun metroga o'tirish kerak emas. Piyoda bora olasiz.*

2) 次の文をウズベク語に訳しましょう。

1. この学校では、我々はこどもたちに祖国を愛することを教えています。
2. 母語とは別の言語を学ぶためには、とてもたくさん努力をしなければなりません。
3. この辺（周辺）で、どこでタバコを吸うことができますか？
4. 君は今後、ウミーダに電話をすべきではない。君は彼女をわかっているのか？
5. 授業時に携帯電話を使用してはいけません。

❸ 形動詞(1)：「～した…」「～する…」「～している…」

　動詞語幹に接尾辞が付加されてできる形式のうち、形容詞的な働きをするものをここでは「形動詞」と呼びます。形動詞は、日本語の動詞の連体形と同様に名詞を修飾することができます。

3.1　形動詞①：完了　　　　　　　　　　　　　　　　Down Load 79

> 動詞の語幹 ＋ -ган

> 動詞の語幹 ＋ -gan

　名詞を前から修飾し、「～した…」の意味を表します。
　以前に学習した動詞の完了形と同様に（第9課1参照）、動詞語幹の末尾の子音により -кан, -қан ｜ -kan, -qan となります。

Тошкентдан келган меҳмон　　　タシュケントから来た客
Toshkentdan kelgan mehmon

туғилган кун ｜ tug'ilgan kun　　　誕生日（直訳：生まれた日）

Профессор Сакамотонинг янги чиққан китобини ўқидингизми？
　Professor Sakamotoning yangi chiqqan kitobini o'qidingizmi?
坂本教授の新しく出た本を読みましたか？

◆否定文

> 動詞の語幹 ＋ -маган

> 動詞の語幹 ＋ -magan

савол бермаган ўқувчи ｜ *savol bermagan o'quvchi*　質問しなかった生徒

нонушта қилмаган бола ｜ *nonushta qilmagan bola*　朝食を食べなかった子ども

Ҳаётда умуман касал бўлмаган одам борми?
　Hayotda umuman kasal bo'lmagan odam bormi?
　人生でまったく病気にならなかった人はいますか？

3.2 形動詞② : 現在・未来　80

> 子音で終わる語幹 ＋ -a- ＋ -диган
> 母音で終わる語幹 ＋ -й- ＋ -диган

> 子音で終わる語幹 ＋ -a- ＋ -digan
> 母音で終わる語幹 ＋ -y- ＋ -digan

「〜する…、〜している…」の意味を表します。

Тошкентдан келадиган меҳмон　　タシュケントから来る客
Toshkentdan keladigan mehmon

касалхонада ишлайдиган ҳамширалар　病院で働いている看護師たち
kasalxonada ishlaydigan hamshiralar

Сизларнинг орангизда ўзбек тилини энг яхши биладиган одам ким?
　Sizlarning orangizda o'zbek tilini eng yaxshi biladigan odam kim?
　あなたたちの間でウズベク語を一番よく知っている人は誰ですか？

◆否定文

> 動詞の語幹 ＋ -ма- ＋ -й- ＋ -диган

> 動詞の語幹 ＋ -ma- ＋ -y- ＋ -digan

савол бермайдиган ўқувчи | savol bermaydigan o'quvchi　質問をしない生徒
унча кўп китоб ўқимайдиган талаба　それほど多く本を読まない学生
uncha ko'p kitob o'qimaydigan talaba

Санъатни тушунмайдиган одамлар билан бирга ишламоқчи эмасман.
San'atni tushunmaydigan odamlar bilan birga ishlamoqchi emasman.
私は芸術を理解しない人たちとは一緒に働きたくありません。

3.3　形動詞③：現在進行

> 子音で終わる語幹 ＋ -аётган
> 母音で終わる語幹 ＋ -ётган

> 子音で終わる語幹 ＋ -ayotgan
> 母音で終わる語幹 ＋ -yotgan

「〜している…」の意味を表します。

тез ўзгараётган ҳаво | *tez o'zgarayotgan havo*　すぐに変わりつつある天気
китоб ўқиётган талаба | *kitob o'qiyotgan talaba*　本を読んでいる学生

Ҳозир олдимиздан ўтаётган қиз Умиданинг синглисими?
Hozir oldimizdan o'tayotgan qiz Umidaning singlisimi?
今、我々の前を通り過ぎている女の子はウミーダの妹ですか？

◆否定文

> 動詞の語幹 ＋ -ма- ＋ -ётган

> 動詞の語幹 ＋ -ma- ＋ -yotgan

ўқитувчининг гапларини **эшитмаётган** ўқувчи　先生の話を聞いていない生徒
o'qituvchining gaplarini *eshitmayotgan* o'quvchi

ҳали **ухламаётган** болалар　　　　まだ寝ていない子どもたち
hali *uxlamayotgan* bolalar

Ишламаётган ёшлар ҳар куни уйда нима қиляпти?
Ishlamayotgan yoshlar har kuni uyda nima qilyapti?
働いていない若者たちは、毎日家で何をしているのですか？

☞ 接尾辞 -(a)ётган｜-(a)yotgan において、無声子音 т｜t 音に後続する г｜g 音が**無声化**して、しばしば к｜k 音で発音されます。ただし、文字で書く際の綴りは -ган｜-gan のままです。

☞ 語幹が１音節かつ母音で終わる動詞（демоқ, емоқ｜demoq, yemoq など）の場合は、動詞の語幹 ＋ **-яётган**｜*-yayotgan*（＜ -й- ＋ -аётган｜-y- ＋ -ayotgan）となりますので注意してください。

музқаймоқ **еяётган** одам　　　アイスクリームを食べている人
muzqaymoq *yeyayotgan* odam

🔍 **参考**　動詞の過去進行形
　動詞の過去進行形「～していた」は、現在進行の形動詞を述語として用い、その後ろに эди｜edi を置くことで表します。

> 動詞の語幹 ＋ -(а)ётган　эди

> 動詞の語幹 ＋ -(a)yotgan　edi

動詞の過去進行形は、過去のある時点で進行中の動作について表します。

Мен отамга хат ёзаётган эдим.　　私は父に手紙を書いていました。
Men otamga xat yozayotgan edim.

Санжар уйга кетаётган эди.　　サンジャルは家に帰っているところでした。
Sanjar uyga ketayotgan edi.

◆形動詞の動作主　　　　　　　　　　　　　　　　82

上で説明した例では、形動詞によって修飾される名詞が形動詞の動作主となっていました。たとえば、келган талаба｜*kelgan talaba*「来た学生」という表現では「来る」という動作をおこなったのは「学生」です。

それに対し、形動詞によって修飾される名詞が意味的に形動詞の目的語となる場合があり、その際に動作主を示す必要がある場合には、形動詞の前にそのまま動作主を置きます。

сиз ўқиган китоб｜*siz o'qigan kitob*　あなたが読んだ本
у онасига ёзаётган хат｜*u onasiga yozayotgan xat*　彼がお母さんに書いている手紙
опам киймайдиган кийим｜*opam kiymaydigan kiyim*　私の姉が着ない服

Мен ҳам сиз ўқиган китобни ўқимоқчиман.
Men ham siz o'qigan kitobni o'qimoqchiman.
私もあなたが読んだ本を読みたいです。

Мен опам киймайдиган кийимни кияман.　　私は、姉が着ない服を着ます。
Men opam kiymaydigan kiyimni kiyaman.

練習

1) 次の文を日本語に訳しましょう。

1. Тошкент аэропортига борадиган автобус неча минутдан кейин келади?
2. Ўтган йили сиз билан Самарқандда учрашган йигитнинг исми нима эди?
3. Ўтган ҳафта Азиза менга берган китоб менга жуда ёқди.

4. Санжардан ташқари бу ишни бажара оладиган одамни билмайсизми?
5. Кеча дарсга келмаган талабалар албатта эртага дарсга келиши керак.

1. *Toshkent aeroportiga boradigan avtobus necha minutdan keyin keladi?*
2. *O'tgan yili siz bilan Samarqandda uchrashgan yigitning ismi nima edi?*
3. *O'tgan hafta Aziza menga bergan kitob menga juda yoqdi.*
4. *Sanjardan tashqari bu ishni bajara oladigan odamni bilmaysizmi?*
5. *Kecha darsga kelmagan talabalar albatta ertaga darsga kelishi kerak.*

2) 次の文をウズベク語に訳しましょう。

1. あなたに質問をした学生に（あなたは）答えてください。
2. 私には大学で英語を勉強している一人の弟がいます。
3. ウズベキスタンの歌手のうち、あなたが一番好きな歌手は誰ですか？
4. 私の兄が働いている会社は東京駅の近くにあります。
5. あなたの大学では、授業中に寝ている学生たちはそれほど多くありませんか？

コラム：バザール（市場）

最近ではスーパーマーケットで買い物をする人も増えましたが、首都タシュケントでも大小何カ所ものバザール **бозор** | *bozor* が健在です。バザールでは、野菜や果物、肉、乳製品、穀物類など食料品全般が商売され、さらには日用品や衣類等の商店、食堂なども併設されており、まさに市民の台所の役割を果たしています。食料品の売り場は、野菜や肉など商品の種類ごとに分かれており、そこには個人で出店するブースが集まっています。食料品はほとんどが量り売りで、価格も明記されていないことが多く、売り手と客の間の交渉で値段が決まります。まず **Неча пул?** | *Necha pul?*「いくら？」と値段を尋ね、**Арзонроқ қилинг!** | *Arzonroq qiling!*「もっと安くしてください！」などと値切り交渉が必要になるので、初めのうちはハードルが高く感じるかもしれませんが、慣れてくるうちに売り手とのこうしたやりとりも楽しくなり、馴染みになればまけてくれることもしばしばです。

果物が豊富なウズベキスタンでは、春から秋にかけて多くの果物が出回ります。春先のイチゴから始まり、サクランボ、アンズ、桃、スイカ、メロン、ブドウなど次々に旬の果物がバザールに並び、季節の移り変わりを感じ取ることができます。旬の時期にはそれぞれの果物が山積みになって売られ、基本的に1kg単位の量り売りなので、筆者もイチゴを一人で1kg買って食べるというような日本では得がたい経験をしました。

第11課   11-дарс | 11-dars

❶ 形動詞（2）：形動詞の名詞的用法
   Сиз билан танишганимдан хурсандман. |
   Siz bilan tanishganimdan xursandman.

❷ 時刻の表現
   – Ҳозир соат неча бўлди? – Соат икки (бўлди). |
   – Hozir soat necha bo'ldi? – Soat ikki (bo'ldi).

❸ 動詞の提案形：「〜しよう」「〜しましょう」
   Сизга ёрдам берай. | *Sizga yordam beray.*

❹ 副動詞（1）：「〜して」「〜せずに」
   Кеча кўп ишлаб, жуда чарчадим. |
   Kecha ko'p ishlab, juda charchadim.

❶ 形動詞（2）：形動詞の名詞的用法

1.1　形動詞の名詞的用法① 　　　　　　　　　　　Down Load))) 83

ウズベク語では、形容詞がそのまま名詞として使われることがありますが（たとえば ёш | *yosh* 形容詞：若い → 名詞：若者）、形動詞も動名詞のように名詞的に用いられることがあります。「〜したこと」「〜すること」「〜していること」を意味し、他の名詞と同様に格接尾辞、所属人称接尾辞を付加することができます。また、「〜した人／もの」「〜する人／もの」「〜している人／もの」を表すこともあります。

動名詞の場合と同様に、形動詞の名詞的用法においても、所属人称接尾辞を付加することで動作主を表します。

DL

Мен фақат сиз(нинг) **айтганингизни** қиламан.
　*Men faqat siz(ning) **aytganingizni** qilaman.*
私はあなたが言ったことだけをやります。

Сиз Санжарнинг Умидага **уйланганини** эшитдингизми?
　*Siz Sanjarning Umidaga **uylanganini** eshitdingizmi?*
あなたはサンジャルがウミーダと結婚したことを聞きましたか？

Бу компьютер нима учун **ишламаётганини** ким билади?
　*Bu kompyuter nima uchun **ishlamayotganini** kim biladi?*
このコンピュータがなぜ動いていないか、誰がわかりますか？

Янги келганларни менга таништиринг.
 Yangi kelganlarni menga tanishtiring.
新しく来た人たちを私に紹介してください。

Сиз билан танишганимдан хурсандман.
 Siz bilan tanishganimdan xursandman.
あなたとお知り合いになれてうれしいです。

1.2 形動詞の名詞的用法②

形動詞 + 位置格（-да｜-da）は、「～したとき」「～するとき」「～しているとき」の意味を表します。前項と同様に、動作主は所属人称接尾辞を付加することで表すことができます。

Кеча биз телевизор кўраётганимизда, Умида менга телефон қилди.
 Kecha biz televizor koʻrayotganimizda, Umida menga telefon qildi.
昨日、我々がテレビを見ているとき、ウミーダから私に電話がありました。

Мен илгари касал бўлганимда, бир марта бу дорини ичганман.
 Men ilgari kasal boʻlganimda, bir marta bu dorini ichganman.
私は以前病気になったときに、一度この薬を飲んだことがあります。

☞完了の形動詞（-ган｜-gan）+ 位置格（-да｜-da）は、「～したら」の意味で用いられることがしばしばあります。

Сиз Ўзбекистонга борганингизда, албатта унга телефон қилинг.
 Siz Oʻzbekistonga borganingizda, albatta unga telefon qiling.
あなたはウズベキスタンに行ったら、必ず彼に電話してください。

Вақти келганда буни аниқроқ тушунишингиз мумкин.
 Vaqti kelganda buni aniqroq tushunishingiz mumkin.
しかるべき時が来たら、あなたは、これをもっとはっきり理解するかもしれません。

1）次の文を日本語に訳しましょう。

1. Акамнинг қаерга кетгани аниқ эмас эди.
2. Ҳожатхонага боргандан кейин қўлингизни ювишингиз керак.

3. Мен сиз қачон ва қайси университетни тугатганингизни эшитмаганман.
4. Умиданинг Санжарга турмушга чиқмасликка қарор қилганидан ҳайрон бўлдик.
5. Ўтган куни эрталаб кўчада кетаётганингизда сиз билан учрашган қиз менинг синглим.

1. *Akamning qayerga ketgani aniq emas edi.*
2. *Hojatxonaga borgandan keyin qo'lingizni yuvishingiz kerak.*
3. *Men siz qachon va qaysi universitetni tugatganingizni eshitmaganman.*
4. *Umidaning Sanjarga turmushga chiqmaslikka qaror qilganidan hayron bo'ldik.*
5. *O'tgan kuni ertalab ko'chada ketayotganingizda siz bilan uchrashgan qiz mening singlim.*

2）次の文をウズベク語に訳しましょう。

1. 彼がウズベク語を学んだことの結果はどうなりましたか？
2. 日本では喫煙しない人たちの数が増えています。
3. あなたは自分のパスポートをなくしたことにがっかりする必要はありません。
4. 私は、日本政府が中央アジア諸国にどのような援助をしたか（＝したこと）を知りたいのですが。
5. あなたは、初めてウォッカを飲んだとき、何歳でしたか？

❷ 時刻の表現

時刻についての単語には、以下のようなものがあります。

соат	минут / дақиқа	секунд / сония
時間、〜時	分	秒

soat	*minut / daqiqa*	*sekund / soniya*
時間、〜時	分	秒

☞ минут, секунд | *minut, sekund* の語はロシア語からの借用語ですが、дақиқа, сония | *daqiqa, soniya* と並んで非常によく使われます。

соат｜*soat* の語は、**時間の長さ（〜時間）**を表す場合は**数字の後**に、**時刻（〜時）**を表す場合は**数字の前**に置きます。

1 соат	бир соат｜*bir soat*	1時間
1:00	соат бир｜*soat bir*	1時

Тошкентдан Самарқандгача янги поездда тахминан икки соат кетади.
Toshkentdan Samarqandgacha yangi poyezdda taxminan ikki soat ketadi.
タシュケントからサマルカンドまで新型列車で約2時間かかります。

– Ҳозир соат неча бўлди?　　　– Соат икки (бўлди).
　– *Hozir soat necha boʻldi?*　　　– *Soat ikki (boʻldi).*
– 今、何時ですか？　　　　　　 – 2時です。

– Кеча неча соат ухладингиз?　　– Саккиз соат.
　– *Kecha necha soat uxladingiz?*　　– *Sakkiz soat.*
– 昨日、何時間寝ましたか？　　　– 8時間です。

「〜時〜分」というように時刻を言う場合には、以下のような表現を用います。

9:05　соат тўққиздан беш минут ўтди｜*soat toʻqqizdan besh minut oʻtdi*

☞ ўтмоқ｜*oʻtmoq*「過ぎる」という動詞を使い、直訳すれば「9時から5分過ぎた」という文章で表現することになります。

また、「〜時半」「〜時〜分前」という表現もよく使います。

10:30　соат ўндан ўттиз минут ўтди｜*soat oʻndan oʻttiz minut oʻtdi*
　　　соат ўн ярим｜*soat oʻn yarim*　10時半
10:55　соат ўндан эллик беш минут ўтди｜*soat oʻndan ellik besh minut oʻtdi*
　　　соат бешта кам ўн бир｜*soat beshta kam oʻn bir*　11時5分前
　　　(кам｜*kam*　足りない、少ない)

☞ 〜分前というときは -та｜*-ta* を使いますので注意してください。

「〜時に」という場合は、位置格接尾辞 -да｜*-da* を用います（口語では方向格接尾辞 -га｜*-ga* を用いることもあります）。

Эртага соат еттида уйимга келинг.　明日、7時に私の家に来てください。
Ertaga soat yettida uyimga keling.

соат ўн бешта кам ўн иккида　12時15分前に（11時45分に）
soat o'n beshta kam o'n ikkida

「～時～分」は動詞 ўтмоқ｜*o'tmoq* を使った文章で表現しましたが、「～時～分に」という場合は、ўтганда｜*o'tganda* という形を用います（形動詞の名詞的用法）。

соат олтидан ўн тўққиз минут ўтганда　6時19分に
soat oltidan o'n to'qqiz minut o'tganda

соат тўртдан йигирма уч минут қирқ секунд ўтганда　4時23分40秒に
soat to'rtdan yigirma uch minut qirq sekund o'tganda

「～時から～時まで」は -дан｜*-dan*「～から」と -гача｜*-gacha*「～まで」を使って表します。

соат тўртдан бешгача　4時から5時まで
soat to'rtdan beshgacha

соат тўққиз яримдан ўн етти яримгача　9時半から17時半まで
soat to'qqiz yarimdan o'n yetti yarimgacha

соат олтидан йигирма минут ўтгандан еттидан беш минут ўтгунча
soat oltidan yigirma minut o'tgandan yettidan besh minut o'tguncha
6時20分から7時5分まで

☞ ўтмоқ｜*o'tmoq* を使った時刻の表現で「～まで」と言う場合は、ўтгангача｜*o'tgangacha* ではなく ўтгунча｜*o'tguncha* という形を使いますので注意してください（補遺4.3参照）。

「～時頃」「約～時間」といった概数は、複数接尾辞 -лар｜*-lar* を付加して表します。

соат ўн бирларда｜*soat o'n birlarda*　11時頃に
соат беш яримларда｜*soat besh yarimlarda*　5時半頃に
етти соатлар｜*yetti soatlar*　約7時間

口語では、時刻を言う際に ўтмоқ | o'tmoq を使わず、時と分の数字の間に -y | -u（母音の後ろでは -ю | -yu）を置いて表す場合もあります。

9:05　соат тўққиз**у** беш | soat to'qqiz**u** besh
7:26　соат етти**ю** йигирма олти | soat yetti**yu** yigirma olti

練習

1）次の文を日本語に訳しましょう。

1. Сешанба куни соат ўндан ўн минут ўтганда ўзбек тили дарси бор.
2. Эртага соат уч яримда бошланадиган мажлисга кела оласизми?
3. – Тошкентга кетадиган самолёт соат нечада учади?　– Соат олтидан ўн беш минут ўтганда учади.
4. Қизлар кечқурун соат ўндан кейин ҳеч нарса ейиши мумкин эмас деган гап бор. Шунга эътибор берасизми?
5. – Одатда неча соат ухлайсиз?　– Ҳар куни етти ярим соатлар ухлайман.

1. *Seshanba kuni soat o'ndan o'n minut o'tganda o'zbek tili darsi bor.*
2. *Ertaga soat uch yarimda boshlanadigan majlisga kela olasizmi?*
3. *– Toshkentga ketadigan samolyot soat nechada uchadi?　– Soat oltidan o'n besh minut o'tganda uchadi.*
4. *Qizlar kechqurun soat o'ndan keyin hech narsa yeyishi mumkin emas degan gap bor. Shunga e'tibor berasizmi?*
5. *– Odatda necha soat uxlaysiz?　– Har kuni yetti yarim soatlar uxlayman.*

2）次の文をウズベク語に訳しましょう。

1. 先週の金曜日、我々は晩の7時から9時半までレストランにいました。
2. 2年前にウズベキスタンであなたと会った青年が、今日の4時10分前にここに来るかもしれません。
3. あなたは、携帯電話を授業が終わったら、すなわち90分後に使用することができます。
（тугамоқ | tugamoq　終わる）
4. 私の姉は、書店で朝の10時15分から晩の6時まで働いています。

5. 私が好きな歌手のコンサートは、1時間前に始まりました。けれども、私は今日、8時半まで職場にいなければならず、このコンサートに行くことができません。

❸ 動詞の提案形:「〜しよう」「〜しましょう」

動詞の提案形には**提案形単数**と**提案形複数**の2種類があり、1人称において、提案形単数では「〜しよう」と自分の**意思**を表したり、それを聞き手に**提案**することを表します。また、提案形複数では聞き手を含めて「〜しましょう」と**勧誘**することを表します。

3.1 提案形単数

提案形単数の作り方は、動詞の語幹が子音で終わる場合には **-ай ｜ -ay** を、動詞の語幹が母音で終わる場合には **-й ｜ -y** を付加します。

子音で終わる語幹 ＋ **-ай**
母音で終わる語幹 ＋ **-й**

子音で終わる語幹 ＋ *-ay*
母音で終わる語幹 ＋ *-y*

бор**ай** ｜ *boray*	（私は）	行こう
кўр**ай** ｜ *ko'ray*	（私は）	見よう
ўқ**ий** ｜ *o'qiy*	（私は）	読もう
ишл**ай** ｜ *ishlay*	（私は）	働こう

Умидага ёрдам **берай**.　（私は）ウミーダを手伝おう。
　Umidaga yordam beray.

Профессор Сакамотонинг янги чиққан китобини **ўқий**.
　Professor Sakamotoning yangi chiqqan kitobini o'qiy.
（私は）坂本教授の新しく出た本を読もう。

3.2 提案形複数

提案形複数の作り方は、動詞の語幹が子音で終わる場合は **-айлик｜-aylik** を、動詞の語幹が母音で終わる場合には **-йлик｜-ylik** を付加します。

> 子音で終わる語幹 ＋ **-айлик**
> 母音で終わる語幹 ＋ **-йлик**

> 子音で終わる語幹 ＋ **-aylik**
> 母音で終わる語幹 ＋ **-ylik**

кўрайлик｜ko'raylik　　　（私たちは）見ましょう
ўқийлик｜o'qiylik　　　　（私たちは）読みましょう

Эртага биргаликда музейга борайлик.　明日、一緒に博物館に行きましょう。
　Ertaga birgalikda muzeyga boraylik.

Дўстлигимиз учун ичайлик!　　　　　我々の友情のために飲みましょう！
　Do'stligimiz uchun ichaylik!

☞ 勧誘の意味を強調するために、「さあ」という意味を表す келинг｜keling を文頭に置く場合があります。

Келинг, бирга ўтирайлик.　　　　さあ、一緒に座りましょう。
　Keling, birga o'tiraylik.

Келинг, озгина суҳбатлашайлик.　さあ、少しお話ししましょう。
　Keling, ozgina suhbatlashaylik.

◆否定文

否定文は、単数・複数ともに動詞の語幹の後ろに否定を表す接辞 **-ма-｜-ma-** を挿入します。

> 単数：　動詞の語幹 ＋ **-ма-** ＋ **-й**
> 複数：　動詞の語幹 ＋ **-ма-** ＋ **-йлик**

> 単数：　動詞の語幹 ＋ **-ma-** ＋ **-y**
> 複数：　動詞の語幹 ＋ **-ma-** ＋ **-ylik**

кўрмай / кўрмайлик | ko'rmay / ko'rmaylik
（私は）見るまい／（私たちは）見ないようにしましょう

ўқимай / ўқимайлик | o'qimay / o'qimaylik
（私は）読むまい／（私たちは）読まないようにしましょう

Санжарга ёрдам бермай. Ўзи ҳаракат қилиши керак.
Sanjarga yordam bermay. O'zi harakat qilishi kerak.
サンジャルを手伝わないでおこう。彼自身が努力をしなければならない。

Кўп ароқ ичмайлик!
Ko'p aroq ichmaylik!
ウォッカをたくさん飲まないようにしましょう！

◆疑問文

疑問文は、単数・複数および肯定・否定にかかわらず、末尾に疑問を表す接辞 -ми？ | -mi? を付加します。

```
単数：　動詞の語幹 ＋ (-ма-) ＋ -ай/-й ＋ -ми？
複数：　動詞の語幹 ＋ (-ма-) ＋ -айлик/-йлик ＋ -ми？
```

```
単数：　動詞の語幹 ＋ (-ma-) ＋ -ay/-y ＋ -mi?
複数：　動詞の語幹 ＋ (-ma-) ＋ -aylik/-ylik ＋ -mi?
```

кўрайми？ / кўрайликми？ | *ko'raymi? / ko'raylikmi?*
（私は）見ようか／（私たちは）見ましょうか

ўқимайми？ / ўқимайликми？ | *o'qimaymi? / o'qimaylikmi?*
（私は）読まないでおこうか／（私たちは）読まないでおきましょうか

提案形の疑問文は、「～しましょうか」と申し出る場合や（単数）、誰かから許可を求めようとする場合（複数）で用いられることがあります。

Сизга ёрдам берайми？
Sizga yordam beraymi?
あなたを手伝いましょうか？

Секин-секин уйга кетайликми?
  Sekin-sekin uyga ketaylikmi?
(ご主人から許しをもらって) そろそろ家に帰りましょうか。[客に呼ばれた場合などの暇乞いの際に]

Ароқ ичайликми ёки ичмайликми?
  Aroq ichaylikmi yoki ichmaylikmi?
ウォッカを飲みましょうか、それとも飲まないでおきますか？

練 習

1）次の文を日本語に訳しましょう。

1. Япониядан янги келган талабаларни сизга таништирай.
2. Илгари имтиҳонда хато қилган нарсани яна қайтармай.
3. Бу ердаги Тойота машиналаридан биттасини сотиб олай.
4. Домладан эртага биз дарсга келмаслигимизга рухсат сўраймы?
5. Санжарга Умиданинг Улуғбекка турмушга чиққанини айтмайлик.

1. *Yaponiyadan yangi kelgan talabalarni sizga tanishtiray.*
2. *Ilgari imtihonda xato qilgan narsani yana qaytarmay.*
3. *Bu yerdagi Toyota mashinalaridan bittasini sotib olay.*
4. *Domladan ertaga biz darsga kelmasligimizga ruxsat so'raymi?*
5. *Sanjarga Umidaning Ulug'bekka turmushga chiqqanini aytmaylik.*

2）次の文をウズベク語に訳しましょう。

1. あさって、2時5分前に大学図書館の前で会いましょう。
2. あなたに熱いお茶を注ぎましょうか？
3. 来週の土曜日、6時半に一緒にカフェに行きましょう。
4. この問題について、私はサンジャルに何を尋ねましょうか？
5. 我々自身に気に入らない事を、他人にはしないようにしましょう。

❹ 副動詞（1）：「～して」「～せずに」

　動詞語幹に接尾辞が付加されてできる形式のうち、**副動詞**は文の途中にあって**前の事柄を後ろの事柄につないでいく**働きをします。ウズベク語にはいくつかの種類の副動詞がありますが、ここではもっともよく使われる「～して」「～せずに」という形を取り上げます。

4.1　副動詞：「～して」

　「～して」を意味する副動詞の作り方は、動詞の語幹が子音で終わる場合は **-иб｜-ib** を、母音で終わる場合は **-б｜-b** を付加します。発音する際には、語末の子音 б｜b が**無声化**して п｜p の音で発音されます。

```
子音で終わる語幹 ＋ -иб
母音で終わる語幹 ＋ -б
```

```
子音で終わる語幹 ＋ -ib
母音で終わる語幹 ＋ -b
```

кўрмоқ	→	кўр**иб**	見て
ko'rmoq		ko'r**ib**	
ўйламоқ	→	ўйла**б**	考えて
o'ylamoq		o'yla**b**	

Биз бозорга **бориб**, помидор ва бодринг сотиб олдик.
　Biz bozorga borib, pomidor va bodring sotib oldik.
我々はバザールに行って、トマトとキュウリを買いました。

Кеча кўп **ишлаб**, жуда чарчадим.
　Kecha ko'p ishlab, juda charchadim.
昨日はたくさん働いて、とても疲れました。

　「～して」の副動詞の後ろには、多くの場合コンマが置かれます。

☞ бўлмоқ | *boʻlmoq* の副動詞形 бўлиб | *boʻlib* は、「～として」という意味で用いられる場合があります。

Мен ҳамшира бўлиб касалхонада ишлаяпман.
Men hamshira boʻlib kasalxonada ishlayapman.
私は看護師として病院で働いています。

☞ демоқ | *demoq* の副動詞形 деб | *deb* は、「～と」という意味で従属節を導く接続詞として用いられる場合があります。

Сиз биз учун жуда кўп ҳаракат қилдингиз деб ўйлайман.
Siz biz uchun juda koʻp harakat qildingiz deb oʻylayman.
私は、あなたが我々のためにとてもたくさん努力してくれたと思います。

4.2 副動詞：「～せずに」①

「～せずに」を意味する副動詞の作り方は、動詞の語幹に **-май** | *-may* を付加します。

動詞の語幹 ＋ -май

動詞の語幹 ＋ *-may*

кўрмоқ	→	кўрмай	見ずに
koʻrmoq		*koʻrmay*	
ўйламоқ	→	ўйламай	考えずに
oʻylamoq		*oʻylamay*	

У университетга келмай, бизга ҳеч хабар ҳам бермайди.
U universitetga kelmay, bizga hech xabar ham bermaydi.
彼は大学に来ず、我々に何の知らせもしてきません。

У халқни ўйламай, фақат ўзини ўйлаяпти.
U xalqni oʻylamay, faqat oʻzini oʻylayapti.
彼は民衆のことを考えずに、ただ自分のことだけを考えています。

-май | *-may* の後ろには、多くの場合コンマが打たれます。

4.3　副動詞:「〜せずに」②　　　　　　　　　　　　　Down Load 92

「〜せずに」という意味の副動詞には、動詞の語幹に **-масдан** | ***-masdan*** を付加した形もあります。

> 動詞の語幹 ＋ -масдан

> 動詞の語幹 ＋ *-masdan*

кўрмоқ　　→　кўрмасдан　　見ずに
koʻrmoq　　　　*koʻrmasdan*

ўйламоқ　→　ўйламасдан　考えずに
oʻylamoq　　　 *oʻylamasdan*

Санжар дарсга бормасдан қаерга кетди?
　Sanjar darsga bormasdan qayerga ketdi?
サンジャルは授業に行かずに、どこに行ったのだ？

Япониядаги баъзи ёшлар ишламасдан қандай яшаяпти?
　Yaponiyadagi baʼzi yoshlar ishlamasdan qanday yashayapti?
日本の一部の若者たちは、働かずにどのように生活しているのですか？

☞ -май | *-may* と -масдан | *-masdan* の意味や使い方にはほとんど違いがありませんが、-май | *-may* は文章語で多く使用され、-масдан | *-masdan* は口語で多く使用される傾向があります。

ウズベク語には、副動詞 -иб/-б | *-ib/-b* によって二つの動詞を結びつけて表す**複合動詞**のような表現が多くあります。

олиб бормоқ | *olib bormoq*　　持っていく：連れていく
олиб келмоқ | *olib kelmoq*　　持ってくる：連れてくる
олиб кетмоқ | *olib ketmoq*　　持ち去る
ёзиб олмоқ | *yozib olmoq*　　書き取る
ёзиб бермоқ | *yozib bermoq*　　書いてやる
еб кўрмоқ | *yeb koʻrmoq*　　食べてみる
сотиб олмоқ | *sotib olmoq*　　買う
қайтиб келмоқ | *qaytib kelmoq*　　戻ってくる　　etc.

Ёзда сизни тоққа олиб борайми?
　Yozda sizni toqqa olib boraymi?
夏にあなたを山に連れていきましょうか？

Илтимос, телефон рақамингизни бу дафтарга ёзиб беринг.
　Iltimos, telefon raqamingizni bu daftarga yozib bering.
どうかあなたの電話番号をこのノートに書いてください。

 副動詞によってつなげられる文の前後で、それぞれの主語が異なる場合もあります。

Синглим мактабга кетиб, мен университетга кетдим.
　Singlim maktabga ketib, men universitetga ketdim.
妹は学校に行き、私は大学に行きました。

Санжар мактабга келмай, укаси келди.
　Sanjar maktabga kelmay, ukasi keldi.
サンジャルは学校に来ずに、彼の弟は学校に来ました。

1）2つの文章を副動詞を使ってつなげ1つの文章にし、日本語に訳しましょう。

1. Мен Улуғбекка телефон қиламан. Мен сиз берган савол ҳақида ундан сўрай.
2. Сиз Умиданинг синглиси университетимизга кирганини эшитдингиз. Сиз жуда ҳайрон бўлдингизми?
3. Онам ўтган ой вокзал яқинидаги магазиндан сотиб олган кийимни киймадилар. Онам яна бошқа магазиндан янги кийимни сотиб олдилар.

1. *Men Ulug'bekka telefon qilaman. Men siz bergan savol haqida undan so'ray.*
2. *Siz Umidaning singlisi universitetimizga kirganini eshitdingiz. Siz juda hayron bo'ldingizmi?*
3. *Onam o'tgan oy vokzal yaqinidagi magazindan sotib olgan kiyimni kiymadilar. Onam yana boshqa magazindan yangi kiyimni sotib oldilar.*

2) 次の文を日本語に訳しましょう。

1. Эртага соат иккидан йигирма минут ўтганда бошланадиган дарсга бориб, ўзбек маданияти тўғрисида гапиришим керак.
2. Дарс пайтида домланинг гапларини эшитмасдан қўл телефонидан фойдаланаётган талабаларга бу нарса домлага ёқмаслигини тушунтириш жуда қийин.
3. Кеча ресторанга бориб, яқин дўстларимиз билан бирга ўтириб, мазали таомлар еб, кўп ароқ ичиб, жуда ҳам яхши ўтирдик.

1. *Ertaga soat ikkidan yigirma minut o'tganda boshlanadigan darsga borib, o'zbek madaniyati to'g'risida gapirishim kerak.*
2. *Dars paytida domlaning gaplarini eshitmasdan qo'l telefonidan foydalanayotgan talabalarga bu narsa domlaga yoqmasligini tushuntirish juda qiyin.*
3. *Kecha restoranga borib, yaqin do'stlarimiz bilan birga o'tirib, mazali taomlar yeb, ko'p aroq ichib, juda ham yaxshi o'tirdik.*

3) 次の文をウズベク語に訳しましょう。

1. 12月24日に、先週知り合った女の子と会って、彼女と一緒に映画館に行きたいです。
2. 今、家に戻って、サンジャルがあなたに渡した書類を我々の前に持ってきてください。
3. あなたは、ウミーダがあなたから許可を得ずに帰ったことを知って、がっかりしませんでしたか？

コラム　**ウズベキスタンの気候**

　内陸国のウズベキスタンは、大陸性の気候に属し、降水量が少なく乾燥しています。夏の気温は非常に暑く、西部のブハラや南部のテルメズなどでは最高気温が50度近くに達します。その一方で冬はマイナス10〜15度まで気温が下がり、季節間の温度差が激しいのが特徴です。一年のうちでもっとも暑い時期、寒い時期をともにチッラ チилла | *chilla* と呼びます。この語はペルシア語の数字の「40」に由来し、6月25日〜8月5日頃、12月25日〜2月5日頃のそれぞれ40日間が一番暑い時期（夏のチッラ ёз чилласи | *yoz chillasi*）、一番寒い時期（冬のチッラ қиш чилласи | *qish chillasi*）とされます。

　大陸性気候では季節の変わり目も突然訪れるようで、2〜3日で季節が一変するということがよくあります。ナウルーズ Наврўз | *Navro'z*（春分祭）を過ぎると一気に暖かくなり、まさに春の訪れを実感することができます。春になると新緑が芽生え、アンズやヒナゲシの花が咲き誇り、4月中旬〜下旬頃が一年のうちでもっとも良い季節かもしれません。

第12課 ◆ 12-дарс | 12-dars

> ① **動詞の仮定形：「〜すれば」**
> Агар ўзбек тилини ўрганса, ўзбеклар билан суҳбатлаша олади. | *Agar o'zbek tilini o'rgansa, o'zbeklar bilan suhbatlasha oladi.*
>
> ② **名詞の願望形：「〜するように」「〜させよ」**
> Ёмғир ёғсин. | *Yomg'ir yog'sin.*

① 動詞の仮定形：「〜すれば」

　動詞の仮定形は、「（もし）〜すれば」という**仮定**の意味や、「〜ならば（その場合には）」という**条件**の意味を表します。

◆仮定形の作り方　　　　　　　　　　　　　　　　　　Down Load ♪) 93

```
動詞の語幹 ＋ -ca- ＋ 人称の付属語③
```
```
動詞の語幹 ＋ -sa- ＋ 人称の付属語③
```

例：келмоқ | *kelmoq*　来る

Мен кел**са**м	私が来れば	Биз кел**са**к	我々が来れば
Men kelsam		*Biz kelsak*	
Сен кел**са**нг	君が来れば	Сиз кел**са**нгиз	あなたが来れば
Sen kelsang		*Siz kelsangiz*	
У кел**са**	彼／彼女が来れば	Улар кел**са**(лар)	彼らが来れば
U kelsa		*Ular kelsa(lar)*	

　動詞の仮定形は、しばしば **агар** | *agar*「もし」、**мабодо** | *mabodo*「万が一」などの接続詞とともに用いられます（**мабодо** | *mabodo* は、ほとんどの場合、否定形とともに用いられます）。

Агар сиз бозорга борсангиз, илтимос, икки ярим килограмм гўшт сотиб олиб, уйимизга олиб келинг.
Agar siz bozorga borsangiz, iltimos, ikki yarim kilogramm go'sht sotib olib, uyimizga olib keling.
もしあなたがバザールに行くのなら、どうか肉を2.5キロ買って、我々の家に持ってきてください。

Агар ўзбек тилини ўрганса, ўзбеклар билан суҳбатлаша олади.
Agar o'zbek tilini o'rgansa, o'zbeklar bilan suhbatlasha oladi.
もしウズベク語を勉強すれば、ウズベク人と会話することができます。

☞動詞の仮定形は、**丁寧な依頼**を表す場合に用いられることもあります。

Илтимос, бу муаммо ҳақида фикрингизни яна озгина аниқроқ айтсангиз.
Iltimos, bu muammo haqida fikringizni yana ozgina aniqroq aytsangiz.
どうかこの問題について、あなたのお考えをもう少しはっきりと言っていただければいいのですが。

◆否定文

動詞の語幹 ＋ -ма- ＋ -са- ＋ 人称の付属語③

動詞の語幹 ＋ *-ma-* ＋ *-sa-* ＋ 人称の付属語③

Мен келмасам *Men kelmasam*	私が来ないなら	Биз келмасак *Biz kelmasak*	我々が来ないなら
Сен келмасанг *Sen kelmasang*	君が来ないなら	Сиз келмасангиз *Siz kelmasangiz*	あなたが来ないなら
У келмаса *U kelmasa*	彼／彼女が来ないなら	Улар келмаса(лар) *Ular kelmasa(lar)*	彼らが来ないなら

Мабодо сен бормасанг, мен бораман.
Mabodo sen bormasang, men boraman.
万が一、君が行かないのなら、私が行きます。

Агар сиз Умидага телефон қилмасангиз, ким унга телефон қилади?
Agar siz Umidaga telefon qilmasangiz, kim unga telefon qiladi?
もしあなたがウミーダに電話しないのなら、誰が彼女に電話しますか？

1.1　無動詞文の仮定　　　95

名詞や形容詞が述語の文など、動詞が使われていない文を仮定形にするには、動詞 **бўлмоқ | *boʻlmoq*** の仮定形を補います。その場合、人称や否定などは動詞 **бўлмоқ | *boʻlmoq*** の部分で表示します。

Агар сен талаба бўлсанг, кўпроқ ўқишинг керак.
Agar sen talaba boʻlsang, koʻproq oʻqishing kerak.
もし君が学生ならば、もっとたくさん勉強しなければなりません。

Агар Санжар касал бўлса, эртага дарсга кела олмайди.
Agar Sanjar kasal boʻlsa, ertaga darsga kela olmaydi.
もしサンジャルが病気ならば、明日、彼は授業に来られないです。

Индинга агар банд бўлмасам, сиз билан бирга ресторанга бориб, ароқ ичмоқчиман.
Indinga agar band boʻlmasam, siz bilan birga restoranga borib, aroq ichmoqchiman.
あさって、もし忙しくなかったら、あなたと一緒にレストランに行って、ウォッカを飲みたいです。

Агар сиз университетда бўлсангиз, бирга тушлик қилайлик.
Agar siz universitetda boʻlsangiz, birga tushlik qilaylik.
もしあなたが大学にいるのなら、一緒にお昼ご飯を食べましょう。

1.2　存在文・所有文の仮定　　　96

同様に動詞が使われていない存在文・所有文も、仮定形にするには同じく動詞 **бўлмоқ | *boʻlmoq*** の仮定形を補います。ただし、存在文・所有文の仮定では、бор/йўқ | *bor/yoʻq* の語を使用せず、**бўлса/бўлмаса | *boʻlsa/boʻlmasa*** のみで「あれば／なければ」を意味することがしばしばあります（бор бўлса/йўқ бўлса | *bor boʻlsa/yoʻq boʻlsa* も使いますが、бўлса/бўлмаса | *boʻlsa/boʻlmasa* の表現を使うことのほうが多いようです）。

Агар синфхонада талабалар бўлса (/бор бўлса), ҳаммаларини бу ерга чақиринг.
Agar sinfxonada talabalar bo'lsa (/bor bo'lsa), hammalarini bu yerga chaqiring.
もし教室に学生たちがいたら、全員ここに呼んでください。

Агар ошхонада лағмон бўлмаса (/йўқ бўлса), тушликка нима еймиз?
Agar oshxonada lag'mon bo'lmasa (/yo'q bo'lsa), tushlikka nima yeymiz?
もし食堂にラグマンがなかったら、我々は昼食に何を食べますか？

Агар иккита машинангиз бўлса, биттасини сотишингиз ҳам мумкин.
Agar ikkita mashinangiz bo'lsa, bittasini sotishingiz ham mumkin.
もしあなたが2台の車を持っているのなら、1台を売ることもできるでしょう。

1.3　意向・欲求の表現の仮定

意向・欲求の表現「〜するつもりだ、〜したい」を仮定形にするには、同じく動詞 **бўлмоқ | bo'lmoq** の仮定形を補います。

Агар санъат музейига бормоқчи бўлсангиз, эртага бирга борайлик.
Agar san'at muzeyiga bormoqchi bo'lsangiz, ertaga birga boraylik.
もし、あなたが美術館に行くつもりなら、明日、一緒に行きましょう。

Агар Санжар дарс пайтида домланинг гапларини эшитмоқчи бўлмаса, синфхонадан чиқиб кетиши керак.
Agar Sanjar dars paytida domlaning gaplarini eshitmoqchi bo'lmasa, sinfxonadan chiqib ketishi kerak.
もし、サンジャルが授業中に先生の話を聞くつもりがないのなら、教室から出て行くべきです。

1.4　過去の条件

過去の条件「〜したのなら、〜だったのなら」を表す場合は、動詞の完了形 + **бўлмоқ | bo'lmoq** の仮定形 (**-ган бўлса | -gan bo'lsa**) という表現を使います。

Агар сиз Алишерга телефон қилган бўлсангиз, албатта унинг ўзи бу ерга келади.

Agar siz Alisherga telefon qilgan bo'lsangiz, albatta uning o'zi bu yerga keladi.

もし、あなたがアリーシェールに電話したのなら、もちろん彼自身がここに来るでしょう。

Агар сен Ўзбекистонда бўлган бўлсанг, нимага Хивага бормагансан?

Agar sen O'zbekistonda bo'lgan bo'lsang, nimaga Xivaga bormagansan?

もし、君がウズベキスタンにいたのなら、なぜヒヴァに行ったことがないのですか？

1.5　現在進行形の仮定　　　　　　　　　　99

現在進行形の仮定「〜しているのなら、〜しているとすれば」を表す場合は、現在進行の形 動詞 + бўлмоқ | *bo'lmoq* の仮定形 (-(а)ётган бўлса | *-(a)yotgan bo'lsa*) という表現を使います。

Агар у Японияга ўқиш мақсадида келаётган бўлса, албатта бу фирмада ишлаши мумкин эмас.

Agar u Yaponiyaga o'qish maqsadida kelayotgan bo'lsa, albatta bu firmada ishlashi mumkin emas.

もし、彼が日本へ勉強する目的で来ているのであれば、もちろんこの会社で仕事をすることはできません。

Агар фақат ўз ишингиз ҳақида ўйлаётган бўлсангиз ҳам, бошқа одамларга раҳмат дейишни унутманг.

Agar faqat o'z ishingiz haqida o'ylayotgan bo'lsangiz ham, boshqa odamlarga rahmat deyishni unutmang.

もし、あなたが自分の仕事だけについて考えているのだとしても、他人へ感謝することを忘れないでください。

1.6　動詞の仮定形を使った表現　　　　　　　100

■ 動詞の仮定形 + керак | *kerak* (-са керак | *-sa kerak*)
「たぶん〜だろう」「きっと〜だろう」

Бугун тушдан кейин ёмғир ёғса керак.　今日の午後、たぶん雨が降るでしょう。
　Bugun tushdan keyin yomg'ir yog'sa kerak.

Менимча, сиз саёҳат қилишни жуда яхши кўрсангиз керак.
　Menimcha, siz sayohat qilishni juda yaxshi ko'rsangiz kerak.
私が思うに、きっとあなたは旅行をすることがとても好きなんでしょうね。

Бу тарвуз унча ширин бўлмаса керак.
　Bu tarvuz uncha shirin bo'lmasa kerak.
このスイカは、たぶんあまり甘くないでしょう。

☞ この表現は、動名詞 + мумкин｜mumkin (-иш мумкин｜-ish mumkin)「～かもしれない」に比べて、**確信の度合いが高い場合**に用います。

cf. Бугун тушдан кейин ёмғир ёғиши мумкин.
　Bugun tushdan keyin yomg'ir yog'ishi mumkin.
今日の午後、雨が降るかもしれない。

■ **動詞の仮定形 + бўлади / майли　(-са бўлади / -са майли)**
　動詞の仮定形 + bo'ladi / mayli　(-sa bo'ladi / -sa mayli)
「～してもよい」「～することができる」（許可）

Автобус бекатига қандай борса бўлади?
　Avtobus bekatiga qanday borsa bo'ladi?
バス停には、どうやって行ったらいいですか？

– Ҳозир қўл телефонимдан фойдалансам майлими? (/бўладими?)
– Hozir qo'l telefonimdan foydalansam maylimi? (/bo'ladimi?)
今、携帯電話を使ってもいいですか？

– Ҳа, майли (/бўлади). はい、いいですよ。
– Ha, mayli (/bo'ladi).

– Йўқ, мумкин эмас.　いいえ、だめです。
– Yo'q, mumkin emas.

練習

1) 次の文を日本語に訳しましょう。

1. Агар сиз Ўзбекистонга саёҳат қилиб, Самарқандга борсангиз, албатта Шоҳи Зинда ва Гўри Амир каби ўн тўрт ва ўн бешинчи асрларда, яъни Темурийлар даврида қурилган тарихий биноларни кўришингиз керак.
2. Мабодо мен Умидага ёзган хатга у жавоб бермаса, жуда ҳам хафа бўламан.
3. Агар бу ароқ яхши бўлмаса, бемалол айтинг. Сизга бошқасини олиб келай.
4. Санжар ўз онасини жуда яхши кўради. Шунинг учун у Японияда бўлса ҳам, Тошкентдаги онасига ҳар куни телефон қилади.
5. Агар Улуғбек уйимизга келиш мақсадини аниқ айтмаган бўлса, ичкарига киришига рухсат бермайман.

1. *Agar siz Oʻzbekistonga sayohat qilib, Samarqandga borsangiz, albatta Shohi Zinda va Goʻri Amir kabi oʻn toʻrt va oʻn beshinchi asrlarda, yaʼni Temuriylar davrida qurilgan tarixiy binolarni koʻrishingiz kerak.*
2. *Mabodo men Umidaga yozgan xatga u javob bermasa, juda ham xafa boʻlaman.*
3. *Agar bu aroq yaxshi boʻlmasa, bemalol ayting. Sizga boshqasini olib kelay.*
4. *Sanjar oʻz onasini juda yaxshi koʻradi. Shuning uchun u Yaponiyada boʻlsa ham, Toshkentdagi onasiga har kuni telefon qiladi.*
5. *Agar Ulugʻbek uyimizga kelish maqsadini aniq aytmagan boʻlsa, ichkariga kirishiga ruxsat bermayman.*

2) 次の文をウズベク語に訳しましょう。

1. もし、アリーシェールがこのニュースを聞いたら、彼はもちろん喜ぶでしょう。
2. もし、君に読書が好きな友だちがいたら、どうか我々に紹介してください。
3. もし、あなたはロシアに行ったことがないのなら、なぜロシア語を知っているのですか？
4. ウズベク語を学ぶことは、あなたたちにとって、きっとそれほど難しくはないでしょう。
5. もし、あなたが次の日曜日に私の家に来るつもりなら、私の姉に会うことができます。

❷ 動詞の願望形：「〜するように」「〜させよ」

動詞の願望形は 3 人称のみで用いられ、3 人称に対する話者の**願望**「〜するように」や、**間接的な命令**（3 人称に対する命令）「〜させよ」を意味します。3 人称とは、話し手（1 人称）と聞き手（2 人称）以外の人・物を指します。

◆願望形の作り方　　　　　　　　　　　　　　　　Down Load 101

願望形の作り方は、動詞の語幹に **-син** | *-sin* を付加します。

動詞の語幹 ＋ **-син**

動詞の語幹 ＋ *-sin*

келмоқ	→	келсин	（彼が）来るように／（彼に）来させよ
kelmoq		*kelsin*	
ўқимоқ	→	ўқисин	（彼が）読むように／（彼に）読ませよ
o'qimoq		*o'qisin*	

Қор ёғсин.　　　雪が降りますように。
Qor yog'sin.

Яшасин Ўзбекистон!　　ウズベキスタン万歳！
Yashasin O'zbekiston!

> **！注意**　**-син** | *-sin* の部分の発音は、母音が口の後ろのほうで曖昧に発音され、「スン」に近く発音されますので注意しましょう。

☞ 願望形複数は、末尾に接尾辞 **-лар** | *-lar* を付加します。

келсинлар | *kelsinlar*　（彼ら／あのお方が）来るように／（彼ら／あのお方に）来させよ
ўқисинлар | *o'qisinlar*　（彼ら／あのお方が）読むように／（彼ら／あのお方に）読ませよ

◆否定文

否定文は動詞の語幹の後ろに否定を意味する接辞 **-ма** | ***-ma*** を挿入します。

> 動詞の語幹 ＋ -ма- ＋ -син

> 動詞の語幹 ＋ *-ma-* ＋ *-sin*

келмоқ	→	кел**ма**син	（彼が）来ないように／（彼に）来させるな
kelmoq		*kel**ma**sin*	
ўқимоқ	→	ўқи**ма**син	（彼が）読まないように／（彼に）読ませるな
oʻqimoq		*oʻqi**ma**sin*	

Ёмғир ёғ**ма**син.　　雨が降りませんように。
Yomgʻir yogʻmasin.

Хато бўл**ма**син.　　過ちがないように。
Xato boʻlmasin.

◆疑問文

疑問文は、肯定・否定にかかわらず文末に疑問を意味する接辞 **-ми?** | ***-mi?*** を付加します。

> 動詞の語幹 ＋ (-ма-) ＋ -син- ＋ -ми?

> 動詞の語幹 ＋ *(-ma-)* ＋ *-sin-* ＋ *-mi?*

келмоқ	→	келсин**ми**?	（彼に）来させようか
kelmoq	→	*kelsin**mi**?*	
ўқимоқ	→	ўқимасин**ми**?	（彼に）読ませまいか
oʻqimoq	→	*oʻqimasin**mi**?*	

☞ 疑問文は、間接的な命令の意味でしか使われません。

Санжар бу ерга келсин**ми**?　　サンジャルにここに来させますか？
Sanjar bu yerga kelsinmi?

Болалар ташқарига чиқмасинми？　子どもたちに外に出ないようにさせますか？
Bolalar tashqariga chiqmasinmi?

> 参考　動詞の願望形は、公文書や法律の条文などにおいて「〜すべし」「〜されたし」などの強い決定の意味で用いられることがあります。
>
> Бу қоида 2019 йил 1 апрелдан жорий қилинсин.
> *Bu qoida 2019 yil 1 apreldan joriy qilinsin.*
> この規定は2019年4月1日より発効されたし。

練習

1）次の文を日本語に訳しましょう。

1. Туғилган кунингиз муборак бўлсин！（муборак　めでたい；幸せな、祝福された）
2. Кимдир Алишерга телефон қилиб, пайшанба куни дарсга келишинг керак деб хабар берсин.
3. Юртимиз доим тинч, болаларимиз соғ бўлсин！
4. Бизнинг орамиздаги гапларни ҳеч ким билмасин.
5. Сиз буюрган ҳамма ишни фақат Санжарнинг бир ўзи бажарсинми？

1. *Tug'ilgan kuningiz muborak bo'lsin!*（muborak　めでたい；幸せな、祝福された）
2. *Kimdir Alisherga telefon qilib, payshanba kuni darsga kelishing kerak deb xabar bersin.*
3. *Yurtimiz doim tinch, bolalarimiz sog' bo'lsin!*
4. *Bizning oramizdagi gaplarni hech kim bilmasin.*
5. *Siz buyurgan hamma ishni faqat Sanjarning bir o'zi bajarsinmi?*

2）次の文をウズベク語に訳しましょう。

1. あなたの娘さんには、図書館でたくさん本を読ませなさい。
2. ウルグベクに、家に戻って、彼が書いた書類をもってこさせなさい。
3. 日本から来たお客さんたちの前では、サンジャルにたくさんウォッカを飲ませないようにしてください。

4. ウズベキスタン共和国政府は、この偉大な計画を5年のうちに（中で）終えるべし。
   （лойиха ｜ *loyiha*　計画、プロジェクト）
5. もし必要なら、明日、7時半頃にウミーダにあなたへ電話させますか？

文字改革

　　イスラーム世界の一部である中央アジアでは、言語表記の文字として古くからアラビア文字が使用されてきました。現在のウズベキスタンの領域で使われ、現代ウズベク語の元となった言語はチャガタイ語、あるいはただ単にトゥルキー（＝テュルク語）と呼ばれ、「ウズベク語」という言語名称が一般化するのは1924年のウズベク共和国成立以降のことです。元来アラビア語を表記するためのアラビア文字は、母音を正確に表記することができず、テュルク系の言語を表記するのには不向きでありました。そのため、ソ連時代初期のウズベク知識人たちは、すべての母音をより正確に表記できるように改良した新しい改良アラビア文字表記法を1923年に導入しました。

　しかし、アラビア文字は革命以前の封建時代の象徴であり、学校生徒に教育するのも非効率だと主張するウズベク知識人たちと、民族自決の原則にもとづく民族政策を掲げ、効率的な民族語教育の普及を進めるソ連初期の政府の思惑が一致し、1929年にはラテン文字による表記法が制度化されました。その後、スターリンによる民族政策の転換に伴い、1940年にはさらにキリル文字表記に変更されました。

　独立後、1993年にふたたびラテン文字表記に変更され、さらに1995年に特殊文字を使わない形に変更を加えた現行のラテン文字表記が導入され、現在ではキリル文字とラテン文字が併用されています。このように、ウズベク語はこの100年間に何度も文字改革がおこなわれ、その都度混乱が生じてきました。文字の改変は世代間の知識の断絶をもたらし、大きな問題となっています。

【補遺】

❶ 動詞の不確定未来形：「〜するでしょう」

　動詞の不確定未来形は、未来において実現するかどうか不確定な動作を表し、「〜するでしょう」を意味します。動詞の現在・未来形「〜する」(-а-/-й- ｜ -*a*-/-*y*-) よりも動作の実現の可能性が低く、**予測**や**推量**の意味も含みます。

◆不確定未来形の作り方

> 子音で終わる語幹 ＋ **-ар-** ＋ 人称の付属語①
> 母音で終わる語幹 ＋ **-р-** ＋ 人称の付属語①

> 子音で終わる語幹 ＋ ***-ar-*** ＋ 人称の付属語①
> 母音で終わる語幹 ＋ ***-r-*** ＋ 人称の付属語①

語幹が子音で終わる動詞：　бормоқ ｜ *bormoq*　行く

Мен борарман.　私は行くでしょう。 *Men borarman.*	Биз борармиз.　我々は行くでしょう。 *Biz borarmiz.*
Сен борарсан.　君は行くでしょう。 *Sen borarsan.*	Сиз борарсиз.　あなたは行くでしょう。 *Siz borarsiz.*
У борар.　彼／彼女は行くでしょう。 *U borar.*	Улар борар(лар).　彼らは行くでしょう。 *Ular borar(lar).*

語幹が母音で終わる動詞：　ўқимоқ ｜ *o'qimoq*　読む

Мен ўқирман.　私は読むでしょう。 *Men o'qirman.*	Биз ўқирмиз.　我々は読むでしょう。 *Biz o'qirmiz.*
Сен ўқирсан.　君は読むでしょう。 *Sen o'qirsan.*	Сиз ўқирсиз.　あなたは読むでしょう。 *Siz o'qirsiz.*
У ўқир.　彼／彼女は読むでしょう。 *U o'qir.*	Улар ўқир(лар).　彼らは読むでしょう。 *Ular o'qir(lar).*

☞ 語幹が1音節かつ母音で終わる動詞の場合は、**-яр-** | ***-yar-*** ＋人称の付属語①となりますので、注意してください。

демоқ | *demoq* → деяр | *deyar* 言うでしょう（< де + -й- + -ар | *de* + *-y-* + *-ar*）
емоқ | *yemoq* → еяр | *yeyar* 食べるでしょう（< е + -й- + -ар | *ye* + *-y-* + *-ar*）

◆否定文

動詞の語幹 ＋ **-мас-** ＋ 人称の付属語①

動詞の語幹 ＋ ***-mas-*** ＋ 人称の付属語①

Мен бормасман.
 Men bormasman.
私は行かないでしょう。

Сен бормассан.
 Sen bormassan.
君は行かないでしょう。

У бормас.
 U bormas.
彼／彼女は行かないでしょう。

Биз бормасмиз.
 Biz bormasmiz.
我々は行かないでしょう。

Сиз бормассиз.
 Siz bormassiz.
あなたは行かないでしょう。

Улар бормас(лар).
 Ular bormas(lar).
彼らは行かないでしょう。

動詞の不確定未来形は、しばしば**балки** | ***balki*** 「たぶん、おそらく」などの副詞とともに用いられます。

Балки Санжарнинг ўзи сизга телефон қилар.
 Balki Sanjarning oʻzi sizga telefon qilar.
たぶんサンジャル自身があなたに電話するでしょう。

Якшанба куни, балки, сиз биз билан Токиога бормассиз.
 Yakshanba kuni, balki, siz biz bilan Tokioga bormassiz.
日曜日は、たぶん、あなたは我々と一緒に東京へ行かないでしょう。

1.1 過去の習慣

動詞の語幹 ＋ **-ар/-р**　**эди** ＋ 人称の付属語③
動詞の語幹 ＋ **-мас**　**эди** ＋ 人称の付属語③

動詞の語幹 ＋ *-ar/-r*　*edi* ＋ 人称の付属語③
動詞の語幹 ＋ *-mas*　*edi* ＋ 人称の付属語③

動詞の不確定未来形に эди ｜ *edi* を補うことで、過去に繰り返しおこなわれた動作、**過去の習慣**の意味を表します。

Илгари у бу касалхонада ишлар эди.
Ilgari u bu kasalxonada ishlar edi.
かつて彼はこの病院で働いていました。

Қаерга кетаётганимни ўзим билмас эдим.
Qayerga ketayotganimni o'zim bilmas edim.
私は、どこへ（去って）行っているのか、自分でもわからなかった。

1.2 反実仮想

過去の習慣の意味のほかに、動詞の不確定未来形 ＋ эди ｜ *edi* は、しばしば「もし、～ならば」という条件節とともに用いて、**反実仮想**「（本来なら）～するのに」（実際は動作をしていない）の意味も表します。

Агар эртага вақтим бўлса, сиз билан бирга театрга борар эдим.
Agar ertaga vaqtim bo'lsa, siz bilan birga teatrga borar edim.
もし明日、私に時間があったなら、あなたと一緒に劇場に行くのに。（実際は行けない）

Унинг ўзи мажлисга кела олса, жуда яхши бўлар эди.
Uning o'zi majlisga kela olsa, juda yaxshi bo'lar edi.
もし彼自身が会議に来ることができるのなら、とてもよかったのに。（実際は会議に来ない）

☞ -ар/-р эди, -мас эди ｜ *-ar/-r edi, -mas edi* は、短縮形 -арди/-рди, -масди ｜ *-ardi/-rdi, -masdi* という形で使われることもあります。

Илгари у бу касалхонада ишларди.
Ilgari u bu kasalxonada ishlardi.

Қаерга кетаётганимни ўзим билмасдим.
Qayerga ketayotganimni o'zim bilmasdim.

> 参考　動詞の不確定未来形は、韻文やことわざ、古典文学作品において、動詞の現在・未来形「〜する」と同様の意味で使われることがあります。
>
> Ишламаган тишламас.（тишламоқ | *tishlamoq*　かじる、食べる）
> 　*Ishlamagan tishlamas.*
> 働かざる者食うべからず。
>
> Қуш тилини қуш билар.
> 　*Qush tilini qush bilar.*
> 鳥の言葉は鳥が知る。（似たもの同士を表すことわざ）

また、動詞の不確定未来形は、文語的な表現では現在・未来時制の形動詞として使われることがあります。

келар йил | *kelar yil*　来年
оқар сув | *oqar suv*　流れる水（оқмоқ | *oqmoq*　流れる）
ўлмас шоир | *o'lmas shoir*　不滅の詩人

ウズベク語の動詞表現における行為の実現の確信度は、おおむね以下のような順番になっています。

1. 「〜する」（現在・未来形）　　қилади | *qiladi*
2. 「きっと〜するだろう」　　　　қилса керак | *qilsa kerak*
3. 「〜するでしょう」　　　　　　қилар | *qilar*
4. 「〜するかもしれない」　　　　қилиш мумкин | *qilish mumkin*

高い
↕
低い

❷ 伝聞・推量・疑念：「〜ようだ、〜らしい」

2.1　伝聞・推量

экан | *ekan* は述語の後ろに置かれて、**伝聞・推量**「〜ようだ、〜らしい」の意味を表します。экан | *ekan* には、主語に応じて人称の付属語①が付加されます。

экан | *ekan* は、話者自身が直接知っていることや目撃したことではなく、第三者から話

を聞いて知ったこと、状況証拠から話者が判断・推量したこと、あるいは後に明らかになったこと、新情報の発見などを述べる際に用いられます。

	単数	複数
1人称	эканман	эканмиз
2人称	экансан	экансиз
3人称	экан	экан(лар)

	単数	複数
1人称	*ekanman*	*ekanmiz*
2人称	*ekansan*	*ekansiz*
3人称	*ekan*	*ekan(lar)*

Умиданинг синглиси бу университетнинг талабаси экан.
Umidaning singlisi bu universitetning talabasi ekan.
ウミーダの妹は、この大学の学生らしい。

Эшитишимча, сиз жуда ишчан экансиз.
Eshitishimcha, siz juda ishchan ekansiz.
私が聞いたところによると、あなたはとても勤勉だそうですね。

否定文は、эмас ｜ *emas* の後ろに экан ｜ *ekan* を補います。人称の付属語は экан ｜ *ekan* に付加します。

	単数	複数
1人称	эмас эканман	эмас эканмиз
2人称	эмас экансан	эмас экансиз
3人称	эмас экан	эмас экан(лар)

	単数	複数
1人称	*emas ekanman*	*emas ekanmiz*
2人称	*emas ekansan*	*emas ekansiz*
3人称	*emas ekan*	*emas ekan(lar)*

Беморнинг соғлиғи унча яхши эмас экан.
Bemorning sog'ligi uncha yaxshi emas ekan.
病人の健康状態はあまりよくないようです。

Сиз каби меҳрибон одамлар ҳозир Токиода кўп эмас экан.
Siz kabi mehribon odamlar hozir Tokioda ko'p emas ekan.
あなたのように親切な人は、今、東京では多くないようですね。

存在・所有（бор/йўқ│*bor/yo'q*）、意向・欲求（-моқчи│*-moqchi*）の表現にもэкан│*ekan* を補って伝聞・推量の意味を表すことができます。

Тошкентда метро бор экан.　タシュケントには地下鉄があるそうです。
Toshkentda metro bor ekan.

Эртага ўзбек тили дарси йўқ экан.　明日はウズベク語の授業はないそうです。
Ertaga o'zbek tili darsi yo'q ekan.

Санжар ҳам биз билан бирга тоққа бормоқчи экан.
Sanjar ham biz bilan birga toqqa bormoqchi ekan.
サンジャルも、我々と一緒に山に行くつもりらしい。

2.2　伝聞・疑念

эмиш│*emish* は述語の後ろに置かれて、**伝聞・疑念**「～ようだ、～らしい」の意味を表します。эмиш│*emish* には、主語に応じて人称の付属語①が付加されます。

эмиш│*emish* は экан│*ekan* と同様に、話者自身が直接知っていることや目撃したことではなく、第三者から話を聞いて知ったこと、あるいは状況証拠から話者が判断したこと、後に明らかになったことを述べる際に用いられます。しかし、эмиш│*emish* は疑念の意味を含み、**実現する可能性が低い**のに起こったこと、あるいは**実現してほしくない**のに起こったことに対して用いられます。

人称の付属語の付加の仕方、否定文の作り方や存在・所有、意向・欲求の表現における使い方は、экан│*ekan* の場合と同様です。

Умиданинг синглиси бу университетнинг талабаси эмиш.
Umidaning singlisi bu universitetning talabasi emish.
ウミーダの妹は、この大学の学生らしい（本当だろうか、信じられない）。

Беморнинг соғлиғи унча яхши эмас эмиш.
Bemorning sog'ligi uncha yaxshi emas emish.
病人の健康状態はあまりよくないようです（そんなことあってほしくないのに）。

2.3 動詞が述語の文における用法

動詞が述語の文においても、時制に応じて以下のようにэкан/эмиш│*ekan/emish* を補って、伝聞・推量・疑念の意味を表すことができます。

■ 現在・未来時制 「～するようだ」

動詞の不確定未来形（-ар/-р）＋ экан / эмиш

動詞の不確定未来形（*-ar/-r*）＋ *ekan / emish*

Кейинги сешанба куни ишхонамизда бўладиган мажлисга у ҳам келар экан.
Keyingi seshanba kuni ishxonamizda bo'ladigan majlisga u ham kelar ekan.
来週の火曜日に我々の職場である会議に彼も来るそうです。

Санжар пиво ҳам, вино ҳам ичмас экан.
Sanjar pivo ham, vino ham ichmas ekan.
サンジャルは、ビールもワインも飲まないようです。

■ 完了時制 「～したようだ、～したことがあるようだ」

動詞の完了形（-ган）＋ экан / эмиш

動詞の完了形（*-gan*）＋ *ekan / emish*

Опам бу магазиндан янги кийимни сотиб олган экан.
Opam bu magazindan yangi kiyimni sotib olgan ekan.
私の姉はこの店で新しい服を買ったようです。

Эсласам, олти йил олдин сиз билан бир марта учрашган эканман.
Eslasam, olti yil oldin siz bilan bir marta uchrashgan ekanman.
思い出してみると、6年前、私はあなたと一度お会いしたことがあるようです。

■ 現在進行時制 「～しているようだ」

現在進行の形動詞（-аётган/-ётган）＋ экан / эмиш

現在進行の形動詞（*-ayotgan/-yotgan*）＋ *ekan / emish*

Бу ҳид ошхонадан келаётган экан.
Bu hid oshxonadan kelayotgan ekan.
このにおいは、食堂から（ただよって）来ているようだ。

Алишер уйда ухлаётган экан.
Alisher uyda uxlayotgan ekan.
アリーシェールは家で寝ているそうです。

☞ экан｜*ekan* の短縮形 -кан (-кин)｜*-kan (-kin)*（現在・未来時制のみ）、эмиш｜*emish* の短縮形 -миш｜*-mish* も使用されることがあります。

келаркан(келаркин) / келармиш, ичмаскан / ичмасмиш
kelarkan(kelarkin) / kelarmish, ichmaskan / ichmasmish

сотиб олганмиш, учрашганмишман｜*sotib olganmish, uchrashganmishman*

келаётганмиш, ухлаётганмиш｜*kelayotganmish, uxlayotganmish*

■ 過去時制 「〜したようだ」

　過去時制においては экан/эмиш｜*ekan/emish* は使わずに、動詞の**伝聞過去形**を用いて伝聞・推量の意味を表します。動詞の伝聞過去形は、以下のように作ります。

> 子音で終わる語幹 ＋ -иб- ＋ 人称の付属語②
> 母音で終わる語幹 ＋ -б- ＋ 人称の付属語②

> 子音で終わる語幹 ＋ *-ib-* ＋ 人称の付属語②
> 母音で終わる語幹 ＋ *-b-* ＋ 人称の付属語②

語幹が子音で終わる動詞：　келмоқ｜*kelmoq*　来る

Мен келибман.
　Men kelibman.
私は来たようだ。

Биз келибмиз.
　Biz kelibmiz.
我々は来たようだ。

Сен келибсан.
　Sen kelibsan.
君は来たようだ。

Сиз келибсиз.
　Siz kelibsiz.
あなたは来たようだ。

У келибди.
　U kelibdi.
彼／彼女は来たようだ。

Улар келибди(лар).
　Ular kelibdi(lar).
彼らは来たようだ。

語幹が母音で終わる動詞： ишламоқ | ishlamoq 働く

Мен ишлабман.
Men ishlabman.
私は働いたようだ。

Биз ишлабмиз.
Biz ishlabmiz.
我々は働いたようだ。

Сен ишлабсан.
Sen ishlabsan.
君は働いたようだ。

Сиз ишлабсиз.
Siz ishlabsiz.
あなたは働いたようだ。

У ишлабди.
U ishlabdi.
彼／彼女は働いたようだ。

Улар ишлабди(лар).
Ular ishlabdi(lar).
彼らは働いたようだ。

否定文は以下のような形になります。

動詞の語幹 ＋ -маб- ＋ 人称の付属語②

動詞の語幹 ＋ *-mab-* ＋ 人称の付属語②

Мен келмабман.
Men kelmabman.
私は来なかったようだ。

Биз келмабмиз.
Biz kelmabmiz.
我々は来なかったようだ。

Сен келмабсан.
Sen kelmabsan.
君は来なかったようだ。

Сиз келмабсиз.
Siz kelmabsiz.
あなたは来なかったようだ。

У келмабди.
U kelmabdi.
彼／彼女は来なかったようだ。

Улар келмабди(лар).
Ular kelmabdi(lar).
彼らは来なかったようだ。

☞ 動詞の伝聞過去形は、昔話や物語などで「〜したそうな」という意味で使われることがしばしばあります。

Бир куни кампир шаҳарга борибди.
Bir kuni kampir shaharga boribdi.
ある日、老婆は町に行ったそうな。

❸ 動詞の態：受動態・使役態・相互態・再帰態

ウズベク語の動詞の態には、これまで学習した能動態（〜は…する）のほかに**受動態、使役態、相互態、再帰態**の4つがあります。これら4つの態は、動詞語幹に接辞を付加することで表されます。

ただし、それぞれの態を表す接辞は数種類ずつあり、すべての動詞にあらゆる接辞を付加できるわけではなく、動詞によって付加できる態の接辞は決まっています。態の接辞が付加されたそれぞれの動詞形は、多くの場合辞書の見出し語に示されていますので、辞書等でその都度確認してください。

3.1 受動態

受動態は、「〜される」という受け身の意味を表します。また、元が他動詞である動詞から自動詞を作ることもあります。受動態の接辞は以下のとおりです。

1) 語幹がл｜l 以外の子音で終わる場合：-ил-｜-il-

    бермоқ　与える　　　→　　берилмоқ　与えられる
    bermoq　　　　　　　　　　berilmoq

    очмоқ　開ける［他］　→　　очилмоқ　開く［自］
    ochmoq　　　　　　　　　　ochilmoq

2) 語幹がла｜la 以外の母音で終わる場合：-л-｜-l-

    ўқимоқ　読む　　　　→　　ўқилмоқ　読まれる
    oʻqimoq　　　　　　　　　　oʻqilmoq

    сўрамоқ　尋ねる；頼む　→　сўралмоқ　尋ねられる；頼まれる
    soʻramoq　　　　　　　　　soʻralmoq

3) 語幹がл｜l で終わる場合：-ин-｜-in-

    қилмоқ　する　　　　→　　қилинмоқ　される
    qilmoq　　　　　　　　　　qilinmoq

    билмоқ　知る　　　　→　　билинмоқ　知られる
    bilmoq　　　　　　　　　　bilinmoq

4) 語幹がла｜la で終わる場合：-н-｜-n-

    тайёрламоқ　準備する　→　тайёрланмоқ　準備される
    tayyorlamoq　　　　　　　tayyorlanmoq

    бошламоқ　始める［他］→　бошланмоқ　始まる［自］
    boshlamoq　　　　　　　　boshlanmoq

Бу асар ўзбек тилига таржима қилиниб, Ўзбекистонда ҳам ўқилар экан.
Bu asar oʻzbek tiliga tarjima qilinib, Oʻzbekistonda ham oʻqilar ekan.
この作品はウズベク語に翻訳されて、ウズベキスタンでも読まれているそうです。

Рус тили дарси соат нечада бошланади?
Rus tili darsi soat nechada boshlanadi?
ロシア語の授業は何時に始まりますか？

☞ 語幹が1音節かつ母音で終わる動詞の場合は、介入子音 й｜*y* が挿入されて受動態接辞は **-й + -ил-｜-*y* + -*il*-** となります。

емоқ 食べる	→	ейилмоқ 食べられる
yemoq		*yeyilmoq*
демоқ 言う	→	дейилмоқ 言われる
demoq		*deyilmoq*

行為者「〜によって」を示す必要がある場合には、томон + 所属人称接尾辞 + -дан｜*tomon* + 所属人称接尾辞 + -*dan* や тараф + 所属人称接尾辞 + -дан｜*taraf* + 所属人称接尾辞 + -*dan* を用いて表します。（томон｜*tomon* 側、方向；тараф｜*taraf* 方向）

Бу асар Ўзбекистоннинг энг машҳур ёзувчиси томонидан ёзилган.
Bu asar Oʻzbekistonning eng mashhur yozuvchisi tomonidan yozilgan.
この作品は、ウズベキスタンのもっとも有名な作家によって書かれました。

3.2　使役態

　使役態は、「〜させる」という意味を表します。また、元が自動詞である動詞から他動詞を作ることもあります。使役態の接辞は種類が多く、動詞によってどの接辞が付加されるか決まっており、その規則性を指摘することは困難です。ほとんどの動詞の使役態の形は辞書に示されていますので、辞書等で確認の上、その都度覚えるようにしてください。使役態の接辞は以下のとおりです。

1) -дир- / -тир-｜-*dir*- / -*tir*-

билмоқ 知る	→	билдирмоқ 知らせる
bilmoq		*bildirmoq*
тушунмоқ 理解する	→	тушунтирмоқ 理解させる、説明する
tushunmoq		*tushuntirmoq*

ўлмоқ 死ぬ［自］ → ўлдирмоқ 殺す［他］
o'lmoq　　　　　　　　o'ldirmoq

2) -т- / -ит- | -t- / -it-

ишламоқ 働く → ишлатмоқ 働かせる；使用する
ishlamoq　　　　　　　ishlatmoq

қўрқмоқ 恐れる → қўрқитмоқ 恐れさせる、脅す
qo'rqmoq　　　　　　　qo'rqitmoq

тугамоқ 終わる［自］ → тугатмоқ 終える［他］
tugamoq　　　　　　　tugatmoq

3) -ғиз- / -қиз- / -гиз- / -киз- / -из-, -ғаз- / -қаз- / -газ- / -каз- / -аз- |
-g'iz- / -qiz- / -giz- / -kiz- / -iz-, -g'az- / -qaz- / -gaz- / -kaz- / -az-

ётмоқ 横たわる、寝る → ёткизмоқ 横たえる、寝かせる
yotmoq　　　　　　　　yotqizmoq

турмоқ 立つ → турғизмоқ 立たせる
turmoq　　　　　　　　turgizmoq

етмоқ 届く［自］ → етказмоқ 届ける［他］
yetmoq　　　　　　　　yetkazmoq

4) -ир- / -ар- | -ir- / -ar-

ўчмоқ （火・電灯）消える → ўчирмоқ （火・電灯）消す
o'chmoq　　　　　　　　o'chirmoq

учмоқ 飛ぶ → учирмоқ 飛ばす
uchmoq　　　　　　　　uchirmoq

қайтмоқ 戻る［自］ → қайтармоқ 戻す［他］
qaytmoq　　　　　　　qaytarmoq

Ўқитувчи бир ўқувчини **турғизиб**, саволга жавоб беришини буюрди.
　O'qituvchi bir o'quvchini turgizib, savolga javob berishini buyurdi.
　先生は一人の生徒を立たせ、質問に答えるように命じた。

Илтимос, фикрингиз ҳақида менга **тушунтиринг**.
　Iltimos, fikringiz haqida menga tushuntiring.
　どうかあなたの考えについて私に説明してください。

☞ 動詞の態の接辞は複数付加することもでき、使役態の動詞にさらに受動や使役の接辞がつくこともあります。

етмоқ → етказмоқ → етказилмоқ 届けられる
yetmoq　　　yetkazmoq　　　yetkazilmoq

қайтмоқ → қайтармоқ → қайтарилмоқ 戻される
qaytmoq *qaytarmoq* *qaytarilmoq*

қайтартирмоқ 戻させる
qaytartirmoq

ўлмоқ → ўлдирмоқ → ўлдирилмоқ 殺される
oʻlmoq *oʻldirmoq* *oʻldirilmoq*

ўлдиртирмоқ 殺させる
oʻldirtirmoq

3.3 相互態

相互態は、「互いに～する」「一緒に～する」という2人以上が関わる動作の意味を表します。相互態の接辞は以下のとおりです。

語幹が子音で終わる場合：-иш- | *-ish-*
語幹が母音で終わる場合：-ш- | *-sh-*

кўрмоқ　見る → кўришмоқ　会う
koʻrmoq *koʻrishmoq*

урмоқ　たたく、打つ → уришмоқ　けんかする；ぶつかる；叱る
urmoq *urishmoq*

танимоқ　知っている、面識がある → танишмоқ　知り合う
tanimoq *tanishmoq*

учрамоқ　遭遇する → учрашмоқ　会う
uchramoq *uchrashmoq*

Мен анчадан бери сиз билан танишмоқчи эдим.
Men anchadan beri siz bilan tanishmoqchi edim.
（анча | *ancha*　たくさん；とても、長い間）
私は、ずっと前からあなたとお知り合いになりたいと思っていました。

Укаларим болалигида ҳар доим бир-бири билан уришишар эди.
Ukalarim bolaligida har doim bir-biri bilan urishishar edi.
（болалик | *bolalik*　幼年時代、бир-бири | *bir-biri*　互い）
私の弟たちは、子どもの頃、いつも互いにけんかしていました。

☞語幹が1音節かつ母音で終わる動詞の場合は、介入子音 й | *y* が挿入されて相互態接辞は й＋-иш- | *y + -ish-* となります。

емоқ 食べる → ейишмоқ （一緒に）食べる
yemoq *yeyishmoq*

демоқ 言う → дейишмоқ （互いに）言う
demoq *deyishmoq*

動詞のさまざまな時制において、3人称複数の人間が主語の場合、動詞部分に相互態が用いられることがあります。

Концертга жуда кўп ёшлар келишди (/келди[лар]).
 Kontsertga juda ko'p yoshlar kelishdi (/keldi[lar]).
コンサートには、とてもたくさんの若者が来ました。

Дўстларим ҳозир турли хорижий мамлакатларда ўқишяпти (/ўқияпти[лар]).
 Do'stlarim hozir turli xorijiy mamlakatlarda o'qishyapti (/o'qiyapti[lar]).
私の友人たちは、現在、諸外国で勉強しています。

3.4 再帰態

再帰態は、「自分自身を〜する」「自ずと〜する」という意味を表し、行為が自分自身に及ぶことを表します。再帰態の接辞は以下のとおりです。

ただし、受動態と再帰態が同じ形を取る場合もあり、受動態と再帰態の区別が曖昧な場合もありますが、受動態は行為者が他人であり、再帰態は行為者が自分であることに違いがあります。

語幹が子音で終わる場合：-ин- ｜ *-in-*
語幹が母音で終わる場合：-н- ｜ *-n-*

ювмоқ 洗う → ювинмоқ 自分の体を洗う、入浴する
yuvmoq *yuvinmoq*

кўрмоқ 見る → кўринмоқ 呈する、〜と見える
ko'rmoq *ko'rinmoq*

ўйламоқ 考える → ўйланмоқ 物思いにふける
o'ylamoq *o'ylanmoq*

мақтамоқ ほめる → мақтанмоқ 自慢する
maqtamoq *maqtanmoq*

Бу бозордаги нархлар унча қиммат эмасга ўхшаб кўринади.
 Bu bozordagi narxlar uncha qimmat emasga oʻxshab koʻrinadi.
この市場の価格は、それほど高くないように見えます。

Умида бир оз ўйланди ва яна гапира бошлади.
 Umida bir oz oʻylandi va yana gapira boshladi.
ウミーダは少し考え込んで、ふたたび話し始めました。

4 副動詞 (2)

以前に副動詞「〜して」（-иб/-б｜-ib/-b）を学習しましたが、ウズベク語にはそのほかに以下のような副動詞があります。これらは、副動詞「〜して」（-иб/-б｜-ib/-b）と比較すれば使用の頻度はそれほど高くはありません。

4.1 副動詞：「〜しながら」

子音で終わる語幹 ＋ -а
母音で終わる語幹 ＋ -й

子音で終わる語幹 ＋ -*a*
母音で終わる語幹 ＋ -*y*

бормоқ   →   бора　行きながら
bormoq   *bora*

ўйламоқ →   ўйлай　考えながら
oʻylamoq   *oʻylay*

この副動詞は単独の形ではあまり用いられず、ハイフンでつなげて2回繰り返した形で用いられることがしばしばあります。この形は、動作の継続や反復を強調します。

ўйламоқ →   ўйлай-ўйлай　考えながら、考えつつ
oʻylamoq   *oʻylay-oʻylay*

кулмоқ   →   кула-кула　笑いながら
kulmoq   *kula-kula*

бормоқ	→	бора-бора しだいに、少しずつ
bormoq		*bora-bora*

У кула-кула қизиқ бир ҳикояни айта бошлади.（ҳикоя｜*hikoya* 物語、話）
　U *kula-kula* qiziq bir hikoyani ayta boshladi.
彼は、笑いながら、ある興味深い物語を話し始めた。

Талаба домланинг саволига ўйлай-ўйлай жавоб берди.
　Talaba domlaning savoliga *o'ylay-o'ylay* javob berdi.
学生は、先生の質問に考えながら答えた。

☞ 語幹が1音節かつ母音で終わる動詞の場合は、介入子音 й｜*y* が挿入されて動詞の語幹 + -я｜*-ya* となります。

демоқ｜*demoq* → де**я**｜*deya* と（言って）（< де + -й- + -а｜*de + -y- + -a*）

4.2　副動詞：「〜すると、〜するなり」

一連の動作のうち、ある動作が完了し、次へと移る動作の順序、因果関係を表します。

```
動詞の語幹 + -гач
　子音 к, г で終わる動詞の語幹 + -кач
　子音 қ, ғ で終わる動詞の語幹 + -қач
```

```
動詞の語幹 + -gach
　子音 k, g で終わる動詞の語幹 + -kach
　子音 q, gʻ で終わる動詞の語幹 + -qach
```

бормоқ	→	бор**гач** 行くと、行くなり
bormoq		*bor**gach***
ўқимоқ	→	ўқи**гач** 読むと、読むなり
oʻqimoq		*oʻqi**gach***
тегмоқ	→	тек**кач** 触ると、触るなり
tegmoq		*tek**kach***
чиқмоқ	→	чиқ**қач** 出ると、出るなり
chiqmoq		*chiq**qach***

Мен кўчага чиққач, сумкамни очдим.
 Men koʻchaga chiqqach, sumkamni ochdim.
私は通りに出るなり鞄を開けました。

Кеча уйга қайтиб келгач, Санжарга телефон қилдим.
 Kecha uyga qaytib kelgach, Sanjarga telefon qildim.
昨日、私は家に帰ってくるとすぐに、サンジャルに電話しました。

4.3　副動詞：「～するまで」

動詞の語幹 ＋ -гунча
子音 к, г で終わる動詞の語幹 ＋ -кунча
子音 қ, ғ で終わる動詞の語幹 ＋ -қунча

動詞の語幹 ＋ *-guncha*
子音 *k, g* で終わる動詞の語幹 ＋ *-kuncha*
子音 *q, gʻ* で終わる動詞の語幹 ＋ *-quncha*

бормоқ	→	боргунча　行くまで
bormoq		*borguncha*
ўқимоқ	→	ўқигунча　読むまで
oʻqimoq		*oʻqiguncha*
тегмоқ	→	теккунча　触るまで
tegmoq		*tekkuncha*
чиқмоқ	→	чиққунча　出るまで
chiqmoq		*chiqquncha*

Тўйгунча овқат еб, тўйгунча ухламоқчиман.
 Toʻyguncha ovqat yeb, toʻyguncha uxlamoqchiman.
私は、満腹するまで食事を食べ、満足するまで眠りたいです。

Кўришгунча хайр!
 Koʻrishguncha xayr!
また会うときまで、さようなら！（別れのあいさつ）

☞副動詞の動作主の人称に応じて、-гун｜*-gun* と -ча｜*-cha* の間に所属人称接尾辞が挿入されることがあります（-гун- ＋ 所属人称接尾辞 ＋ -ча｜*-gun-* ＋ 所属人称接尾辞 ＋ *-cha* ）。

борг**уним**ча | *borgun**im**cha*　　私が行くまで
ўқиг**унича** | *o'qigun**i**cha*　　彼が読むまで

Сен қайтиб келгун**инг**ча мен буни тайёрлаб қўяман.
　*Sen qaytib kelgun**ing**cha men buni tayyorlab qo'yaman.*
君が戻ってくるまでに、私はこれを準備しておきます。

4.4　副動詞:「〜するために」

> 動詞の語幹 + **-гани**
> 子音 **к, г** で終わる動詞の語幹 + **-кани**
> 子音 **қ, ғ** で終わる動詞の語幹 + **-қани**

> 動詞の語幹 + ***-gani***
> 子音 ***k, g*** で終わる動詞の語幹 + ***-kani***
> 子音 ***q, g'*** で終わる動詞の語幹 + ***-qani***

бормоқ	→	бор**гани**	行くために
bormoq		*bor**gani***	
ўқимоқ	→	ўқи**гани**	読むために
o'qimoq		*o'qi**gani***	
тегмоқ	→	тек**кани**	触るために
tegmoq		*tek**kani***	
чиқмоқ	→	чиқ**қани**	出るために
chiqmoq		*chiq**qani***	

Биз бозорга гўшт сотиб **олгани** бордик.
　*Biz bozorga go'sht sotib **olgani** bordik.*
我々は市場へ肉を買いに行きました。

Укам дўстлари билан **учрашгани** кетган экан.
　*Ukam do'stlari bilan **uchrashgani** ketgan ekan.*
私の弟は友だちに会いに行ったようです。

☞ 副動詞 -гани | *-gani* は、動名詞 -(и)ш + учун | *-(i)sh + uchun*「〜することのために」と言い換えが可能です。

Биз бозорга гўшт сотиб олиш учун бордик.
Biz bozorga go'sht sotib olish uchun bordik.

Укам дўстлари билан учрашиш учун кетган экан.
Ukam do'stlari bilan uchrashish uchun ketgan ekan.

❺ 補助動詞

補助動詞は、その動詞本来の意味が弱まり、他の動詞（本動詞）とともに用いられることで、さまざまな意味・ニュアンスを付加する役割をはたします。ちょうど日本語の「食べてみる」「取ってやる」「言っておく」といった表現における「みる」「やる」「おく」と同様の役割をはたし、ウズベク語には補助動詞を使った表現が多くあります。以下のとおり、補助動詞は本動詞の**副動詞形**（-иб/-б｜*-ib/-b* または -a/-й｜*-a/-y*）に付加されます。

5.1　副動詞 -иб/-б｜*-ib/-b* に付加される補助動詞

■ кўрмоқ｜*ko'rmoq*（見る）「〜してみる」
　еб кўрмоқ｜*yeb ko'rmoq*　食べてみる
　ўқиб кўрмоқ｜*o'qib ko'rmoq*　読んでみる
　Мен тошни кўтариб кўрдим.　私は石を持ち上げてみました。
　　Men toshni ko'tarib ko'rdim.

■ олмоқ｜*olmoq*（取る）「〜とる」（自分のための動作）
　ёзиб олмоқ｜*yozib olmoq*　書きとる
　эшитиб олмоқ｜*eshitib olmoq*　聞きとる、自分のために聞く
　Биз кўп нарсани билиб олдик.　我々は、（自身のために）多くのことを知りました。
　　Biz ko'p narsani bilib oldik.

■ бермоқ｜*bermoq*（与える）「〜してやる」（他人のための動作）
　ёзиб бермоқ｜*yozib bermoq*　書いてやる
　ўқиб бермоқ｜*o'qib bermoq*　読んでやる
　Эшикни очиб беринг!　扉を開けてください！
　　Eshikni ochib bering!

補　遺

- ■ қолмоқ | *qolmoq*（残る）「～してしまう」（動作の完了や結果、突発性・偶然性を表す）
    - тўхтаб қолмоқ | *to'xtab qolmoq*　止まってしまう、突然止まる
    - бўлиб қолмоқ | *bo'lib qolmoq*　（結果として）なる
    - Узоқдан катта бир дарахт кўриниб қолди.
      Uzoqdan katta bir daraxt ko'rinib qoldi.
    - 遠くから一つの大きな木が（突然）現れた。

- ■ кетмоқ | *ketmoq*（去る）「～してしまう」（動作の完了、突発性を表す）
    - йўқолиб кетмоқ | *yo'qolib ketmoq*　なくなってしまう、いなくなってしまう
    - тушиб кетмоқ | *tushib ketmoq*　落ちてしまう
    - Қўлидан пиёла тушиб кетди.　彼の手から（不意に）茶碗が落ちた。
      Qo'lidan piyola tushib ketdi.

- ■ қўймоқ | *qo'ymoq*（置く）「～しておく」「～してしまう」（動作の完了を表す）
    - ёзиб қўймоқ | *yozib qo'ymoq*　書いておく
    - деб қўймоқ | *deb qo'ymoq*　言っておく
    - Деразани очиб қўйинг.　窓を開けておいてください。
      Derazani ochib qo'ying.
    - Мен газета ўқимай қўйдим.　私は新聞を読まなくなりました。
      Men gazeta o'qimay qo'ydim.

- ■ турмоқ | *turmoq*（立つ）「～している」（動作の継続、反復、恒常性を表す）
    - кутиб турмоқ | *kutib turmoq*　待っている
    - кўриб турмоқ | *ko'rib turmoq*　見ている
    - Баъзида пиво ичиб тураман.　私は、ときどきビールを飲んでいます。
      Ba'zida pivo ichib turaman.

- ■ юбормоқ | *yubormoq*（送る）「～しだす」（①動作の急激な進展や変化を表す②命令形で依頼の意を表す）
    - кулиб юбормоқ | *kulib yubormoq*　笑いだす
    - бошлаб юбормоқ | *boshlab yubormoq*　始めだす
    - Қиз бирдан йиғлаб юборди.　女の子は突然泣きだした。
      Qiz birdan yig'lab yubordi.
    - Эски нарсаларни ташлаб юборинг.　古い物を捨ててください。
      Eski narsalarni tashlab yuboring.

■ бўлмоқ | bo'lmoq（なる）「～し終わる」（動作の完了、遂行）
　ёзиб бўлмоқ | yozib bo'lmoq　書き終える
　ичиб бўлмоқ | ichib bo'lmoq　飲み終える
　Мен бу китобни ўқиб бўлдим.　私はこの本を読んでしまいました。
　　Men bu kitobni o'qib bo'ldim.

5.2 副動詞 -a/-й | -a/-y に付加される補助動詞

■ олмоқ | olmoq（取る）「～できる」（可能、能力）（→第９課３参照）
　ёза олмоқ | yoza olmoq　書くことができる
　ўқий олмоқ | o'qiy olmoq　読むことができる
　Бугун соат нечада кела оласиз?　今日は何時に来ることができますか？
　　Bugun soat nechada kela olasiz?

■ бермоқ | bermoq（与える）「（かまわずに）～し続ける」（妨害なく進行し続ける動作を表す）
　ёза бермоқ | yoza bermoq　書き続ける
　ўқий бермоқ | o'qiy bermoq　読み続ける
　Марҳамат, гапира беринг!　どうぞ（かまわずに）話し続けてください。
　　Marhamat, gapira bering!

☞ 転訛形 -вер | -ver を副動詞から離さずに続けて付加することもあります。
　Марҳамат, гапираверинг!
　　Marhamat, gapiravering!

■ бошламоқ | boshlamoq（始める）「～し始める」
　ёза бошламоқ | yoza boshlamoq　書き始める
　ўқий бошламоқ | o'qiy boshlamoq　読み始める
　Ўқувчилар имтиҳонга тайёрлана бошлади.
　　O'quvchilar imtihonga tayyorlana boshladi.
　生徒たちは試験への準備をし始めた。

■ турмоқ | turmoq（立つ）「～している」（動作をしばらく別のことが起こるまで継続することを表す）
　Ҳозирча ишлай туринг, кейин яна ўйлаб кўрамиз.
　　Hozircha ishlay turing, keyin yana o'ylab ko'ramiz.
　今のところ作業をしていてください。後でまた考えてみましょう。

Мен келгунимча ўтира тур.　私が来るまで座っていなさい。
　　Men kelgunimcha o'tira tur.

■ қолмоқ｜*qolmoq*（残る）　①**依頼への許可、同意の意を表す**②**懇願、依頼の意を表す**
③**否定の副動詞とともに自身の意思と無関係な不可能の意を表す**

Майли сиз ҳам бора қолинг.　それでは、あなたも行ってください（許可の意）。
　　Mayli siz ham bora qoling.

Илтимос, менга ёрдам бера қолинг.　どうか私を助けてください。
　　Iltimos, menga yordam bera qoling.

Мен кела олмай қолдим.
　　Men kela olmay qoldim.
私は来ることができませんでした（意思とは関係なく状況的に）。

❻ 話法、名詞節

ウズベク語の話法には、**直接話法**と**間接話法**があります。直接話法では**деб｜*deb*「〜と」**を使って引用節を導き、間接話法ではペルシア語起源の**接続詞 -ки｜*-ki*** を使って引用節を導きます。また、**動名詞**や**形動詞**などを使って**文を名詞化**することで名詞節を表すことができます。

6.1　直接話法

直接話法では、日本語の場合とほぼ同様に引用文の後ろに**деб｜*deb*「〜と」**を置いて引用節を表します。直接引用文は**クォーテーションマーク**で囲んで示し、引用文の冒頭は大文字とし、**деб｜*deb*** の前にはコンマと —（ダッシュ）を置きます。

Санжар "Мен бу йил университетга кираман", — деб менга айтди.
　　Sanjar "Men bu yil universitetga kiraman", — deb menga aytdi.
サンジャルは「私は今年大学に入ります」と私に言いました。

Домла талабаларга "Қўл телефонидан фойдаланманглар!", — деб буюрдилар.
　　Domla talabalarga "Qo'l telefonidan foydalanmanglar!", — deb buyurdilar.
先生は学生たちに「携帯電話は使わないでください！」と指示しました。

Японияда кўпчилик "Ҳукумат бизга унча кўп ёрдам бермайди", — деб ўйлаяпти.

Yaponiyada ko'pchilik "Hukumat bizga uncha ko'p yordam bermaydi", — deb o'ylayapti.

日本では多くの人が「政府は我々をそれほど助けてくれない」と考えています。

6.2 間接話法

間接話法はペルシア語起源の接続詞である **-ки｜*-ki*** を使って表現します。この表現では、ペルシア語の文法に合わせた**特殊な語順**となり、文章の述語部分の末尾に -ки｜*-ki* を付加して、さらにその後ろに引用文を置きます。間接話法では、引用節の実質的な動作主が節の主語となり、直接話法の場合の引用節の主語と**人称が異なる**ことがあります。-ки｜*-ki* の後ろにはコンマを置きます。

Санжар менга айтди**ки**, у бу йил университетга кирар экан.
Sanjar menga aytdiki, u bu yil universitetga kirar ekan.
サンジャルは、今年大学に入ると私に言いました。

Домла талабаларга буюрдилар**ки**, улар қўл телефонидан фойдаланмасликлари керак.
Domla talabalarga buyurdilarki, ular qo'l telefonidan foydalanmasliklari kerak.
先生は学生たちに携帯電話を使わないように指示しました。

Японияда кўпчилик ўйлаяпти**ки**, ҳукумат уларга унча кўп ёрдам бермайди.
Yaponiyada ko'pchilik o'ylayaptiki, hukumat ularga uncha ko'p yordam bermaydi.
日本では、多くの人が政府は彼らをそれほど助けてくれないと考えています。

6.3 名詞節

ある文の内容を名詞節として別の文の中に組み込みたい場合は、**動名詞や形動詞**などを使って元の文を**名詞化**することで表現することができます。その際、名詞節の主語は動名詞や形動詞の動作主として**所有格**で表され、動名詞や形動詞に**所属人称接尾辞**（所有接尾辞）を付加して示します。以下のように、名詞化される元の文の時制によって使用する動名詞や形動詞の種類が異なります。

1) 名詞化される文が現在・未来時制の場合：　**動名詞 -(и)ш │ -(i)sh**「～すること」
　　元の文が否定文の場合は、**否定の動名詞 -маслик │ -maslik** を使います。元の文に疑問詞が使われている場合も、そのまま述語部分を動名詞にします。

　　Санжар бу йил университетга киришини менга айтди.
　　　Sanjar bu yil universitetga kirishini menga aytdi.
　　サンジャルは（彼が）今年大学に入ることを私に言いました。

　　Домла талабаларга қўл телефонидан фойдаланмасликни буюрдилар.
　　　Domla talabalarga qo'l telefonidan foydalanmaslikni buyurdilar.
　　先生は学生たちに携帯電話を使わないことを指示しました。

　　Мен Улуғбекнинг кимга уйланишини сўрадим.
　　　Men Ulug'bekning kimga uylanishini so'radim.
　　私はウルグベクが誰と結婚するのか尋ねました。

2) 名詞化される文が過去時制の場合：　**完了の形動詞 -ган │ -gan**「～したこと」

　　Санжар бу йил университетга кирганини менга айтди.
　　　Sanjar bu yil universitetga kirganini menga aytdi.
　　サンジャルは（彼が）今年大学に入ったことを私に言いました。

　　Азизага ҳеч ёрдам бермаганингизни эшитдик.
　　　Azizaga hech yordam bermaganingizni eshitdik.
　　我々はあなたがアズィーザをまったく助けなかったことを聞きました。

　　Мен Улуғбекнинг кимга уйланганини сўрадим.
　　　Men Ulug'bekning kimga uylanganini so'radim.
　　私はウルグベクが誰と結婚したのか尋ねました。

3) 名詞化される文が現在進行形の場合：　**現在進行の形動詞 -(а)ётган │ -(a)yotgan**「～していること」

　　Санжар ҳар куни Умида билан учрашаётганини менга айтди.
　　　Sanjar har kuni Umida bilan uchrashayotganini menga aytdi.
　　サンジャルは、（彼が）毎日ウミーダと会っていることを私に言いました。

　　Ўлим яқинлашаётганини сездим.
　　　O'lim yaqinlashayotganini sezdim.
　　私は死が近づいてきていることを感じた。

4) 名詞化される文が完了形の場合： **-ганлик | -ganlik**「〜したこと、〜していること」

    У Тошкент Университетини битирганлиги ни менга айтди.
      U Toshkent Universitetini bitirganligini menga aytdi.
    彼はタシュケント大学を卒業していることを私に言いました。

    Азизага ҳеч ёрдам бермаганлигингиз ни эшитдик.
      Azizaga hech yordam bermaganligingizni eshitdik.
    我々はあなたがアズィーザをまったく助けたことがないことを聞きました。

    Мен Улуғбекнинг кимга уйланганлиги ни сўрадим.
      Men Ulug'bekning kimga uylanganligini so'radim.
    私はウルグベクが誰と結婚しているのか尋ねました。

5) 名詞化される文が無動詞文の場合： **-лик | -lik**「〜であること」
  元の文が名詞や形容詞が述語で、動詞を使っていない文の場合は、述語の名詞や形容詞に -лик | -lik を付加して名詞化します。否定文の場合は、эмас | emas に -лик | -lik を付加し、эмаслик | emaslik となります。

    Унинг Тошкент Университетининг талабалиги бизга маълум бўлди.
      Uning Toshkent Universitetining talabaligi bizga ma'lum bo'ldi.
    彼がタシュケント大学の学生であることが我々に明らかになった。

    Болангизнинг касал ёки касал эмаслиги ни сизга тушунтираман.
      Bolangizning kasal yoki kasal emasligini sizga tushuntiraman.
    あなたのお子さんが病気か病気でないかをあなたに説明します。

  また、肯定文の場合は述語の名詞や形容詞の後ろに эканлик | ekanlik を置いて名詞化する場合も多くあります（この場合、экан | ekan は伝聞・推量の意味ではなく、「〜である」という意味で使われています）。

    У(нинг) Тошкент Университетининг талабаси эканлиги бизга маълум бўлди.
      U(ning) Toshkent Universitetining talabasi ekanligi bizga ma'lum bo'ldi.
    彼がタシュケント大学の学生であることが我々に明らかになった。

    Сиз(нинг) ҳозир қаерда эканлигингиз ни билмоқчиман.
      Siz(ning) hozir qayerda ekanligingizni bilmoqchiman.
    私はあなたが今どこにいるのか知りたいです。

☞ 元の文が**存在文・所有文**の場合は、述語の бор/йўқ ｜ *bor/yo'q* に同じく -лик ｜ *-lik* を付加して名詞化します。

Ёшлар орасида қандай муаммо борлигини билмоқчиман.
 Yoshlar orasida qanday muammo borligini bilmoqchiman.
私は若者たちの間にどのような問題があるのか知りたいです。

Иш кўплиги ва вақт йўқлигидан норозимиз.
 Ish ko'pligi va vaqt yo'qligidan norozimiz.
我々は仕事が多いこと、時間がないことに不満があります。

Сизнинг ўғлингиз борлигини билмас эдим.
 Sizning o'g'lingiz borligini bilmas edim.
私はあなたに息子さんがいることを知りませんでした。

☞ 元の文が**意向・欲求の表現**の場合は、述語の -моқчи ｜ *-moqchi* に同じく -лик ｜ *-lik* を付加して名詞化します。

Сиз нима қилмоқчилигингизни менга айтинг.
 Siz nima qilmoqchiligingizni menga ayting.
あなたは何をしたいのか私に言ってください。

У менга ҳеч нарса айтмоқчи эмаслигини тушуняпман.
 U menga hech narsa aytmoqchi emasligini tushunyapman.
彼女が私に何も言うつもりはないということを私は理解しています。

【文法表：キリル文字】

人称代名詞		
	単数	複数
1人称	мен　私	биз　我々
2人称	сен　君、おまえ	сиз　あなた、君たち
3人称	у　彼、彼女	улар　彼ら

人称の付属語①		
	単数	複数
1人称	-ман	-миз
2人称	-сан	-сиз
3人称	-（なし）	-(лар)

付加される場合：名詞・形容詞が述語の文、意向・欲求（-моқчи）、完了（-ган）、不確定未来（-ар）、伝聞・推量・疑念（экан, эмиш）

人称の付属語②		
	単数	複数
1人称	-ман	-миз
2人称	-сан	-сиз
3人称	-ди＊	-ди(лар)＊

付加される場合：現在・未来（-а/-й）、現在進行（-яп）、伝聞過去（-иб/-б）
＊現在進行（-яп）の場合は、-ти, -ти(лар)

人称の付属語③

	単数	複数
1人称	-м	-к
2人称	-нг	-нгиз
3人称	-（なし）	-(лар)

付加される場合：過去（-ди）、эди を使った過去（эди）、仮定（-ca）

所属人称接尾辞

			語末が子音	語末が母音
1人称単数	менинг		-им	-м
	複数	бизнинг	-имиз	-миз
2人称単数	сенинг		-инг	-нг
	複数	сизнинг	-ингиз	-нгиз
3人称	у(лар)нинг		-и	-си

格接尾辞

～は	（主格）	-（なし）
～で	（位置格）	-да
～から	（起点格）	-дан
～の	（所有格）	-нинг
～へ	（方向格）	-га / -ка / -қа
～を	（対象格）	-ни

【文法表：ラテン文字】

人称代名詞		
	単数	複数
1人称	*men* 私	*biz* 我々
2人称	*sen* 君、おまえ	*siz* あなた、君たち
3人称	*u* 彼、彼女	*ular* 彼ら

人称の付属語①		
	単数	複数
1人称	*-man*	*-miz*
2人称	*-san*	*-siz*
3人称	-（なし）	*-(lar)*

付加される場合：名詞・形容詞が述語の文、意向・欲求（*-moqchi*）、完了（*-gan*）、不確定未来（*-ar*）、伝聞・推量・疑念（*ekan, emish*）

人称の付属語②		
	単数	複数
1人称	*-man*	*-miz*
2人称	*-san*	*-siz*
3人称	*-di*	*-di(lar)* *

付加される場合：現在・未来（*-a/-y*）、現在進行（*-yap*）、伝聞過去（*-ib/-b*）
＊現在進行（*-yap*）の場合は、*-ti, -ti(lar)*

人称の付属語③	単数	複数
1人称	-m	-k
2人称	-ng	-ngiz
3人称	-（なし）	-(lar)

付加される場合：過去（-di）、edi を使った過去（edi）、仮定（-sa）

所属人称接尾辞		語末が子音	語末が母音
1人称単数	mening	-im	-m
複数	bizning	-imiz	-miz
2人称単数	sening	-ing	-ng
複数	sizning	-ingiz	-ngiz
3人称	u(lar)ning	-i	-si

格接尾辞	
～は　（主格）	-（なし）
～で　（位置格）	-da
～から（起点格）	-dan
～の　（所有格）	-ning
～へ　（方向格）	-ga / -ka / -qa
～を　（対象格）	-ni

【接尾辞・接頭辞表：キリル文字】

-а[1]	動詞の現在・未来形（語幹が子音で終わる場合）。人称の付属語②とともに用いる。эшикни очади「彼は扉を開ける」→ -й[1] ☞第3課3.2
-а[2]	副動詞「〜しながら、〜しつつ」（語幹が子音で終わる場合）。しばしば、二つ重ねて用いられる。кула-кула「笑いながら」→ -й[2] ☞補遺4.1
-а[3]	名詞や形容詞から動詞をつくる。ўйин「遊び」> ўйнамоқ「遊ぶ」、қийин「困難な」> қийнамоқ「苦しめる、困らせる」
-а[4]	述語にハイフンを介して付加され、感嘆や疑問を表す（語末が子音で終わる場合）。у жуда чиройли экан-а!「彼女はとても美しいようですね！」、сен борасан-а?「君は行くでしょ？」→ -я
-адиган	現在・未来時制形動詞（語幹が子音で終わる場合）。борадиган одам「行く人」。☞第10課3.2
-аётган	現在進行時制形動詞（語幹が子音で終わる場合）。бораётган одам「行っている人」→ -ётган ☞第10課3.3
-аётир	動詞の現在進行形（語幹が子音で終わる場合）。人称の付属語①とともに用い、おもに文章語で使われる。мен хат ёзаётирман「私は手紙を書いています」→ -ётир
-ажак[1]	動詞の確定未来形（語幹が子音で終わる場合）。人称の付属語①とともに用いる。боражакман「私は（必ず）行きます」→ -яжак[1]
-ажак[2]	未来時制形動詞（語幹が子音で終わる場合）。келажак режаларимиз「我々の来たるべき／将来の計画」→ -яжак[2]
-аз	動詞の使役態。чиқмоқ「出る」> чиқазмоқ「出す」→ -ғаз, -қаз, -газ, -каз ☞補遺3.2
-ай[1]	動詞の提案形単数（語幹が子音で終わる場合）。борай「私は行こう」→ -й[3] ☞第11課3.1
-ай[2]	名詞や形容詞、副詞から動詞をつくる。куч「力」> кучаймоқ「強まる」、кўп「多い」> кўпаймоқ「増える」
-айлик	動詞の提案形複数（語幹が子音で終わる場合）。борайлик!「我々は行きましょう！」→ -йлик ☞第11課3.2
-ар[1]	動詞の不確定未来形（語幹が子音で終わる場合）。人称の付属語①とともに用いる。у бу ишни қилар「彼はこの仕事をするでしょう」。否定形は -мас。у бу ишни қилмас「彼はこの仕事をしないでしょう」→ -р[1] ☞補遺1
-ар[2]	現在・未来時制形動詞（語幹が子音で終わる場合）。оқар сув「流れる水」（оқмоқ 流れる）。否定形は -мас。ўлмас шоир「死なない／不滅の詩人」（ўлмоқ 死ぬ）→ -р[2]
-ар[3]	動詞の使役態。қайтмоқ「戻る」> қайтармоқ「戻す、返す」、чиқмоқ「出る」> чиқармоқ「出す」☞補遺3.2
-ар эди	1) 過去の習慣（語幹が子音で終わる場合）。у ишга соат саккизда келар эди「彼は8時に仕事に来ていた」。否定形は -мас эди。短縮形は、それぞれ -арди, -масди。2) 反実仮想の帰結節で。агар вақтим бўлса, келар эдим「もし時間があれば、私は来るのに（実際は来ない）」→ -р эди ☞補遺1.1-2
-б[1]	副動詞「〜して」（語幹が母音で終わる場合）。кўп ишлаб, жуда чарчадик「たくさん働いて、我々はとても疲れた」→ -иб[1] ☞第11課4.1
-б[2]	動詞の伝聞過去形（語幹が母音で終わる場合）。人称の付属語②とともに用いる。否定形は -маб。бир куни эрталаб, дарвоза олдида арава тўхтабди「ある日の朝、門の前に荷車が止まったそうな」→ -иб[2] ☞補遺2.3
бе-	名詞に付加され「〜なしの、無〜、非〜」を意味する形容詞・副詞をつくる。пул「お金」> бепул「お金のない；無料の」、маза「味」> бемаза「まずい」
-бер	→ -вер
-в	動名詞をつくる（語幹が母音で終わる一部の動詞）。сайламоқ「選ぶ」> сайлов「選ぶこと、選挙」、ўқимоқ「読む、学ぶ」> ўқув「読むこと、学習」→ -ов, -ув, -ёв
-вер	補助動詞бермоқの転訛形。副動詞 -а/-й とともに用い、動作の継続、反復の意味を表す。гапираверинг!「話し続けてください」、ўқийверди「彼は読み続けた」☞補遺5.2
-га	方向格接尾辞「〜へ、〜に」。шаҳарга「町へ」→ -ка, -қа ☞第5課3
-газ	動詞の使役態。кўрмоқ「見る」> кўргазмоқ「見せる」→ -ғаз, -қаз, -каз, -аз ☞補遺3.2
-ган[1]	動詞の完了形。人称の付属語①とともに用いる。кўрганман「私は見たことがある」→ -кан[1],

-ган[1]	→ -қан[1]　☞ 第9課1
-ган[2]	過去時制形動詞。келган одам「来た人」→ -кан[2], -қан[2]　☞ 第10課3.1
-ган эди	動詞の過去完了形 → -кан эди, -қан эди　☞ 第9課1
-гани	副動詞「～するために」。у қўл ювгани чиқиб кетди「彼は手を洗うために出て行った」→ -кани, -қани　☞ 補遺4.4
-ганча	副動詞「～しながら（動作の状態、状況を表す）」。-ган + 所属人称接尾辞 + -ча の形で用いられる。югурмоқ「走る」> югурганимча「私は走りながら」→ -канча, -қанча
-гач	副動詞「～すると、～してから（動作の完了を表す）」。тун кетгач, тонг оқаргач, қушлар сайрай бошлади「夜が過ぎ去り、夜明けの空が白むと、鳥たちはさえずり始めた」→ -кач, -қач　☞ 補遺4.2
-гача	「～まで（時間、空間）」。ҳозиргача「今まで」、у соат тўққизгача ишлади「彼は9時まで働いた」、у шаҳаргача борди「彼は町まで行った」→ -кача, -қача
-ги[1]	動名詞をつくる。севмоқ「愛する」> севги「愛」、супурмоқ「掃く」> супурги「ほうき」。унинг менга севгиси бор「彼は私を愛している」、сизга супурги керакми?「あなたにはほうきが必要ですか？」。また、-ги + 所属人称接尾辞 + келмоқ の形で、実現不確定の願望や無意識の欲求の意味を表す。егим келяпти「私は食べたい（おなかが減っている）」、кулгиси келди「彼は笑いたくなった」→ -ки[1], -қи[1]　☞ 第8課2
-ги[2]	時間・空間を表す副詞や名詞から形容詞をつくる。бугун「今日」> бугунги「今日の」、куз「秋」> кузги「秋の」、қадим「昔」> қадимги「昔の、古い」→ -ки[2], -қи[2]
-гиз	動詞の使役態。кирмоқ「入る」> киргизмоқ「入れる」、киймоқ「着る」> кийгизмоқ「着せる」→ -ғиз, -қиз, -киз, -из　☞ 補遺3.2
-гил	→ -гин
-гин	動詞の命令形。一人の相手に対する親しみを込めた依頼・命令。сен унга телефон қилгин!「君が彼女に電話して！」、бу ерда озгина кутиб тургин!「ここで少し待ってて！」→ -кин[1], -қин
-гина[1]	形容詞や副詞に付加され、その性質を弱めたり、強めたりする。оз「少し」> озгина「ほんの少し」、кўп「たくさん」> кўпгина「とてもたくさん」→ -кина[1], -қина[1]
-гина[2]	名詞に付加され、愛称形をつくる。болагинам「私のおちびさん」（бола 子ども）、укагинам「私のかわいい弟」→ -кина[2], -қина[2]
-гина[3]	名詞に付加され、「～だけ」の意味を表す。мажлисга олти кишигина келди「会議には6人だけ来た」、укамгина борди「私の弟だけが行った」→ -кина[3], -қина[3]
-гир	名詞や動詞の語幹から形容詞をつくる。сезмоқ「感じる」> сезгир「敏感な」→ -кир, -қир, -қур[1], -ғир
-гунча	副動詞「～するまで」。у келгунча кутинг!「彼が来るまで待ってください」、сиз келгун(ингиз)ча бу ерда бўламан「あなたが来るまで、私はここにいます」→ -кунча, -қунча　☞ 補遺4.3
-гур	動詞の語幹に付加され、願望の意味を表す（しばしば呪いの意味を込めて）。ўлмоқ「死ぬ」> ўлгур!「死んでしまえ！」、кўр бўлгур!「目が見えなくなってしまえ！」（кўр 盲目の）→ -қур[2]
-да[1]	位置格接尾辞「～で、～に」。шаҳарда「町で」、қишда「冬に」、яқинда「最近／まもなく」。☞ 第3課1
-да[2]	1) 末尾にハイフンを介して付加され、強調の意を表す。ажойиб одамсиз-да!「あなたは、すごい人ですね！」、у-да келди「彼も来た」、яна-да юқори босқичга「さらにもっと高い段階に」。2) 動詞の仮定形 (-са) に付加され、「～としても、～とはいえ」の意味を表す。у бугун келса-да, ишламайди.「彼は今日来るとしても、働かないだろう」。
-даги	位置格の名詞を形容詞化する。「～にある」。Тошкентдаги университетлар「タシュケントにある諸大学」、таълим тўғрисидаги қонунлар「教育にかんする法律」。
-дай	→ -дек
-дан	1) 起点格接尾辞「～から、～より」。Ўзбекистондан「ウズベキスタンから」、бешдан икки「5分の2」、етти кишидан иборат ҳайъат「7人からなる委員会」。2) 形容詞や名詞から副詞をつくる。янги「新しい」> янгидан「新しく」、бир「1」> бирдан「突然に」　☞ 第3課2
-дек	名詞や副詞に付加され、「～のような、～のように」を意味する。оёқларим тошдек оғир эди「私の足は石のように重かった」、Тошкент, Самарқанд, Бухородек шаҳарлар「タ

	シュケント、サマルカンド、ブハラのような諸都市」→ -дай
-ди¹	動詞の過去形。人称の付属語③とともに用いる。у келди「彼は来た」、китоб ўқидим「私は本を読んだ」。 ☞第6課1.1
-ди²	人称の付属語②の3人称単数形→ -ти ☞第3課3.2
-дир¹	述語に付加され、断定「～である」を意味する3人称単数接尾辞。おもに文章語で使われる。акам талабадир「私の兄は大学生である」。
-дир²	不確実性、推量を表す。у келгандир「彼は来たようだ」。
-дир³	代名詞、副詞に付加され、不定を意味する。кимдир「誰か」、нимагадир「なぜだか」、қаердандир「どこからか」。 ☞第7課2
-дир⁴	動詞の使役態。кулмоқ「笑う」> кулдирмоқ「笑わせる」、синмоқ「割れる、壊れる」> синдирмоқ「割る、壊す」→ -тир ☞補遺3.2
-дош	名詞に付加され、「ともに～する人、～を共有する人」を意味する。синф「クラス、学年」> синфдош「同級生」、ватан「祖国」> ватандош「同胞」、йўл「道」> йўлдош「道連れ」。
-ёв	動名詞をつくる。бўямоқ「色を塗る」> бўёв「色を塗ること、塗料」→ -в, -ов, -ув
-ётган	現在進行時制形動詞（語幹が母音で終わる場合）。ўқиётган одам「読んでいる人」→ -аётган ☞第10課3.3
-ётир	動詞の現在進行形（語幹が母音で終わる場合）。人称の付属語①とともに用い、おもに文章語で使われる。китоб ўқиётирман「私は本を読んでいる」→ -аётир
-и¹	3人称所属人称接尾辞（語末が子音で終わる場合）。унинг китоби「彼の本」→ -си ☞第4課1.1
-и²	名詞や形容詞から動詞をつくる。бой「金持ち、豊かな」> бойимоқ「金持ちになる、豊かになる」、чанг「ほこり」> чангимоқ「ほこりだらけになる」。
-иб¹	副動詞「～して」（語幹が子音で終わる場合）。кафега бориб, кофе ичдим「私はカフェに行って、コーヒーを飲んだ」→ -б¹ ☞第11課4.1
-иб²	動詞の伝聞過去形（語幹が子音で終わる場合）。人称の付属語②とともに用いる。否定形は-маб。бир куни кампир шаҳарга борибди「ある日、老婆は町に行ったそうな」→ -б² ☞補遺2.3
-иб³	турмоқ「立つ、留まる」、ўтирмоқ「座る」、юрмоқ「歩く、動く」、ётмоқ「横たわる」の4つの動詞の現在進行形。у турибди「彼は立っている」、ўтирибман「私は座っている」。☞第10課1.1
-из	動詞の使役態。эммоқ「吸う」> эмизмоқ「吸わせる」、оқмоқ「流れる」> оқизмоқ「流す」、тегмоқ「触る」> тегизмоқ「触らせる」→ -ғиз, -қиз, -гиз, -киз ☞補遺3.2
-ик	動詞の語幹から、名詞、形容詞をつくる（語幹が子音で終わる一部の動詞）。ўлмоқ「死ぬ」> ўлик「死体、死んだ」、кўрмоқ「見る」> кўрик「検査、公開」→ -к², -иқ, -уқ, -қ
-ил	動詞の受動態、再帰態。бермоқ「与える」> берилмоқ「与えられる」、очмоқ「開ける」> очилмоқ「開く」、ёзмоқ「書く」> ёзилмоқ「書かれる」→ -л, -ин, -н¹ ☞補遺3.1, 補遺3.4
-им¹	1人称単数所属人称接尾辞（語末が子音で終わる場合）。китобим「私の本」→ -м¹ ☞第4課1.1
-им²	動詞の語幹から名詞を作る（語幹が子音で終わる場合一部の動詞）。билмоқ「知っている」> билим「知識」、бўлмоқ「分ける」> бўлим「部門」、киймоқ「着る」> кийим「服」→ -м², -ум
-имиз	1人称複数所属人称接尾辞（語末が子音で終わる場合）。китобимиз「我々の本」→ -миз² ☞第4課1.1
-имтир	色を表す形容詞に付加し、ぼけた色合いを表す（語末が子音で終わる場合）。оқ「白い」> оқимтир「白っぽい」、кўк「青い」> кўкимтир「青っぽい」→ -мтир
-ин	動詞の受動態、再帰態。қилмоқ「する」> қилинмоқ「なされる」、ювмоқ「洗う」> ювинмоқ「自分を洗う、入浴する」、кўрмоқ「見る」> кўринмоқ「呈する、～と見える」→ -н¹, -ил, -л ☞補遺3.1, 補遺3.4
-инг¹	2人称単数所属人称接尾辞（語末が子音で終わる場合）。китобинг「君の本」→ -нг¹ ☞第4課1.1
-инг²	動詞の命令形（語幹が子音で終わる場合）。一人の相手に対する丁寧な依頼・命令。келинг!「来てください」、менга хабар беринг「私に知らせてください」→ -нг² ☞第7課3.2
-ингиз¹	2人称複数所属人称接尾辞（語末が子音で終わる場合）。китобингиз「あなたの本」→ -нгиз¹

	☞ 第 4 課 1.1
-ингиз²	動詞の命令形（語幹が子音で終わる場合）。複数の相手に対するぞんざいな命令。ёзингиз!「(君たちは) 書きなさい！」→ -нгиз²
-инчи	数詞に付加され、序数詞をつくる（数詞が子音で終わる場合）。бир「1」> биринчи「1番目」、уч「3」> учинчи「3番目」→ -нчи ☞ 第 5 課 2.3
-ир	動詞の使役態。учмоқ「飛ぶ」> учирмоқ「飛ばす」、ўчмоқ「(火、電灯が) 消える」> ўчирмоқ「(火、電灯を) 消す」。 ☞ 補遺 3.2
-иш¹	動名詞をつくる（語幹が子音で終わる場合）。ичмоқ「飲む」> ичиш「飲むこと」、келмоқ「来る」> келиш「来ること」→ -ш¹ ☞ 第 10 課 2
-иш²	動詞の相互態（語幹が子音で終わる場合）。「互いに〜する」「一緒に〜する」を意味する。гапирмоқ「しゃべる」> гапиришмоқ「(互いに) 会話する」、кўрмоқ「見る」> кўришмоқ「会う、挨拶する」。3 人称複数の人間が主語の場合、しばしば述語部分で相互態が用いられる。улар Бухородан келишди「彼らはブハラから来た」→ -ш² ☞ 補遺 3.3
-иш³	色を表す形容詞に付加し、ぼけた色合いを表す。оқ「白い」> оқиш「白っぽい」、сариқ「黄色い」> сарғиш「黄色っぽい」→ -имтир
-иқ	動詞の語幹から、名詞、形容詞をつくる（語幹が子音で終わる一部の動詞）。чақирмоқ「呼ぶ」> чақириқ「呼び出し」、очмоқ「開く」> очиқ「開いた」→ -ик, – қ², -уқ, -қ
-й¹	動詞の現在・未来形（語幹が母音で終わる場合）。人称の付属語②とともに用いる。китоб ўқийман「私は本を読む」→ -а¹ ☞ 第 3 課 3.2
-й²	動詞の提案形単数（語幹が母音で終わる場合）。ўқий「私は読もう」→ -ай¹ ☞ 第 11 課 3.1
-й³	副動詞「〜しながら、〜しつつ」（語幹が母音で終わる場合）。しばしば、二つ重ねて用いられる。ўқий-ўқий「読みつつ」→ -а² ☞ 補遺 4.1
-йдиган	現在・未来時制形動詞（語幹が母音で終わる場合）。ўқийдиган одам「読む人」。 ☞ 第 10 課 3.2
-йлик	動詞の提案形複数（語幹が母音で終わる場合）。бошлайлик「我々は始めましょう」→ -айлик ☞ 第 11 課 3.2
-к¹	人称の付属語③の 1 人称複数形。 ☞ 第 6 課 1.1
-к²	動詞の語幹から、名詞、形容詞をつくる（語幹が母音で終わる一部の動詞）。эламоқ「ふるいにかける」> элак「ふるい」、безамоқ「飾る」> безак「飾り、装飾」→ -ик, – иқ, -уқ, -қ
-ка	方向格接尾辞「〜へ、〜に」（語末が к, г で終わる場合）。эшикка「扉へ」→ -га, -қа ☞ 第 5 課 3
-каз	動詞の使役態。ўтмоқ「通る、過ぎる」> ўтказмоқ「通す、過ごす」→ -ғаз, -қаз, -газ, -аз ☞ 補遺 3.2
кам-	名詞に付加され「〜が少ない」を意味する形容詞や副詞をつくる。гап「話」> камгап「無口な」、ҳосил「収穫」> камҳосил「収穫の少ない」
-кан¹	動詞の完了形（語幹が к, г で終わる場合）。人称の付属語①とともに用いる→ -ган¹, -қан¹ ☞ 第 9 課 1
-кан²	過去時制形動詞（語幹が к, г で終わる場合）。сувга чўккан тош「水に沈んだ石」→ -ган², -қан² ☞ 第 10 課 3.1
-кан³	экан の短縮形。→ -кин²
-кани	副動詞「〜するために」（語幹が к, г で終わる場合）。теккани「触るために」→ -гани, -қани ☞ 補遺 4.4
-канча	副動詞「〜しながら（動作の状態、状況を表す）」（語幹が к, г で終わる場合）。-кан + 所属人称接尾辞 + -ча の形で用いられる。чўкканча「沈みながら」→ -ганча, -қанча
-кач	副動詞「〜すると、〜してから（動作の完了を表す）」（語幹が к, г で終わる場合）。чўккач「沈むと」→ -гач, -қач ☞ 補遺 4.2
-кача	「〜まで（時間、空間）」（語末が к, г で終わる場合）。эшиккача「ドアまで」→ -гача, -қача
-ки¹	動名詞をつくる。тепмоқ「蹴る」> тепки「蹴ること」、туртмоқ「突く、押す」> туртки「突くこと、押すこと」。また、-ки + 所属人称接尾辞 + келмоқ の形で、実現不確定の願望や無意識の欲求の意味を表す。→ -ги¹, -қи¹ ☞ 第 8 課 2
-ки²	時間・空間を表す副詞や名詞から形容詞をつくる。кеч「夕方、晩」> кечки「夕方の、晩の」、ич「中、内」> ички「中の、内の」→ -ги², -қи²
-ки³	名詞節を導く接続詞。「〜ということ」の意味を表す。мен эшитдимки, дўстим келибди「私は、私の友だちが来たということを聞いた」、у айтдики, у ҳозир жуда банд экан「彼

	は、今とても忙しいと言った」。
-киз	動詞の使役態。битмоқ「終わる」＞ биткизмоқ「終える」→ -ғиз, -қиз, -гиз, -из ☞補遺3.2
-кин¹	動詞の命令形（語幹がк, гで終わる場合）。一人の相手に対する親しみを込めた依頼・命令。теккин!「触って！」→ -гин, -қин
-кин²	эканの短縮形。→ -кан³
-кина¹	形容詞や副詞に付加され、その性質を弱めたり、強めたりする（語末がк, гで終わる場合）。кичик「小さい」＞ кичиккина(кичкина)「ちっちゃい」→ -гина¹, -қина¹
-кина²	名詞に付加され、愛称形をつくる（語末がк, гで終わる場合）→ -гина², -қина²
-кина³	名詞に付加され、「～だけ」の意味を表す（語末がк, гで終わる場合）。юраккина「心だけ」→ -гина³, -қина³
-кир	名詞や動詞の語幹から形容詞をつくる。кесмоқ「切る」＞ кескир「よく切れる、鋭い」→ -гир, -қир, -қур¹, -ғир
-ку	末尾にハイフンを介して付加され、強調の意を表す。у келди-ку「彼は来たでしょ」、сиз биласиз-ку「あなたは知っていますよね」、мен-ку бораман, сен-чи?「私は行くけど、君は？」。
-кунча	副動詞「～するまで」（語幹がк, гで終わる場合）。чўккунча「沈むまで」→ -гунча, -қунча ☞補遺4.3
-л	動詞の受動態、再帰態。ўқимоқ「読む」＞ ўқилмоқ「読まれる」、сўрамоқ「尋ねる」＞ сўралмоқ「尋ねられる」→ -ил, -ин, -н¹ ☞補遺3.1
-ла	名詞や形容詞から動詞をつくる。иш「仕事」＞ ишламоқ「働く」、оқ「白い」＞ оқламоқ「白くする」、тайёр「準備のできた」＞ тайёрламоқ「準備する」。
-лаб	様々な語から副詞をつくる。яхши「よい」＞ яхшилаб「よく」、юз「百」＞ юзлаб「数百で」、икки қўллаб「両手で」。
-лан	名詞や形容詞から動詞をつくる。яхши「よい」＞ яхшиланмоқ「よくなる」、шубҳа「疑い」＞ шубҳаланмоқ「疑う」、фойда「利用、使用」＞ фойдаланмоқ「利用する、使用する」。
-лар	複数接尾辞。одам「人」＞ одамлар「人々」。　　☞第2課1
-лаш	名詞や形容詞から動詞をつくる。бир「1」＞ бирлашмоқ「統合する、団結する」、кўмак「助け」＞ кўмаклашмоқ「助け合う」、яқин「近い」＞ яқинлашмоқ「近づく」。
-ли	1) 名詞から形容詞をつくる（「～を持つ」という意味を表す）。куч「力」＞ кучли「強い」、ақл「知恵」＞ ақлли「頭のよい」。2) 語幹に -ар とともに付加され、動詞から形容詞をつくる。етмоқ「足りる」＞ етарли「十分な」、тушунмоқ「理解する」＞ тушунарли「理解している」。
-лик¹	1) 名詞や形容詞から抽象名詞をつくる。дўст「友だち」＞ дўстлик「友情」、ёш「若い」＞ ёшлик「青春、若さ」、бир「1」＞ бирлик「統一」。2) 形動詞 (-ган, -аётган, -ётган) に付加され、名詞をつくる。унинг Токиога келганлиги ҳақидаги хабарни олдим「私は、彼が東京に来たことについての知らせを受けた」。
-лик²	1) 名詞から形容詞をつくる。қиш「冬」＞ қишлик「冬の、冬用の」、беш йиллик план「5カ年計画」。2) 地名に付加され、「～出身の（人）」を意味する。тошкентлик「タシュケント出身者」、америкалик「アメリカ人」。
-м¹	1人称単数所属人称接尾辞（語末が母音で終わる場合）。онам「私の母」→ -им¹ ☞第4課1.1
-м²	人称の付属語③の1人称単数形。　　☞第6課1.1
-м³	動詞の語幹から名詞を作る（語幹が母音で終わる一部の動詞）。тўпламоқ「集める」＞ тўплам「選集」、чимдимоқ「（食べ物を）つまむ」＞ чимдим「ひとつまみ」→ -им², -ум
-ма¹	動詞の否定接辞。
-ма²	動詞から形容詞や名詞をつくる。ясамоқ「つくる」＞ ясама「作り物の」、қовурмоқ「炒める、揚げる」＞ қовурма「炒めた、揚げた」、қиймоқ「切る、裁つ」＞ қийма「ひき肉」。
-ма³	名詞の繰り返しにハイフンを介して付加され、「～から～へ」を意味する。қўл-ма қўл「手から手へ」、эшик-ма эшик「扉から扉へ」。
-май¹	副動詞 -иб/-б の否定形。「～せずに」。дарсга бормай, кутубхонага бордим「私は授業に行かずに、図書館に行った」→ -иб¹, -б¹ ☞第11課4.2
-май²	動詞の提案形単数 -ай/-й の否定形。「～しまい」。ичмай「飲むまい」→ -ай¹, -й³ ☞第11課3
-ман	1) 人称の付属語①の1人称単数形。2) 人称の付属語②の1人称単数形。　　☞第2課4.2、第3課3.2
-мас	動詞の不確定未来形 -ар/-р の否定形。人称の付属語①とともに用いる。「～ないだろう」。у бу

	ишни қилмас「彼はこの仕事をしないでしょう」→ -ар¹, -р¹　☞補遺 1
-мас эди	-ар эди/-р эди の否定形。у умуман ичмас эди「彼は、まったく（酒を）飲まなかった」→ -ар эди, -р эди　☞補遺 1.1
-масдан	動詞の語幹に付加され、「〜せずに」の意味を表す。дарсга бормасдан, кутубхонага бордим「私は授業に行かずに、図書館に行った」。　☞第 11 課 4.3
-маслик	動名詞 -иш/-ш の否定形。「〜しないこと」。билмоқ「知っている」> билмаслик「知らないこと」。→ -иш¹, -ш¹　☞第 10 課 2
-ми	「〜か？」を意味する疑問接尾辞。ҳаво яхшими?「天気はいいですか？」、у келдими?「彼は来ましたか？」、талабамисиз?「あなたは大学生ですか？」。
-миз¹	1) 人称の付属語①の 1 人称複数形。2) 人称の付属語②の 1 人称複数形。　☞第 2 課 4.2、第 3 課 3.2
-миз²	1 人称複数所属人称接尾辞（語末が母音で終わる場合）。отамиз「我々の父」→ -имиз　☞第 4 課 1.1
-миш	эмиш の短縮形。動詞の不確定未来形 -ар/-р や完了形 -ган/-кан/-қан などに付加され、不確実性や疑念、伝聞の意味を表す。「〜らしい、〜のようだ」。у келганмиш「彼は来たらしい」、бугун мажлис бўлармиш「今日は会議があるらしい」。
-моқ	動詞の基本形（辞書形）を表す。また、動名詞を表す。у қаерга бормоғи керак?「彼はどこに行く必要がありますか？」
-моқда	動詞の現在進行形（おもに文章語で）。人称の付属語①ともに用いられる。у фирмада ишламоқда「彼は会社で働いている」。　☞第 10 課 1.2
-моқчи	動詞の語幹に付加され、意向・欲求「〜するつもりだ、〜したい」の意味を表す。人称の付属語①ともに用いられる。ичмоқчиман「私は飲むつもりだ／飲みたい」。　☞第 8 課 2
-мтир	色を表す形容詞に付加し、ぼけた色合いを表す（語末が母音で終わる場合）。қора「黒い」> қорамтир「黒っぽい」→ -имтир
-н¹	動詞の受動態、再帰態。мақтамоқ「ほめる」> мақтанмоқ「自慢する」、бошламоқ「始める」> бошланмоқ「始まる」→ -ин, -ил, -л　☞補遺 3.1、補遺 3.4
-н²	介入子音。指示詞 бу, у, шу などに格接尾辞 -га, -да, -дан が付加される場合などに挿入される。бундан「これより」、унга「あれへ」。
-нг¹	2 人称単数所属人称接尾辞（語末が母音で終わる場合）。отанг「君の父」→ -инг¹　☞第 4 課 1.1
-нг²	人称の付属語③の 2 人称単数形。　☞第 6 課 1.1
-нг³	動詞の命令形（語幹が母音で終わる場合）。一人の相手に対する丁寧な依頼・命令。ўқинг!「読んでください」→ -инг²　☞第 7 課 3.2
-нгиз¹	2 人称複数所属人称接尾辞（語末が母音で終わる場合）。отангиз「あなたの父」→ -ингиз¹　☞第 4 課 1.1
-нгиз²	人称の付属語③の 2 人称複数形。　☞第 6 課 1.1
-нгиз³	動詞の命令形（語幹が母音で終わる場合）。複数の相手に対するぞんざいな命令。тўхтангиз!「(君たちは) 止まりなさい！」→ -ингиз²
-ни	対象格接尾辞「〜を」。бу китобни ўқидингизми?「あなたはこの本を読みましたか？」。　☞第 6 課 2
-ники	名詞に付加され、「〜のもの」の意味を表す。сизники「あなたのもの」、бу машина кимники?「この車は誰のものですか？」。　☞第 4 課 1.4
-нинг	所有格接尾辞「〜の」。бизнинг уйимиз「我々の家」、унинг машинаси「彼の車」。　☞第 4 課 1
но-	形容詞や副詞、名詞に付加され「〜のない」（否定）を意味する形容詞や副詞をつくる。тўғри「正しい」> нотўғри「正しくない、誤った」、рози「同意した；満足した」> норози「不同意の；不満な」
-нчи	数詞に付加され、序数詞をつくる（数詞が母音で終わる場合）。етти「7」> еттинчи「7 番目」、йигирма「20」> йигирманчи「20 番目」→ -инчи　☞第 5 課 2.3
-ов	動名詞をつくる（語幹が子音で終わる一部の動詞）→ -в, -ув, -ёв
-оқ	動詞から形容詞や名詞をつくる。қўрқмоқ「恐れる」> қўрқоқ「臆病な」、бақирмоқ「叫ぶ、怒鳴る」> бақироқ「やかましい」。
-р¹	動詞の不確定未来形（語幹が母音で終わる場合）。人称の付属語①とともに用いる。否定形は -мас。у бу китобни ўқир「彼はこの本を読むでしょう」→ -ар¹　☞補遺 1
-р²	現在・未来時制形動詞（語幹が母音で終わる場合）。否定形は -мас → -ар²
-р эди	1) 過去の習慣（語幹が母音で終わる場合）。у бу ерда ишлар эди「彼はここで働いていた」。

	否定形は -мас эди。短縮形は、それぞれ -рди, -масди。2) 反実仮想の帰結節で。агар вақтим бўлса, ўқир эдим「もし時間があれば、私は読むのに（実際は読まない）」→ -ар эди ☞補遺 1.1-2
-роқ	形容詞や副詞の比較級。яхши「よい／よく」> яхшироқ「よりよい／よりよく」、тез「速い／速く」> тезроқ「より速い／より速く」。 ☞第 8 課 3.1
-са	動詞の仮定形。人称の付属語③とともに用いる。Санжар келса, менга айтинг「サンジャルが来たら、私に言ってください」。 ☞第 12 課 1
-сан	1) 人称の付属語①の 2 人称単数形。2) 人称の付属語②の 2 人称単数形。 ☞第 2 課 4.2、第 3 課 3.2
сер-	名詞に付加され「〜が多い、〜に満ちた」を意味する形容詞、副詞をつくる。гап「話」> сергап「おしゃべりな」、қуёш「太陽」> серқуёш「太陽が燦々と照る」。
-си	3 人称所属人称接尾辞（語末が母音で終わる場合）。унинг отаси「彼の父」→ -и¹ ☞第 4 課 1.1
-сиз¹	1) 人称の付属語①の 2 人称複数形。2) 人称の付属語②の 2 人称複数形。 ☞第 2 課 4.2、第 3 課 3.2
-сиз²	名詞に付加され、欠如を表す形容詞や副詞をつくる。「〜のない」「〜なしに」を意味する。куч「力」> кучсиз「弱い」、маза「味」> мазасиз「味のない」。
-син	動詞の願望形。ёмғир ёғсин「雨が降りますように」。 ☞第 12 課 2
-т	動詞の使役態。тўхтамоқ「止まる」> тўхтатмоқ「止める」、озаймоқ「減る」> озайтмоқ「減らす」。 ☞補遺 3.2
-та	助数詞「〜個、〜人」（物にも人にも用いられる）。бизникига учта одам келди「我々のところに 3 人の人が来た」、иккита олма беринг「2 つリンゴをください」。 ☞第 5 課 2.2
-ти	→ -ди² ☞第 10 課 1.1
-тир	動詞の使役態。тушунмоқ「理解する」> тушунтирмоқ「理解させる、説明する」、танишмоқ「知り合う」> таништирмоқ「紹介する」。→ -дир⁴ ☞補遺 3.2
-у¹	接続詞「〜と」（語末が子音で終わる場合）。у соат ўну йигирмада келади「彼は 10 時 20 分に来ます」、ноку олма「ナシとリンゴ」→ -ю¹ ☞第 11 課 2
-у²	末尾にハイフンを介して付加され、強調の意を表す（語末が子音で終わる場合）→ -ю²
-ув	動名詞をつくる（語幹が子音で終わる一部の動詞）。ёзмоқ「書く」> ёзув「書くこと、文字体系」→ -в, -ов, -ёв
-ум	動詞の語幹から名詞を作る。унмоқ「育つ」> унум「収穫」→ -им², -м²
-уқ	動詞の語幹から、名詞、形容詞をつくる（語幹に у, ю を含み、かつ子音で終わる一部の動詞）。бузмоқ「壊す」> бузуқ「壊れた」、буюрмоқ「命じる」> буйруқ「命令」→ -иқ, -қ², -ик, -к
-ча¹	名詞に付加され、形容詞や副詞、新たな名詞をつくる。「〜風、〜式」といった意味を表す。ўзбек「ウズベク人」> ўзбекча「ウズベク風の／に、ウズベク語」、фарғонача палов「フェルガナ風ピラフ」、менимча「私としては」、билганингизча「あなたの知るかぎり」、қаҳрамонларча「勇者として、勇者らしく」、юзларча「何百もの」。
-ча²	名詞の指小形。китоб「本」> китобча「小冊子」。
-чак	→ -чоқ
-чан	名詞に付加され、形容詞をつくる。иш「仕事」> ишчан「勤勉な」、уят「恥じらい」> уятчан「控えめな、シャイな」。
-чи¹	名詞に付加され、「〜する人」、職業などを表す。иш「仕事」> ишчи「労働者」、темир「鉄」> темирчи「鍛冶屋」、ёзув「書くこと」> ёзувчи「作家」。
-чи²	名詞にハイフンを介して付加され、「〜は？」といった疑問を表す。Санжар-чи?「(そういえば)サンジャルは？」、мен бораман, сен-чи?「私は行くけど、君は？」。
-чи³	動詞の命令形や提案形に付加され、強調を意味する。очинг-чи!「開けてください！」、борайчи!「さあ、私は行こう！」。
-чоқ	指小形名詞をつくる。қўзи「子羊」> қўзичоқ「子羊ちゃん」、ўйин「遊び」> ўйинчоқ「おもちゃ」→ -чак
-ш¹	動名詞をつくる（語幹が母音で終わる場合）。ўқимоқ「読む、学ぶ」> ўқиш「読むこと、学ぶこと」、тўхтамоқ「止まる」> тўхташ「止まること、停止」→ -иш¹ ☞第 10 課 2
-ш²	動詞の相互態（語幹が母音で終わる場合）。танимоқ「（人などを）知っている、認識している」> танишмоқ「知り合う」。3 人称複数の人間が主語の場合、しばしば述語部分で相互態が用い

	られる。→ -иш² ☞ 補遺 3.3
-ю¹	接続詞「～と」（語末が母音で終わる場合）。у соат иккию ўнда келади「彼は2時10分に来ます」→ -у¹ ☞ 第 11 課 2
-ю²	末尾にハイフンを介して付加され、強調の意を表す（語末が母音で終わる場合）→ -у²
-я	述語にハイフンを介して付加され、感嘆や疑問を表す（語末が母音で終わる場合）→ -а⁴
-яжак¹	動詞の確定未来形（語幹が母音で終わる場合）。人称の付属語①とともに用いる。у эртага ишни бошлаяжак「彼は明日（必ず）仕事を始める」→ -ажак¹
-яжак²	未来時制形動詞（語幹が母音で終わる場合）→ -ажак²
-яп	動詞の現在進行形。人称の付属語②とともに用いる。ёзяпман「私は書いているところです」、у ҳозир фирмада ишлаяпти「彼は現在会社で働いている」。 ☞ 第 10 課 1.1
-қ	動詞の語幹から、名詞、形容詞をつくる（語幹が母音で終わる一部の動詞）。оғримоқ「痛む」> оғриқ「痛み」→ -ик, -к², -иқ, -уқ
-қа	方向格接尾辞「～へ、～に」（語末が қ, ғ で終わる場合）。тоққа「山へ」→ -га, -ка ☞ 第 5 課 3
-қаз	動詞の使役態。тутмоқ「つかむ」> тутқазмоқ「つかませる」→ -ғаз, -газ, -каз, -аз ☞ 補遺 3.2
-қан¹	動詞の完了形（語幹が қ, ғ で終わる場合）。人称の付属語①とともに用いる→ -ган¹, -кан¹ ☞ 第 9 課 1
-қан²	過去時制形動詞（語幹が қ, ғ で終わる場合）。чиққан одам「出た人」→ -ган², -кан² ☞ 第 10 課 3.1
-қан эди	動詞の過去完了形（語幹が қ, ғ で終わる場合）→ -ган эди, -кан эди ☞ 第 9 課 1
-қани	副動詞「～するために」（語幹が қ, ғ で終わる場合）。чиққани「出るために」→ -гани, -кани ☞ 補遺 4.4
-қанча	副動詞「～しながら（動作の状態、状況を表す）」（語幹が қ, ғ で終わる場合）。-қан + 所属人称接尾辞 + -ча の形で用いられる。у чиққанича「彼は出ながら」→ -ганча, -канча
-қач	副動詞「～すると、～してから（動作の完了を表す）」（語幹が қ, ғ で終わる場合）。кўчага чиққач сумкамни очдим「私は通りに出てから鞄を開けた」→ -гач, -кач ☞ 補遺 4.2
-қача	「～まで（時間、空間）」（語末が қ, ғ で終わる場合）。қишлоққача「村まで」→ -гача, -кача
-қи¹	動名詞をつくる。тутатмоқ「焚きつける」> тутатқи「焚きつけ」。また、-қи + 所属人称接尾辞 + келмоқ の形で、実現不確定の願望や無意識の欲求の意味を表す。→ -ги¹, -ки¹
-қи²	時間・空間を表す副詞や名詞から形容詞をつくる。орт「後ろ」> ортқи「後ろの」→ -ги², -ки²
-қиз	動詞の使役態。ётмоқ「横たわる」> ётқизмоқ「横たえる」→ -ғиз, -гиз, -киз, -из ☞ 補遺 3.2
-қил	→ -қин
-қин	動詞の命令形（語幹が қ, ғ で終わる場合）。一人の相手に対する親しみを込めた依頼・命令。чиққин！「出て！」→ -гин, -кин¹
-қина¹	形容詞や副詞に付加され、その性質を弱めたり、強めたりする（語末が қ, ғ で終わる場合）→ -гина¹, -кина¹
-қина²	名詞に付加され、愛称形をつくる（語末が қ, ғ で終わる場合）→ -гина², -кина²
-қина³	名詞に付加され、「～だけ」の意味を表す（語末が қ, ғ で終わる場合）→ -гина³, -кина³
-қир	名詞や動詞の語幹から形容詞をつくる。чопмоқ「駆ける」> чопқир「足の速い」→ -гир, -кир, -қур¹, -ғир
-қунча	副動詞「～するまで」（語幹が қ, ғ で終わる場合）。чиққунча「出るまで」→ -гунча, -кунча ☞ 補遺 4.3
-қур¹	名詞や動詞の語幹から形容詞をつくる。учмоқ「飛ぶ」> учқур「速く飛ぶことのできる、飛ぶように速い」→ -гир, -кир, -қир, -ғир
-қур²	動詞の語幹に付加され、願望の意味を表す（しばしば呪いの意味を込めて）→ -гур
-ғаз	動詞の使役態。тўймоқ「満腹する」> тўйғазмоқ「満腹させる」→ -газ, -гиз, -каз, -киз, қиз, -ғиз ☞ 補遺 3.2
-ғиз	動詞の使役態。турмоқ「立つ」> турғизмоқ「立たせる」→ -қиз, -гиз, -киз, -из ☞ 補遺 3.2
-ғир	名詞や動詞の語幹から形容詞をつくる→ -гир, -кир, -қир, -қур¹

【接尾辞・接頭辞表：ラテン文字】

-a¹	動詞の現在・未来形（語幹が子音で終わる場合）。人称の付属語②とともに用いる。*eshikni ochadi*「彼は扉を開ける」→ -y¹　☞第3課3.2
-a²	副動詞「～しながら、～しつつ」（語幹が子音で終わる場合）。しばしば、二つ重ねて用いられる。*kula-kula*「笑いながら」→ -y²　☞補遺4.1
-a³	名詞や形容詞から動詞をつくる。*o'yin*「遊び」> *o'ynamoq*「遊ぶ」、*qiyin*「困難な」> *qiynamoq*「苦しめる、困らせる」
-a⁴	述語にハイフンを介して付加され、感嘆や疑問を表す（語末が子音で終わる場合）。*u juda chiroyli ekan-a!*「彼女はとても美しいようですね！」、*sen borasan-a?*「君は行くでしょ？」→ -ya
-adigan	現在・未来時制形動詞（語幹が子音で終わる場合）。*boradigan odam*「行く人」。☞第10課3.2
-ajak¹	動詞の確定未来形（語幹が子音で終わる場合）。人称の付属語①とともに用いる。*borajakman*「私は（必ず）行きます」→ -yajak¹
-ajak²	未来時制形動詞（語幹が子音で終わる場合）。*kelajak rejalarimiz*「我々の来たるべき／将来の計画」→ -yajak²
-ar¹	動詞の不確定未来形（語幹が子音で終わる場合）。人称の付属語①とともに用いる。*u bu ishni qilar*「彼はこの仕事をするでしょう」。否定形は -mas。*u bu ishni qilmas*「彼はこの仕事をしないでしょう」→ -r¹　☞補遺1
-ar²	現在・未来時制形動詞（語幹が子音で終わる場合）。*oqar suv*「流れる水」（*oqmoq* 流れる）。否定形は -mas。*o'lmas shoir*「死なない／不滅の詩人」（*o'lmoq* 死ぬ）→ -r²
-ar³	動詞の使役態。*qaytmoq*「戻る」> *qaytarmoq*「戻す、返す」、*chiqmoq*「出る」> *chiqarmoq*「出す」☞補遺3.2
-ar edi	1) 過去の習慣（語幹が子音で終わる場合）。*u ishga soat sakkizda kelar edi*「彼は8時に仕事に来ていた」。否定形は -mas edi。短縮形は、それぞれ -ardi, -masdi。2) 反実仮想の帰結節で。*agar vaqtim bo'lsa, kelar edim*「もし時間があれば、私は来るのに（実際は来ない）」→ -r edi　☞補遺1.1-2
-ay¹	動詞の提案形単数（語幹が子音で終わる場合）。*boray*「私は行こう」→ -y³　☞第11課3.1
-ay²	名詞や形容詞、副詞から動詞をつくる。*kuch*「力」> *kuchaymoq*「強まる」、*ko'p*「多い」> *ko'paymoq*「増える」
-aylik	動詞の提案形複数（語幹が子音で終わる場合）。*boraylik!*「我々は行きましょう！」→ -ylik　☞第11課3.2
-ayotgan	現在進行時制形動詞（語幹が子音で終わる場合）。*borayotgan odam*「行っている人」→ -yotgan　☞第10課3.3
-ayotir	動詞の現在進行形（語幹が子音で終わる場合）。人称の付属語①とともに用い、おもに文章語で使われる。*men xat yozayotirman*「私は手紙を書いています」→ -yotir
-az	動詞の使役態。*chiqmoq*「出る」> *chiqazmoq*「出す」→ -g'az, -qaz, -gaz, -kaz　☞補遺3.2
-b¹	副動詞「～して」（語幹が母音で終わる場合）。*ko'p ishlab, juda charchadik*「たくさん働いて、我々はとても疲れた」→ -ib¹　☞第11課4.1
-b²	動詞の伝聞過去形（語幹が母音で終わる場合）。人称の付属語②とともに用いる。否定形は -mab。*bir kuni ertalab, darvoza oldida arava to'xtabdi*「ある日の朝、門の前に荷車が止まったそうな」→ -ib²　☞補遺2.3
be-	名詞に付加され「～なしの、無～、非～」を意味する形容詞や副詞をつくる。*pul*「お金」> *bepul*「お金のない；無料の」、*maza*「味」> *bemaza*「まずい」
-ber	→ -ver
-da¹	位置格接尾辞「～で、～に」。*shaharda*「町で」、*qishda*「冬に」、*yaqinda*「最近／まもなく」。☞第3課1
-da²	1) 末尾にハイフンを介して付加され、強調の意を表す。*ajoyib odamsiz-da!*「あなたは、すごい人ですね！」、*u-da keldi*「彼も来た」、*yana-da yuqori bosqichga*「さらにもっと高い段階に」。2) 動詞の仮定形 (-sa) に付加され、「～としても、～とはいえ」の意味を表す。*u bugun kelsa-da, ishlamaydi.*「彼は今日来るとしても、働かないだろう」。
-dagi	位置格の名詞を形容詞化する。「～にある」。*Toshkentdagi universitetlar*「タシュケントにある諸大学」、*ta'lim to'g'risidagi qonunlar*「教育にかんする法律」。

-dan	1) 起点格接尾辞「〜から、〜より」。*O'zbekistondan*「ウズベキスタンから」、*beshdan ikki*「5分の2」、*yetti kishidan iborat hay'at*「7人からなる委員会」。2) 形容詞や名詞から副詞をつくる。*yangi*「新しい」＞*yangidan*「新しく」、*bir*「1」＞*birdan*「突然に」 ☞第3課2
-day	→ *-dek*
-dek	名詞や副詞に付加され、「〜のような、〜のように」を意味する。*oyoqlarim toshdek og'ir edi*「私の足は石のように重かった」、*Toshkent, Samarqand, Buxorodek shaharlar*「タシュケント、サマルカンド、ブハラのような諸都市」 → *-day*
-di¹	動詞の過去形。人称の付属語③とともに用いる。*u keldi*「彼は来た」、*kitob o'qidim*「私は本を読んだ」。 ☞第6課1.1
-di²	人称の付属語②の3人称単数形→ *-ti* ☞第3課3.2
-dir¹	述語に付加され、断定「〜である」を意味する3人称単数接尾辞。おもに文章語で使われる。*akam talabadir*「私の兄は大学生である」。
-dir²	不確実性、推量を表す。*u kelgandir*「彼は来たようだ」。
-dir³	代名詞、副詞に付加され、不定を意味する。*kimdir*「誰か」、*nimagadir*「なぜだか」、*qayerdandir*「どこからか」。 ☞第7課2
-dir⁴	動詞の使役態。*kulmoq*「笑う」＞*kuldirmoq*「笑わせる」、*sinmoq*「割れる、壊れる」＞*sindirmoq*「割る、壊す」 → *-tir* ☞補遺3.2
-dosh	名詞に付加され、「ともに〜する人、〜を共有する人」を意味する。*sinf*「クラス、学年」＞*sinfdosh*「同級生」、*vatan*「祖国」＞*vatandosh*「同胞」、*yo'l*「道」＞*yo'ldosh*「道連れ」。
-ga	方向格接尾辞「〜へ、〜に」。*shaharga*「町へ」 → *-ka, -qa* ☞第5課3
-gan¹	動詞の完了形。人称の付属語①とともに用いる。*ko'rganman*「私は見たことがある」 → *-kan¹, -qan¹* ☞第9課1
-gan²	過去時制形動詞。*kelgan odam*「来た人」 → *-kan², -qan²* ☞第10課3.1
-gan edi	動詞の過去完了形→ *-kan edi, -qan edi* ☞第9課1
-gani	副動詞「〜するために」。*u qo'l yuvgani chiqib ketdi*「彼は手を洗うために出て行った」 → *-kani, -qani* ☞補遺4.4
-gancha	副動詞「〜しながら（動作の状態、状況を表す）」。*-gan* + 所属人称接尾辞 + *-cha* の形で用いられる。*yugurmoq*「走る」＞*yugurganimcha*「私は走りながら」 → *-kancha, -qancha*
-gaz	動詞の使役態。*ko'rmoq*「見る」＞*ko'rgazmoq*「見せる」 → *-g'az, -qaz, -kaz, -az* ☞補遺3.2
-gach	副動詞「〜すると、〜してから（動作の完了を表す）」。*tun ketgach, tong oqargach, qushlar sayray boshladi*「夜が過ぎ去り、夜明けの空が白むと、鳥たちはさえずり始めた」 → *-kach, -qach* ☞補遺4.2
-gacha	「〜まで（時間、空間）」。*hozirgacha*「今まで」、*u soat to'qqizgacha ishladi*「彼は9時まで働いた」、*u shahargacha bordi*「彼は町まで行った」 → *-kacha, -qacha*
-gi¹	動名詞をつくる。*sevmoq*「愛する」＞*sevgi*「愛」、*supurmoq*「掃く」＞*supurgi*「ほうき」。*uning menga sevgisi bor*「彼は私を愛している」、*sizga supurgi kerakmi?*「あなたにはほうきが必要ですか？」。また、*-gi* + 所属人称接尾辞 + *kelmoq* の形で、実現不確定の願望や無意識の欲求の意味を表す。*yegim kelyapti*「私は食べたい（おなかが減っている）」、*kulgisi keldi*「彼は笑いたくなった」 → *-ki¹, -qi¹* ☞第8課2
-gi²	時間・空間を表す副詞や名詞から形容詞をつくる。*bugun*「今日」＞*bugungi*「今日の」、*kuz*「秋」＞*kuzgi*「秋の」、*qadim*「昔」＞*qadimgi*「昔の、古い」 → *-ki², -qi²*
-gil	→ *-gin*
-gin	動詞の命令形。一人の相手に対する親しみを込めた依頼・命令。*sen unga telefon qilgin!*「君が彼女に電話して！」、*bu yerda ozgina kutib turgin!*「ここで少し待ってて！」 → *-kin¹, -qin*
-gina¹	形容詞や副詞に付加され、その性質を弱めたり、強めたりする。*oz*「少し」＞*ozgina*「ほんの少し」、*ko'p*「たくさん」＞*ko'pgina*「とてもたくさん」 → *-kina¹, -qina¹*
-gina²	名詞に付加され、愛称形をつくる。*bolaginam*「私のおちびさん」（*bola* 子ども）、*ukaginam*「私のかわいい弟」 → *-kina², -qina²*
-gina³	名詞に付加され、「〜だけ」の意味を表す。*majlisga olti kishigina keldi*「会議には6人だけ来た」、*ukamgina bordi*「私の弟だけが行った」 → *-kina³, -qina³*
-gir	名詞や動詞の語幹から形容詞をつくる。*sezmoq*「感じる」＞*sezgir*「敏感な」 → *-kir, -qir, -qur¹, -g'ir*
-giz	動詞の使役態。*kirmoq*「入る」＞*kirgizmoq*「入れる」、*kiymoq*「着る」＞*kiygizmoq*「着せる」

217

	→ -g'iz, -qiz, -kiz, -iz ☞ 補遺 3.2
-guncha	副動詞「〜するまで」。*u kelguncha kuting!*「彼が来るまで待ってください」、*siz kelgun(ingiz)cha bu yerda bo'laman*「あなたが来るまで、私はここにいます」→ -kuncha, -quncha ☞ 補遺 4.3
-gur	動詞の語幹に付加され、願望の意味を表す（しばしば呪いの意味を込めて）。*o'lmoq*「死ぬ」> *o'lgur!*「死んでしまえ！」、*ko'r bo'lgur!*「目が見えなくなってしまえ！」(*ko'r* 盲目の) → -qur²
-i¹	3人称所属人称接尾辞（語末が子音で終わる場合）。*uning kitobi*「彼の本」→ -si ☞ 第4課 1.1
-i²	名詞や形容詞から動詞をつくる。*boy*「金持ち、豊かな」> *boyimoq*「金持ちになる、豊かになる」、*chang*「ほこり」> *changimoq*「ほこりだらけになる」。
-ib¹	副動詞「〜して」（語幹が子音で終わる場合）。*kafega borib, kofe ichdim*「私はカフェに行って、コーヒーを飲んだ」→ -b¹ ☞ 第11課 4.1
-ib²	動詞の伝聞過去形（語幹が子音で終わる場合）。人称の付属語②とともに用いる。否定形は -mab。*bir kuni kampir shaharga boribdi*「ある日、老婆は町に行ったそうな」→ -b² ☞ 補遺 2.3
-ib³	*turmoq*「立つ、留まる」、*o'tirmoq*「座る」、*yurmoq*「歩く、動く」、*yotmoq*「横たわる」の4つの動詞の現在進行形。*u turibdi*「彼は立っている」、*o'tiribman*「私は座っている」。 ☞ 第10課 1.1
-ik	動詞の語幹から、名詞、形容詞をつくる（語幹が子音で終わる一部の動詞）。*o'lmoq*「死ぬ」> *o'lik*「死体、死んだ」、*ko'rmoq*「見る」> *ko'rik*「検査、公開」→ -k², -iq, -uq, -q
-il	動詞の受動態、再帰態。*bermoq*「与える」> *berilmoq*「与えられる」、*ochmoq*「開ける」> *ochilmoq*「開く」、*yozmoq*「書く」> *yozilmoq*「書かれる」→ -l, -in, -n¹ ☞ 補遺 3.1、補遺 3.4
-im¹	1人称単数所属人称接尾辞（語末が子音で終わる場合）。*kitobim*「私の本」→ -m¹ ☞ 第4課 1.1
-im²	動詞の語幹から名詞を作る（語幹が子音で終わる場合一部の動詞）。*bilmoq*「知っている」> *bilim*「知識」、*bo'lmoq*「分ける」> *bo'lim*「部門」、*kiymoq*「着る」> *kiyim*「服」→ -m², -um
-imiz	1人称複数所属人称接尾辞（語末が子音で終わる場合）。*kitobimiz*「我々の本」→ -miz² ☞ 第4課 1.1
-imtir	色を表す形容詞に付加し、ぼけた色合いを表す（語末が子音で終わる場合）。*oq*「白い」> *oqimtir*「白っぽい」、*ko'k*「青い」> *ko'kimtir*「青っぽい」→ -mtir
-in	動詞の受動態、再帰態。*qilmoq*「する」> *qilinmoq*「なされる」、*yuvmoq*「洗う」> *yuvinmoq*「自分を洗う、入浴する」、*ko'rmoq*「見る」> *ko'rinmoq*「呈する、〜と見える」→ -n¹, -il, -l ☞ 補遺 3.1, 補遺 3.4
-ing¹	2人称単数所属人称接尾辞（語末が子音で終わる場合）。*kitobing*「君の本」→ -ng¹ ☞ 第4課 1.1
-ing²	動詞の命令形（語幹が子音で終わる場合）。一人の相手に対する丁寧な依頼・命令。*keling!*「来てください」、*menga xabar bering*「私に知らせてください」→ -ng² ☞ 第7課 3.2
-ingiz¹	2人称複数所属人称接尾辞（語末が子音で終わる場合）。*kitobingiz*「あなたの本」→ -ngiz¹ ☞ 第4課 1.1
-ingiz²	動詞の命令形（語幹が子音で終わる場合）。複数の相手に対するぞんざいな命令。*yozingiz!*「（君たちは）書きなさい！」→ -ngiz²
-inchi	数詞に付加され、序数詞をつくる（数詞が子音で終わる場合）。*bir*「1」> *birinchi*「1番目」、*uch*「3」> *uchinchi*「3番目」→ -nchi ☞ 第5課 2.3
-iq	動詞の語幹から、名詞、形容詞をつくる（語幹が子音で終わる一部の動詞）。*chaqirmoq*「呼ぶ」> *chaqiriq*「呼び出し」、*ochmoq*「開く」> *ochiq*「開いた」→ -ik, – k², -uq, -q
-ir	動詞の使役態。*uchmoq*「飛ぶ」> *uchirmoq*「飛ばす」、*o'chmoq*「（火、電灯が）消える」> *o'chirmoq*「（火、電灯を）消す」。 ☞ 補遺 3.2
-iz	動詞の使役態。*emmoq*「吸う」> *emizmoq*「吸わせる」、*oqmoq*「流れる」> *oqizmoq*「流す」、*tegmoq*「触る」> *tegizmoq*「触らせる」→ -g'iz, -qiz, -giz, -kiz ☞ 補遺 3.2
-ish¹	動名詞をつくる（語幹が子音で終わる場合）。*ichmoq*「飲む」> *ichish*「飲むこと」、*kelmoq*「来る」> *kelish*「来ること」→ -sh¹ ☞ 第10課 2
-ish²	動詞の相互態（語幹が子音で終わる場合）。「互いに〜する」「一緒に〜する」を意味する。*gapirmoq*「しゃべる」> *gapirishmoq*「（互いに）会話する」、*ko'rmoq*「見る」> *ko'rishmoq*「会う、挨拶する」。3人称複数の人間が主語の場合、しばしば述語部分で相互態が用

	いられる。*ular Buxorodan kelishdi*「彼らはブハラから来た」→ *-sh²*　☞補遺3.3
-ish³	色を表す形容詞に付加し、ぼけた色合いを表す。*oq*「白い」> *oqish*「白っぽい」、*sariq*「黄色い」> *sarg'ish*「黄色っぽい」→ *-imtir*
-k¹	人称の付属語③の1人称複数形。☞第6課1.1
-k²	動詞の語幹から、名詞、形容詞をつくる（語幹が母音で終わる一部の動詞）。*elamoq*「ふるいにかける」> *elak*「ふるい」、*bezamoq*「飾る」> *bezak*「飾り、装飾」→ *-ik, – iq, -uq, -q*
-ka	方向格接尾辞「～へ、～に」（語末が *k, g* で終わる場合）。*eshikka*「扉へ」→ *-ga, -qa*　☞第5課3
kam-	名詞に付加され「～が少ない」を意味する形容詞や副詞をつくる。*gap*「話」> *kamgap*「無口な」、*hosil*「収穫」> *kamhosil*「収穫の少ない」
-kan¹	動詞の完了形（語幹が *k, g* で終わる場合）。人称の付属語①とともに用いる→ *-gan¹, -qan¹*　☞第9課1
-kan²	過去時制形動詞（語幹が *k, g* で終わる場合）。*suvga cho'kkan tosh*「水に沈んだ石」→ *-gan², -qan²*　☞第10課3.1
-kan³	*ekan* の短縮形。→ *-kin²*
-kani	副動詞「～するために」（語幹が *k, g* で終わる場合）。*tekkani*「触るために」→ *-gani, -qani*　☞補遺4.4
-kancha	副動詞「～しながら（動作の状態、状況を表す）」（語幹が *k, g* で終わる場合）。*-kan* + 所属人称接尾辞 + *-cha* の形で用いられる。*cho'kkancha*「沈みながら」→ *-gancha, -qancha*
-kaz	動詞の使役態。*o'tmoq*「通る、過ぎる」> *o'tkazmoq*「通す、過ごす」→ *-g'az, -qaz, -gaz, -az*　☞補遺3.2
-kach	副動詞「～すると、～してから（動作の完了を表す）」（語幹が *k, g* で終わる場合）。*cho'kkach*「沈むと」→ *-gach, -qach*　☞補遺4.2
-kacha	「～まで（時間、空間）」（語末が *k, g* で終わる場合）。*eshikkacha*「ドアまで」→ *-gacha, -qacha*
-ki¹	動名詞をつくる。*tepmoq*「蹴る」> *tepki*「蹴ること」、*turtmoq*「突く、押す」> *turtki*「突くこと、押すこと」。また、*-ki* + 所属人称接尾辞 + *kelmoq* の形で、実現不確定の願望や無意識の欲求の意味を表す。→ *-gi¹, -qi¹*　☞第8課2
-ki²	時間・空間を表す副詞や名詞から形容詞をつくる。*kech*「夕方、晩」> *kechki*「夕方の、晩の」、*ich*「中、内」> *ichki*「中の、内の」→ *-gi², -qi²*
-ki³	名詞節を導く接続詞。「～ということ」の意味を表す。*men eshitdimki, do'stim kelibdi*「私は、私の友だちが来たということを聞いた」、*u aytdiki, u hozir juda band ekan*「彼は、今とても忙しいと言った」。
-kin¹	動詞の命令形（語幹が *k, g* で終わる場合）。一人の相手に対する親しみを込めた依頼・命令。*tekkin!*「触って！」→ *-gin, -qin*
-kin²	*ekan* の短縮形。→ *-kan³*
-kina¹	形容詞や副詞に付加され、その性質を弱めたり、強めたりする（語末が *k, g* で終わる場合）。*kichik*「小さい」> *kichikkina(kichkina)*「ちっちゃい」→ *-gina¹, -qina¹*
-kina²	名詞に付加され、愛称形をつくる（語末が *k, g* で終わる場合）→ *-gina², -qina²*
-kina³	名詞に付加され、「～だけ」の意味を表す（語末が *k, g* で終わる場合）。*yurakkina*「心だけ」→ *-gina³, -qina³*
-kir	名詞や動詞の語幹から形容詞をつくる。*kesmoq*「切る」> *keskir*「よく切れる、鋭い」→ *-gir, -qir, -qur¹, -g'ir*
-kiz	動詞の使役態。*bitmoq*「終わる」> *bitkizmoq*「終える」→ *-g'iz, -qiz, -giz, -iz*　☞補遺3.2
-ku	末尾にハイフンを介して付加され、強調の意を表す。*u keldi-ku*「彼は来たでしょ」、*siz bilasiz-ku*「あなたは知っていますよね」、*men-ku boraman, sen-chi?*「私は行くけど、君は？」。
-kuncha	副動詞「～するまで」（語幹が *k, g* で終わる場合）。*cho'kkuncha*「沈むまで」→ *-guncha, -quncha*　☞補遺4.3
-l	動詞の受動態、再帰態。*o'qimoq*「読む」> *o'qilmoq*「読まれる」、*so'ramoq*「尋ねる」> *so'ralmoq*「尋ねられる」→ *-il, -in, -n¹*　☞補遺3.1
-la	名詞や形容詞から動詞をつくる。*ish*「仕事」> *ishlamoq*「働く」、*oq*「白い」> *oqlamoq*「白くする」、*tayyor*「準備のできた」> *tayyorlamoq*「準備する」。
-lab	様々な語から副詞をつくる。*yaxshi*「よい」> *yaxshilab*「よく」、*yuz*「百」> *yuzlab*「数百で」、*ikki qo'llab*「両手で」。

-lan	名詞や形容詞から動詞をつくる。*yaxshi*「よい」> *yaxshilanmoq*「よくなる」、*shubha*「疑い」> *shubhalanmoq*「疑う」、*foyda*「利用、使用」> *foydalanmoq*「利用する、使用する」。
-lar	複数接尾辞。*odam*「人」> *odamlar*「人々」。 ☞第2課1
-lash	名詞や形容詞から動詞をつくる。*bir*「1」> *birlashmoq*「統合する、団結する」、*ko'mak*「助け」> *ko'maklashmoq*「助け合う」、*yaqin*「近い」> *yaqinlashmoq*「近づく」。
-li	1) 名詞から形容詞をつくる (「～を持つ」という意味を表す)。*kuch*「力」> *kuchli*「強い」、*aql*「知恵」> *aqlli*「頭のよい」。2) 語幹に -*ar* とともに付加され、動詞から形容詞をつくる。*yetmoq*「足りる」> *yetarli*「十分な」、*tushunmoq*「理解する」> *tushunarli*「理解している」。
-lik^1	1) 名詞や形容詞から抽象名詞をつくる。*do'st*「友だち」> *do'stlik*「友情」、*yosh*「若い」> *yoshlik*「青春、若さ」、*bir*「1」> *birlik*「統一」。2) 形動詞 (-*gan*, -*ayotgan*, -*yotgan*) に付加され、名詞をつくる。*uning Tokioga kelganligi haqidagi xabarni oldim*「私は、彼が東京に来たことについての知らせを受けた」。
-lik^2	1) 名詞から形容詞をつくる。*qish*「冬」> *qishlik*「冬の、冬用の」、*besh yillik plan*「5カ年計画」。2) 地名に付加され、「～出身の (人)」を意味する。*toshkentlik*「タシュケント出身者」、*amerikalik*「アメリカ人」。
-m^1	1人称単数所属人称接尾辞 (語末が母音で終わる場合)。*onam*「私の母」→ -*im*^{1} ☞第4課1.1
-m^2	人称の付属語③の1人称単数形。 ☞第6課1.1
-m^3	動詞の語幹から名詞を作る (語幹が母音で終わる一部の動詞)。*to'plamoq*「集める」> *to'plam*「選集」、*chimdimoq*「(食べ物を) つまむ」> *chimdim*「ひとつまみ」→ -*im*^{2}, -*um*
-ma^1	動詞の否定接辞。
-ma^2	動詞から形容詞や名詞をつくる。*yasamoq*「つくる」> *yasama*「作り物の」、*qovurmoq*「炒める、揚げる」> *qovurma*「炒めた、揚げた」、*qiymoq*「切る、裁つ」> *qiyma*「ひき肉」。
-ma^3	名詞の繰り返しにハイフンを介して付加され、「～から～へ」を意味する。*qo'l-ma qo'l*「手から手へ」、*eshik-ma eshik*「扉から扉へ」。
-man	1) 人称の付属語①の1人称単数形。2) 人称の付属語②の1人称単数形。 ☞第2課4.2、第3課3.2
-mas	動詞の不確定未来形 -*ar*/-*r* の否定形。人称の付属語①とともに用いる。「～ないだろう」。*u bu ishni qilmas*「彼はこの仕事をしないでしょう」→ -*ar*^{1}, -*r*^{1} ☞補遺1
-mas edi	-*ar edi*/-*r edi* の否定形。*u umuman ichmas edi*「彼は、まったく (酒を) 飲まなかった」→ -*ar edi*, -*r edi* ☞補遺1.1
-masdan	動詞の語幹に付加され、「～せずに」の意味を表す。*darsga bormasdan, kutubxonaga bordim*「私は授業に行かずに、図書館に行った」。 ☞第11課4.3
-maslik	動名詞 -*ish*/-*sh* の否定形。「～しないこと」。*bilmoq*「知っている」> *bilmaslik*「知らないこと」。→ -*ish*^{1}, -*sh*^{1} ☞第10課2
-may^1	副動詞 -*ib*/-*b* の否定形。「～せずに」。*darsga bormay, kutubxonaga bordim*「私は授業に行かずに、図書館に行った」→ -*ib*^{1}, -*b*^{1} ☞第11課4.2
-may^2	動詞の提案形単数 -*ay*/-*y* の否定形。「～しまい」。*ichmay*「飲むまい」→ -*ay*^{1}, -*y*^{3} ☞第11課3
-mi	「～か?」を意味する疑問接尾辞。*havo yaxshimi?*「天気はいいですか?」、*u keldimi?*「彼は来ましたか?」、*talabamisiz?*「あなたは大学生ですか?」。
-miz^1	1) 人称の付属語①の1人称複数形。2) 人称の付属語②の1人称複数形。 ☞第2課4.2、第3課3.2
-miz^2	1人称複数所属人称接尾辞 (語末が母音で終わる場合)。*otamiz*「我々の父」→ -*imiz* ☞第4課1.1
-mish	*emish* の短縮形。動詞の不確定未来形 -*ar*/-*r* や完了形 -*gan*/-*kan*/-*qan* などに付加され、不確実性や疑念、伝聞の意味を表す。「～らしい、～のようだ」。*u kelganmish*「彼は来たらしい」、*bugun majlis bo'larmish*「今日は会議があるらしい」。
-moq	動詞の基本形 (辞書形) を表す。また、動名詞を表す。*u qayerga bormog'i kerak?*「彼はどこに行く必要がありますか?」。
-moqda	動詞の現在進行形 (おもに文章語で)。人称の付属語①ともに用いられる。*u firmada ishlamoqda*「彼は会社で働いている」。 ☞第10課1.2
-moqchi	動詞の語幹に付加され、意向・欲求「～するつもりだ、～したい」の意味を表す。人称の付属語①ともに用いられる。*ichmoqchiman*「私は飲むつもりだ/飲みたい」。 ☞第8課2
-mtir	色を表す形容詞に付加し、ぼけた色合いを表す (語末が母音で終わる場合)。*qora*「黒い」>

	qoramtir「黒っぽい」→ -imtir
-n¹	動詞の受動態、再帰態。maqtamoq「ほめる」> maqtanmoq「自慢する」、boshlamoq「始める」> boshlanmoq「始まる」→ -in, -il, -l ☞補遺 3.1, 補遺 3.4
-n²	介入子音。指示詞 bu, u, shu などに格接尾辞 -ga, -da, -dan が付加される場合などに挿入される。bundan「これより」、unga「あれへ」。
-ng¹	2人称単数所属人称接尾辞（語末が母音で終わる場合）。otang「君の父」→ -ing¹ ☞第 4 課 1.1
-ng²	人称の付属語③の 2 人称単数形。 ☞第 6 課 1.1
-ng³	動詞の命令形（語幹が母音で終わる場合）。一人の相手に対する丁寧な依頼・命令。o'qing!「読んでください」→ -ing² ☞第 7 課 3.2
-ngiz¹	2人称複数所属人称接尾辞（語末が母音で終わる場合）。otangiz「あなたの父」→ -ingiz¹ ☞第 4 課 1.1
-ngiz²	人称の付属語③の 2 人称複数形。 ☞第 6 課 1.1
-ngiz³	動詞の命令形（語幹が母音で終わる場合）。複数の相手に対するぞんざいな命令。to'xtangiz!「（君たちは）止まりなさい！」→ -ingiz²
-ni	対象格接尾辞「～を」。bu kitobni o'qidingizmi?「あなたはこの本を読みましたか？」。 ☞第 6 課 2
-niki	名詞に付加され、「～のもの」の意味を表す。sizniki「あなたのもの」、bu mashina kimniki?「この車は誰のものですか？」。 ☞第 4 課 1.4
-ning	所有格接尾辞「～の」。bizning uyimiz「我々の家」、uning mashinasi「彼の車」。 ☞第 4 課 1
no-	形容詞や副詞、名詞に付加され「～のない」（否定）を意味する形容詞や副詞をつくる。to'g'ri「正しい」> noto'g'ri「正しくない、誤った」、rozi「同意した；満足した」> norozi「不同意の；不満な」。
-nchi	数詞に付加され、序数詞をつくる（数詞が母音で終わる場合）。yetti「7」> yettinchi「7 番目」、yigirma「20」> yigirmanchi「20 番目」→ -inchi ☞第 5 課 2.3
-oq	動詞から形容詞や名詞をつくる。qo'rqmoq「恐れる」> qo'rqoq「臆病な」、baqirmoq「叫ぶ、怒鳴る」> baqiroq「やかましい」。
-ov	動名詞をつくる（語幹が子音で終わる一部の動詞）→ -v, -uv, -yov
-q	動詞の語幹から、名詞、形容詞をつくる（語幹が母音で終わる一部の動詞）。og'rimoq「痛む」> og'riq「痛み」→ -ik, -k², -iq, -uq
-qa	方向格接尾辞「～へ、～に」（語末が q, g' で終わる場合）。toqqa「山へ」→ -ga, -ka ☞第 5 課 3
-qan¹	動詞の完了形（語幹が q, g' で終わる場合）。人称の付属語①とともに用いる→ -gan¹, -kan¹ ☞第 9 課 1
-qan²	過去時制形動詞（語幹が q, g' で終わる場合）。chiqqan odam「出た人」→ -gan², -kan² ☞第 10 課 3.1
-qan edi	動詞の過去完了形（語幹が q, g' で終わる場合）→ -gan edi, -kan edi ☞第 9 課 1
-qani	副動詞「～するために」（語幹が q, g' で終わる場合）。chiqqani「出るために」→ -gani, -kani ☞補遺 4.4
-qancha	副動詞「～しながら（動作の状態、状況を表す）」（語幹が q, g' で終わる場合）。-qan + 所属人称接尾辞 + -cha の形で用いられる。u chiqqanicha「彼は出ながら」→ -gancha, -kancha
-qaz	動詞の使役態。tutmoq「つかむ」> tutqazmoq「つかませる」→ -g'az, -gaz, -kaz, -az ☞補遺 3.2
-qach	副動詞「～すると、～してから（動作の完了を表す）」（語幹が q, g' で終わる場合）。ko'chaga chiqqach sumkamni ochdim「私は通りに出てから鞄を開けた」→ -gach, -kach ☞補遺 4.2
-qacha	「～まで（時間、空間）」（語末が q, g' で終わる場合）。qishloqqacha「村まで」→ -gacha, -kacha
-qi¹	動名詞をつくる。tutatmoq「焚きつける」> tutatqi「焚きつけ」。また、-qi + 所属人称接尾辞 + kelmoq の形で、実現不確定の願望や無意識の欲求の意味を表す。→ -gi¹, -ki¹
-qi²	時間・空間を表す副詞や名詞から形容詞をつくる。ort「後ろ」> ortqi「後ろの」→ -gi², -ki²
-qil	→ -qin
-qin	動詞の命令形（語幹が q, g' で終わる場合）。一人の相手に対する親しみを込めた依頼・命令。chiqqin!「出て！」→ -gin, -kin¹
-qina¹	形容詞や副詞に付加され、その性質を弱めたり、強めたりする（語末が q, g' で終わる場合）

	→ -gina¹, -kina¹
-qina²	名詞に付加され、愛称形をつくる（語末が q, gʻ で終わる場合）→ -gina², -kina²
-qina³	名詞に付加され、「～だけ」の意味を表す（語末が q, gʻ で終わる場合）→ -gina³, -kina³
-qir	名詞や動詞の語幹から形容詞をつくる。chopmoq「駆ける」 > chopqir「足の速い」→ -gir, -kir, -qur¹, -gʻir
-qiz	動詞の使役態。yotmoq「横たわる」 > yotqizmoq「横たえる」→ -gʻiz, -giz, -kiz, -iz ☞補遺 3.2
-quncha	副動詞「～するまで」（語幹が q, gʻ で終わる場合）。chiqquncha「出るまで」→ -guncha, -kuncha ☞補遺 4.3
-qur¹	名詞や動詞の語幹から形容詞をつくる。uchmoq「飛ぶ」 > uchqur「速く飛ぶことのできる、飛ぶように速い」→ -gir, -kir, -qir, -gʻir
-qur²	動詞の語幹に付加され、願望の意味を表す（しばしば呪いの意味を込めて）→ -gur
-r¹	動詞の不確定未来形（語幹が母音で終わる場合）。人称の付属語①とともに用いる。否定形は -mas。u bu kitobni oʻqir「彼はこの本を読むでしょう」→ -ar¹ ☞補遺 1
-r²	現在・未来時制形動詞（語幹が母音で終わる場合）。否定形は -mas → -ar²
-r edi	1) 過去の習慣（語幹が母音で終わる場合）。u bu yerda ishlar edi「彼はここで働いていた」。否定形は -mas edi。短縮形は、それぞれ -rdi, -masdi。2) 反実仮想の帰結節で。agar vaqtim boʻlsa, oʻqir edim「もし時間があれば、私は読むのに（実際は読まない）」→ -ar edi ☞補遺 1.1-2
-roq	形容詞や副詞の比較級。yaxshi「よい／よく」 > yaxshiroq「よりよい／よりよく」、tez「速い／速く」 > tezroq「より速い／より速く」。☞第 8 課 3.1
-sa	動詞の仮定形。人称の付属語③とともに用いる。Sanjar kelsa, menga ayting「サンジャルが来たら、私に言ってください」。☞第 12 課 1
-san	1) 人称の付属語①の 2 人称単数形。2) 人称の付属語②の 2 人称単数形。☞第 2 課 4.2、第 3 課 3.2
ser-	名詞に付加され「～が多い、～に満ちた」を意味する形容詞や副詞をつくる。gap「話」 > sergap「おしゃべりな」、quyosh「太陽」 > serquyosh「太陽が燦々と照る」。
-si	3 人称所属人称接尾辞（語末が母音で終わる場合）。uning otasi「彼の父」→ -i¹ ☞第 4 課 1.1
-sin	動詞の願望形。yomgʻir yogʻsin「雨が降りますように」。☞第 12 課 2
-siz¹	1) 人称の付属語①の 2 人称複数形。2) 人称の付属語②の 2 人称複数形。☞第 2 課 4.2、第 3 課 3.2
-siz²	名詞に付加され、欠如を表す形容詞や副詞をつくる。「～のない」「～なしに」を意味する。kuch「力」 > kuchsiz「弱い」、maza「味」 > mazasiz「味のない」。
-t	動詞の使役態。toʻxtamoq「止まる」 > toʻxtatmoq「止める」、ozaymoq「減る」 > ozaytmoq「減らす」。☞補遺 3.2
-ta	助数詞「～個、～人」（物にも人にも用いられる）。biznikiga uchta odam keldi「我々のところに 3 人の人が来た」、ikkita olma bering「2 つリンゴをください」。☞第 5 課 2.2
-ti	→ -di² ☞第 10 課 1.1
-tir	動詞の使役態。tushunmoq「理解する」 > tushuntirmoq「理解させる、説明する」、tanishmoq「知り合う」 > tanishtirmoq「紹介する」。→ -dir⁴ ☞補遺 3.2
-u¹	接続詞「～と」（語末が子音で終わる場合）。u soat oʻnu yigirmada keladi「彼は 10 時 20 分に来ます」、noku olma「ナシとリンゴ」→ -yu¹ ☞第 11 課 2
-u²	末尾にハイフンを介して付加され、強調の意を表す（語末が子音で終わる場合）→ -yu²
-um	動詞の語幹から名詞を作る。unmoq「育つ」 > unum「収穫」→ -im², -m²
-uq	動詞の語幹から、名詞、形容詞をつくる（語幹に u, yu を含み、かつ子音で終わる一部の動詞）。buzmoq「壊す」 > buzuq「壊れた」、buyurmoq「命じる」 > buyruq「命令」→ -ik, -k², -iq, -q
-uv	動名詞をつくる（語幹が子音で終わる一部の動詞）。yozmoq「書く」 > yozuv「書くこと、文字体系」→ -v, -ov, -yov
-v	動名詞をつくる（語幹が母音で終わる一部の動詞）。saylamoq「選ぶ」 > saylov「選ぶこと、選挙」、oʻqimoq「読む、学ぶ」 > oʻquv「読むこと、学習」→ -ov, -uv, -yov
-ver	補助動詞 bermoq の転訛形。副動詞 -a/-y とともに用い、動作の継続、反復の意味を表す。gapiravering!「話し続けてください」、oʻqiyverdi「彼は読み続けた」☞補遺 5.2
-y¹	動詞の現在・未来形（語幹が母音で終わる場合）。人称の付属語②とともに用いる。kitob

	o'qiyman「私は本を読む」→ *-a*¹　☞第3課3.2
-y²	動詞の提案形単数（語幹が母音で終わる場合）。*o'qiy*「私は読もう」→ *-ay*¹　☞第11課3.1
-y³	副動詞「〜しながら、〜しつつ」（語幹が母音で終わる場合）。しばしば、二つ重ねて用いられる。*o'qiy-o'qiy*「読みつつ」→ *-a*²　☞補遺4.1
-ya	述語にハイフンを介して付加され、感嘆や疑問を表す（語末が母音で終わる場合）→ *-a*⁴
-yajak¹	動詞の確定未来形（語幹が母音で終わる場合）。人称の付属語①とともに用いる。*u ertaga ishni boshlayajak*「彼は明日（必ず）仕事を始める」→ *-ajak*¹
-yajak²	未来時制形動詞（語幹が母音で終わる場合）→ *-ajak*²
-yap	動詞の現在進行形。人称の付属語②とともに用いる。*yozyapman*「私は書いているところです」、*u hozir firmada ishlayapti*「彼は現在会社で働いている」。　☞第10課1.1
-ydigan	現在・未来時制形動詞（語幹が母音で終わる場合）。*o'qiydigan odam*「読む人」。　☞第10課3.2
-ylik	動詞の提案形複数（語幹が母音で終わる場合）。*boshlaylik*「我々は始めましょう」→ *-aylik*　☞第11課3.2
-yotgan	現在進行時制形動詞（語幹が母音で終わる場合）。*o'qiyotgan odam*「読んでいる人」→ *-ayotgan*　☞第10課3.3
-yotir	動詞の現在進行形（語幹が母音で終わる場合）。人称の付属語①とともに用い、おもに文章語で使われる。*kitob o'qiyotirman*「私は本を読んでいる」→ *-ayotir*
-yov	動名詞をつくる。*bo'yamoq*「色を塗る」> *bo'yov*「色を塗ること、塗料」→ *-v, -ov, -uv*
-yu¹	接続詞「〜と」（語末が母音で終わる場合）。*u soat ikkiyu o'nda keladi*「彼は2時10分に来ます」→ *-u*¹　☞第11課2
-yu²	末尾にハイフンを介して付加され、強調の意を表す（語末が母音で終わる場合）→ *-u*²
-g'az	動詞の使役態。*to'ymoq*「満腹する」> *to'yg'azmoq*「満腹させる」→ *-gaz, -giz, -kaz, -kiz, qiz, -g'iz*
-g'ir	名詞や動詞の語幹から形容詞をつくる → *-gir, -kir, -qir, -qur*¹
-g'iz	動詞の使役態。*turmoq*「立つ」> *turg'izmoq*「立たせる」→ *-qiz, -giz, -kiz, -iz*
-sh¹	動名詞をつくる（語幹が母音で終わる場合）。*o'qimoq*「読む、学ぶ」> *o'qish*「読むこと、学ぶこと」、*to'xtamoq*「止まる」> *to'xtash*「止まること、停止」→ *-ish*¹　☞第10課2
-sh²	動詞の相互態（語幹が母音で終わる場合）。*tanimoq*「（人などを）知っている、認識している」> *tanishmoq*「知り合う」。3人称複数の人間が主語の場合、しばしば述語部分で相互態が用いられる。→ *-ish*²　☞補遺3.3
-cha¹	名詞に付加され、形容詞や副詞、新たな名詞をつくる。「〜風、〜式」といった意味を表す。*o'zbek*「ウズベク人」> *o'zbekcha*「ウズベク風の／に、ウズベク語」、*farg'onacha palov*「フェルガナ風ピラフ」、*menimcha*「私としては」、*bilganingizcha*「あなたの知るかぎり」、*qahramonlarcha*「勇者として、勇者らしく」、*yuzlarcha*「何百もの」。
-cha²	名詞の指小形。*kitob*「本」> *kitobcha*「小冊子」。
-chak	→ *-choq*
-chan	名詞に付加され、形容詞をつくる。*ish*「仕事」> *ishchan*「勤勉な」、*uyat*「恥じらい」> *uyatchan*「控えめな、シャイな」。
-chi¹	名詞に付加され、「〜する人」、職業などを表す。*ish*「仕事」> *ishchi*「労働者」、*temir*「鉄」> *temirchi*「鍛冶屋」、*yozuv*「書くこと」> *yozuvchi*「作家」。
-chi²	名詞にハイフンを介して付加され、「〜は？」といった疑問を表す。*Sanjar-chi?*「（そういえば）サンジャルは？」、*men boraman, sen-chi?*「私は行くけど、君は？」。
-chi³	動詞の命令形や提案形に付加され、強調を意味する。*oching-chi!*「開けてください！」、*boray-chi!*「さあ、私は行こう！」。
-choq	指小形名詞をつくる。*qo'zi*「子羊」> *qo'zichoq*「子羊ちゃん」、*o'yin*「遊び」> *o'yinchoq*「おもちゃ」→ *-chak*

【基礎語彙集】

※ロシア語起源の単語にはアクセントの位置を示してあります。ただし、通常はアクセント記号は表記されません。

ウズベク語（キリル文字） → 日本語

А

аввал	まず、最初に
а́вгуст	8月
авто́бус	バス
автобус бекати	バス停
агар	もし
адабиёт	文学
адашмоқ	間違える；迷う
аёл	女性
ажрашмоқ	別れる；離婚する
азиз	親愛なる
айб	罪
айланмоқ	回る；散歩する、ぶらつく
айниқса	とくに
айтмоқ	言う、告げる
ака	兄
ака-ука	兄弟
албатта	もちろん；必ず、ぜひ
алдамоқ	だます
аллақачон	すでに
алмаштирмоқ	交換する；両替する
алоқа	関係；通信
алоҳида	別々に、個々に
амаки	おじ（父方）
амалга оширмоқ	実行する
америкалик	アメリカ人
амма	おば（父方）
аммо	しかし
А́нглия	イギリス
аниқ	明確な；正確な
анор	ザクロ
анъана	伝統
апре́ль	4月
аралаштирмоқ	混ぜる
ароқ	ウォッカ
арзон	安い
а́рмия	軍隊
арча	モミの木
асал	ハチミツ
асар	作品
асос	基礎、根拠
асосан	基本的に
асосий	基本的な
аср	世紀
атамоқ	〜と呼ぶ、名づける
атроф	周り、周辺
афсуски	残念ながら
ачиқ-чучук	アチクチュチュク（トマトサラダ）
аччиқ	からい；苦い
ашула айтмоқ	歌う
аэропо́рт	空港
ақлли	賢い、頭のいい
ақлсиз	頭の悪い、知性のない
АҚШ (Аме́рика Қўшма Штатлари)	アメリカ合衆国
аҳмоқ	馬鹿な
аҳоли	人口

Б

бажармоқ	実行する
базм	パーティー、祝宴
байрам	祭
байроқ	旗
баланд	高い（位置）
балиқ	魚
балки	たぶん、おそらく（文頭で）
банд	忙しい；占められた
ба́нк	銀行
барг	葉
бармоқ	指
бахтли	幸せな、幸福な
бахтсиз	不幸せな、不幸な
баъзан	ときどき
баъзи	一部の
баъзида	ときどき
баҳор	春
баҳс	議論
баҳслашмоқ	議論する
безовта қилмоқ	じゃまする、迷惑をかける
бекат	停留所、（地下鉄）駅
бемаза	まずい
бемалол	自由に、気の向くままに
бемаъни	無意味な
бемор	病人
бепул	無料の
бермоқ	与える

бет	ページ	буюрмоқ	命令する、注文する
бечора	かわいそうな	буюртма	注文、オーダー
беш	5	буғдой	小麦
биз	私たち	бўй	香り
билан	～と；～でもって（手段）	бўлим	課、部署
билдирмоқ	知らせる	бўлмоқ¹	なる
билéт	切符、チケット	бўлмоқ²	分ける
билим	学問、知識	бўш	暇な；空いている
билмоқ	知る、知っている		

В

бино	建物
бир	1
бир оз	[副] 少し（時間）
бирга	一緒に
биргаликда	一緒に、みんなで
бирданига	突然
биринчи	1番目；まず、最初に
битмоқ	終わる
бобо	おじいさん〈呼びかけ〉
бодринг	キュウリ
бозор	市場
бой	金持ちの、裕福な
бола	子ども
бор	～がある
бормоқ	行く
босмоқ	踏む；押す
босқич	学年〈大学・高校〉；段階
бош	頭
бош кийим	帽子
бошқа	別の、他の；別に、他に
бошламоқ	始める
бошланмоқ	始まる
бошлиқ	長、主任
боғ	庭；公園、遊園地
боғламоқ	結ぶ
боғча	幼稚園
брóн	予約
бу	これ、この
бува	祖父
буви	祖母
бугун	今日
буддúзм	仏教
бузилмоқ	壊れる
бузмоқ	壊す、割る
бузуқ	壊れた
буйруқ	命令
булут	雲
булутли	曇りの
бурилмоқ	曲がる
бурун	鼻
бурчак	角（かど）
бутун	すべての、まるごとの
бутунлай	完全に
Бухорó	ブハラ（地名）
буюк	偉大な

ва	～と、そして
вазир	大臣
вазифа	課題
вазият	状況
вáнна	風呂
ватан	祖国、故郷
ваъда	約束
ваъда бермоқ	約束する
вақт	時間、時刻
велосипéд	自転車
вúза	ビザ
вúлка	フォーク
вилоят	州
винó	ワイン
вокзáл	駅（ターミナル駅）
воқеа	出来事、事件

Г

-га	～へ、～に
гáз	ガス
газ сув	炭酸水
гáлстук	ネクタイ
гап	話
гапирмоқ	話す
гаплашмоқ	会話する、話す
-гача	～まで
Гермáния	ドイツ
гилам	絨毯
гилос	サクランボ
грáдус	度（温度、角度）
грáмм	グラム
грúпп	インフルエンザ
гугурт	マッチ
гул	花
гуруҳ	グループ
гуруч	米
гўшт	肉

Д

-да	～で、～に
давлат	国家
давлéния	高血圧
даволамоқ	治療する
даволанмоқ	治療を受ける

давом	継続	етказмоқ	届ける
давом этмоқ	続く；続ける	етмиш	70
-даги	〜にある	етмоқ	届く；足りる
дада	おとうさん〈呼びかけ〉	етти	7
дала	畑		

Ё

дам олмоқ	休む、休憩する	ёз	夏
-дан	〜から、〜より	ёзмоқ	書く
дангаса	怠け者の	ёзувчи	作家
даража	度（温度、角度）	ёки	〜か、あるいは
дарахт	木	ёлғон	うそ
дарё	川	ёмғир	雨
дарс	授業	ёмон	悪い
дастурхон	テーブルクロス、食布	ёмон кўрмоқ	嫌う
дафтар	ノート	ён	傍ら、そば
дақиқа	分	ёпилмоқ	閉まる
девор	壁	ёпмоқ	閉める；覆う
декáбрь	12月	ёрдам	援助、助け
демоқ	言う	ёрдам бермоқ	手伝う、支援する
денгиз	海	ёруғ	明るい
дераза	窓	ётмоқ	横になる、横たわる
десе́рт	デザート	ётоқхона	寝室；寮
деярли	ほとんど	ёш	若い；年齢；若者
деҳқон	農民	ёқимли	気にいった、心地よい
дива́н	ソファー	ёқимсиз	気にいらない、不愉快な
дим	蒸し暑い	ёқмоқ[1]	（火・電灯を）つける
димлама	ディムラマ（肉と野菜の蒸し煮）	ёқмоқ[2]	気にいる［-га］
		ёғ	油
дин	宗教	ёғмоқ	降る
диққат	注意	ёғоч	木材、木（材質）
доим	いつも		

Ж

доимо	ずっと、永遠に	жавоб	答え、返答
до́ктор	医師	жамият	社会
до́ллар	ドル	жануб	南
домла	大学教員、先生〈呼びかけ〉	Жанубий Коре́я	韓国
дона	〜個	жаҳон	世界
дори	薬	же́мпер	セーター
дори ичмоқ	薬を飲む	жим	静かに、黙って
дорихона	薬局	жиҳат	側面、観点
доска́	黒板	жой	場所、ところ
дунё	世界	жойлашмоқ	位置する
ду́ш	シャワー	жомадон	スーツケース
душанба	月曜日	жуда	とても
душман	敵	жума	金曜日
ду́кон	商店	журна́л	雑誌
дӯппи	ドッピ（民族帽）	журнали́ст	ジャーナリスト
дӯст	友だち、友人	жўнатмоқ	送る
дӯстлик	友情		

Е

З

Евро́па	ヨーロッパ	заво́д	工場
емоқ	食べる	зажига́лка	ライター
елка	肩	зака́з	注文、オーダー、予約
енгил	軽い；簡単な	за́л	ホール
ер	土地、場所、地面		

зарарли	有害な	йиғламоқ	泣く
зарур	必要な	йиғмоқ	集める
зерикарли	退屈な、つまらない	йўл	道
зилзила	地震	йўқ [1]	いいえ
зина	階段	йўқ [2]	～がない
зира	クミン（香辛料）	йўқолмоқ	なくなる
		йўқотмоқ	なくす

И

[-дан] иборат	～から成る
идора	事務所、オフィス
иéна	日本円
иерóглиф	漢字、象形文字
изламоқ	探す
икки	2
илгари	かつて、以前に；～以前、～の前に [-дан]
илиқ	暖かい
илтимос	どうか（依頼）
иморат	建物
имтиҳон	試験、テスト
ингичка	薄い、細い
инглиз	イギリス人
индинга	あさって
инсон	人、人間
институ́т	単科大学；研究所
ипак	絹
ислом	イスラーム
исм	名前
испан	スペイン人
Испáния	スペイン
иссиқ	熱い、暑い
истамоқ	欲する
ит	犬
ифлос	汚い
ич	中
ичимлик	飲み物
ичкари	中、内側
ички кийим	下着
ичмоқ	飲む
иш	仕事
ишламоқ	働く；動く
ишлатмоқ	使う、使用する；働かせる
ишонмоқ	信じる
ишхона	職場
ишчан	勤勉な
ишчи	労働者
иýль	7月
иýнь	6月
иқтисод	経済

Й

йигирма	20
йигит	青年、若者（男性）
йил	年

К

каби	～のような；～のように
кабоб	シャシリク、ケバブ（串焼き肉）
календáрь	カレンダー
калит	鍵
кам	少ない、少し
камаймоқ	減る
камайтирмоқ	減らす
камбағал	貧しい
канѝкул	長期休暇
карам	キャベツ
кáрточка	カード
картóшка	ジャガイモ
касал	病気の；病気；病人
касаллик	病気
касалхона	病院
касбдош	同僚
касб-ҳунар	職業
кáсса	レジ；切符売り場
катта	大きい
кафé	カフェ
кáфедра	学科
кашнич	コリアンダー（香草）
квартѝра	アパート
кейин	あとで、次に [副]
кейинги	次の [形]
келажак	将来、未来
келмоқ	来る
кенг	広い
керак	必要である [述語]
керакли	必要な
кесмоқ	切る
кетмоқ	去る
кеч	遅い（時間）；遅く
кеча	昨日
кечаси	夜に [副]
кечикмоқ	遅れる
кечирмоқ	赦す
кечки овқат	夕食
кечқурун	夕方、夜
кийим	服、衣類
киймоқ	着る
килó	キログラム
килогрáмм	キログラム
километр	キロメートル

ким	誰		**Л**
кино́	映画	лағмон	ラグマン（肉うどん）
кинотеа́тр	映画館	лекин	しかし
кир	汚い	ликопча	皿
киргизмоқ	入れる	ли́фт	エレベーター
кириш	入口	луғат	辞書
кирмоқ	入る		**М**
китоб	本		
кичик	小さい	мабодо	万が一
кичкина	小さい	магази́н	商店
киши	人	маданият	文化
колбаса́	ソーセージ、ハム	мажбур	～しなければならない
колле́ж	専門学校、職業高校	мажлис	会議
компью́тер	コンピューター	маза	味
конце́рт	コンサート	мазали	おいしい
корейс	韓国人	ма́й	5月
корхона	会社；工場	майда	細かい
коса	どんぶり	майиз	干しブドウ
костю́м-шим	スーツ（男性）	мактаб	学校
костю́м-ю́бка	スーツ（女性）	мамлакат	国
котле́т	ハンバーグ、メンチカツ	манзил	住所
ко́фе	コーヒー	манти	マントゥ（蒸し餃子）
крова́ть	ベッド	маош	給料
куз	秋	марказ	中心、センター
кузатмоқ	見送る	ма́рт	3月
куйламоқ	歌う	марта	～回
кул	灰	маршру́тка	乗合いタクシー
кулмоқ	笑う	марҳамат	どうぞ（勧誘）
кумуш	銀	масала	問題（数学などの）；案件
кун	日	масалан	たとえば
кундузи	昼間に	масжид	モスク
ку́рс	学年〈大学・高校〉	маслаҳат	助言、アドバイス
ку́ртка	ジャケット、上着	маслаҳатлашмоқ	相談する
кутмоқ	待つ	махсус	特別な
кутубхона	図書館、図書室	маши́на	車
кучли	強い	машҳур	有名な
кучсиз	弱い	маълум	明らかな
кўз	目	маълумот	情報、データ
кўзойнак	メガネ	маъно	意味
кўйлак	シャツ；ワンピース	мақсад	目的
кўк	青い；緑の	мева	果物
кўкат	香味野菜	мен	私
кўл	湖	меню́	メニュー
кўнгил	心	ме́тр	メートル
кўнгилли	ボランティア	метро́	地下鉄
кўп	多い、たくさん	меҳмон	客
кўпаймоқ	増える	меҳмонхона	ホテル；客間
кўпайтирмоқ	増やす	меҳрибон	親切な
кўпинча	たいてい、普段	мили́ция	警察
кўприк	橋	миллат	民族
кўрмоқ	見る	миллий	伝統的な、民族的な
кўрсатмоқ	見せる	миллио́н	百万
кўтармоқ	上げる	минг	1000
кўча	通り		

минмоқ	乗る	овқатланмоқ	食事する
минтақа	地域	одам	人
минýт	分	одат	習慣
мис	銅	одатда	たいてい、普段
мол	牛〈総称〉	оддий	普通の
момо	おばあさん〈呼びかけ〉	оёқ	足
морожний	アイスクリーム	оёқ кийим	靴
мотоци́кл	オートバイ	оз	少ない、少し
мош	緑豆	озгина	［副］少し
муаммо	問題（やっかいごと）	озиқ-овқат	食料品
муз	氷	озмоқ	やせる
музéй	博物館	озғин	やせた
музлатгич	冷蔵庫	ой	月
музқаймоқ	アイスクリーム	оила	家族
мумкин	可能な	ойи	おかあさん〈呼びかけ〉
муносабат	関係；態度	ойна	ガラス、鏡
мураббо	ジャム	октя́брь	10月
мусиқа	音楽	олд	前（位置）
мусулмон	ムスリム	олдин	～前（時間）；［副］以前に
мутахассис	専門家	Оллоҳ	アッラー
мутлақо	まったく～ない（否定文で）	олма	リンゴ
мушук	猫	олмоқ	取る、受け取る
муҳим	重要な	олов	火
		олти	6
Н			олтин	金
Наврўз	ナウルーズ（春分祭）	олтмиш	60
намоз	礼拝	она	母
нарса	物	опа	姉
нарх	値段	опа-сингил	姉妹
натижа	結果；結論	ора	あいだ
невара	孫	орзу	望み、願望
нега	なぜ	орол	島
немис	ドイツ人	орқа	背中；後ろ（位置）
неча	いくつ	Осиё	アジア
нечта	何個	осмон	空
-ни	～を	осон	簡単な
-ники	～のもの	ост	下
нима	なに	от	馬
нима учун	なぜ	ота	父
нимага	なぜ	ота-она	父母
-нинг	～の	официа́нт	ウェイター
ният	意図、意志	официа́нтка	ウェイトレス
нок	ナシ（梨）	охир	最後
нóль	ゼロ	очки́	メガネ
нон	ナン	очмоқ	開く；開ける
нонушта	朝食	ош	プロフ（ピラフ）
нотўғри	間違った、正しくない	ошпаз	コック、料理人
ноя́брь	11月	ошхона	食堂；台所
ноқулай	不便な	оқ	白い
нуқта	点	оғиз	口
		оғир	重い
О				
об-ҳаво	天気、気候	**П**	
овқат	食べ物、食事	пайт	とき

пайшанба	木曜日	самолёт	飛行機
палов	プロフ（ピラフ）	сана	日付
пальто́	コート	санамоқ	数える
парда	カーテン	сантиме́тр	センチメートル
па́рк	公園、遊園地	санъат	芸術
па́спорт	パスポート	сариёғ	バター
паст	低い	сариқ	黄色い
пахта	綿	сафар	旅；〜回、〜度
пашша	ハエ	све́т	電気
пешин	正午	светофо́р	信号機
пи́во	ビール	севги	愛
пиёда	徒歩で、歩いて	севмоқ	愛する
пиёз	タマネギ	сезмоқ	気づく、感じる
пиёла	茶碗	секин	遅い（速度）；ゆっくり
пичоқ	ナイフ	секу́нд	秒
пиширмоқ	料理する、調理する	семиз	太った
по́езд	列車	семирмоқ	太る
пойтахт	首都	сен	君、おまえ
помидо́р	トマト	сентя́брь	9月
по́чта	郵便局、郵便	сешанба	火曜日
президе́нт	大統領	сигаре́т	タバコ
профе́ссор	教授	сигир	牛〈雌〉
пул	お金、金銭	сиз	あなた
пулли	有料の	-сиз	〜なしに；〜のない
		сингил	妹
Р		синдирмоқ	壊す、割る、折る
рамазон	ラマダン（断食月）	синтои́зм	神道
ранг	色	синф	学年〈小・中〉、クラス
рангли	カラーの	синфхона	教室
расм	写真	соат	時計；〜時；〜時間
рақам	番号	совға	プレゼント、土産
раҳмат	ありがとう	совуқ	冷たい、寒い
респу́блика	共和国	содда	単純な
рестора́н	レストラン	солмоқ	入れる
ривожланмоқ	発展する	сомса	サムサ（ミートパイ）
Росси́я	ロシア	сон	数；番号
рус	ロシア人	сония	秒
рухсат	許可、許し	соси́ска	ウインナーソーセージ
ру́чка	ペン	сотиб олмоқ	買う
рўйхат	リスト	сотмоқ	売る
		сотувчи	販売員、売り手
С		соч	髪
сабаб	理由	сочиқ	タオル
сабзавот	野菜	соя	影
сабзи	ニンジン	соғинмоқ	恋しがる
савдо	商売、商業	соғлик	健康
савол	質問	соғлом	健康な
савол бермоқ	質問する	спо́рт	スポーツ
саёҳат	旅行	стака́н	コップ
саккиз	8	ста́нция	（地下鉄などの）駅
саксон	80	сто́л	机
сала́т	サラダ	сту́л	いす
салқин	涼しい	сув	水
Самарқанд	サマルカンド（地名）	су́мка	かばん、バッグ

суннат тўйи	割礼式	тез	速い；速く
супермáркет	スーパー	текин	無料の
сурат	写真	текширмоқ	確かめる、チェックする
сут	牛乳	телевúзор	テレビ
суҳбат	会話	телефóн	電話
суҳбатлашмоқ	会話する	темир	鉄
суяк	骨	температýра	熱
сўз	単語	тенг	等しい、同じ
сўзана	スザニ（伝統刺繍）	тери	皮膚
сўм	ソム〈ウズベキスタンの通貨〉	тескари	逆、反対側
[-дан] сўнг	～以後、～の後に（時間）	тéст	試験、テスト
сўрамоқ	尋ねる；頼む [-дан]	тил	言語；舌
		тилла	金

Т

-та	～個；～人（助数詞）	тингламоқ	聴く、耳を傾ける
табиат	自然	тинч	平穏な
табрикламоқ	祝う	тинчлик	平和
таг	下、底	тиш	歯
тайёр бўлмоқ	できあがる、仕上がる	товуқ гўшти	鶏肉
тайёр қилмоқ	準備する	тожик	タジク人
тайёрламоқ	準備する	Тожикистон	タジキスタン
таклиф қилмоқ	招待する	тоза	きれいな、清潔な
таксú	タクシー	тозаламоқ	きれいにする、掃除する
талаб	要求	тóк	電流、電気
талаба	学生	томон	～側、方面、方向
талаффуз	発音	топмоқ	みつける
тана	体	тор	狭い
танаффус	休憩	тортмоқ	引っぱる、引く
таниш	知り合い	тош	石
танишмоқ	知り合う	Тошкент	タシュケント（地名）
таништирмоқ	紹介する	тоғ	山
танламоқ	選ぶ	тоға	おじ（母方）
танқид	批判、非難	трамвáй	路面電車
таом	料理	троллéйбус	トロリーバス
таомнома	メニュー	туалéт	トイレ
тараф	方向	тугамоқ	終わる
тарбияламоқ	教育する、育てる	тугатмоқ	終える
тарвуз	スイカ	тугма	ボタン
тарéлка	皿	туз	塩
таржима	翻訳	тузалмоқ	治る、直る
таржимон	通訳	тузатмоқ	直す、修理する
тарих	歴史	тун	夜中
тарихий	歴史的な	тупроқ	土
тасодифан	偶然に	туркман	トルクメン人
тахминан	だいたい、およそ	Туркманистон	トルクメニスタン
ташқари	外；～以外、～のほかに [-дан]	турли	さまざまな
		турмоқ	立つ
ташламоқ	捨てる	турмушга чиқмоқ	（女性が）結婚する [-га]
таълим	教育	туфайли	～のおかげで、～のせいで
таъмир	修理	тýфли	靴
таъсир	影響	тухум	卵
таътил	長期休暇	тушки овқат	昼食
теáтр	劇場	тушлик	昼食
тегмоқ	触る	тушмоқ	落ちる；降りる
		тушунмоқ	理解する

231

тушунтирмоқ	説明する、理解させる	фарш	ひき肉
туя	らくだ	Фарғона	フェルガナ（地名）
туғилмоқ	生まれる	фасл	季節
туғмоқ	産む	фақат	〜だけ、〜のみ
тўй	（結婚や割礼の）祝宴	февраль	2月
тўймоқ	満腹する	фикр	考え、意見
тўламоқ	支払う	фирма	会社
тўлқин	波	фойдаланмоқ	使う［-дан］
тўпламоқ	集める	фойдали	役に立つ
тўпланмоқ	集まる	фоиз	パーセント
тўрт	4	фотоаппарат	カメラ
тўсатдан	突然	Франция	フランス
тўхтамоқ	止まる、止む	француз	フランス人
тўқсон	90	футбол	サッカー
тўққиз	9	футболка	Tシャツ
тўғри	正しい；まっすぐ	фуқаро	国民
		фуқаролик	国籍

У

у	あれ、あの；彼、彼女
узайтирмоқ	延長する；長くする
уже́	すでに
узоқ	遠い
узр	謝罪
узум	ブドウ
узун	長い
уй	家
уй вазифаси	宿題
уй иши	宿題
уйланмоқ	（男性が）結婚する［-га］
уйғонмоқ	目覚める
ука	弟
укроп	ディル（香草）
уксус	酢
умуман	まったく〜ない（否定文で）
ун	小麦粉
университет	総合大学
унутмоқ	忘れる
унча	それほど
уришмоқ	けんかする；叱る
уруш	戦争
урф-одат	習慣、習俗
уст	上
ухламоқ	眠る、寝る
уч	3
учмоқ	飛ぶ
учрашмоқ	会う
учун	〜のために、〜にとって
уят	恥、恥じらい

Х

хабар	知らせ、ニュース
хавфли	危険な
хаёл	空想、考え
хайрлашмоқ	別れの挨拶をする
халақит бермоқ	じゃまする
халқ	人々、民衆、人民
харид	買い物
харита	地図
хат	手紙
хато	間違い、誤り
хафа бўлмоқ	悲しむ、がっかりする；腹を立てる［-дан］
Хива	ヒヴァ（地名）
хиёбон	広場、小公園
хизматчи	サラリーマン
Хитой	中国
хитойлик	中国人
хобби	趣味
хола	おば（母方）
холодильник	冷蔵庫
хом	生の
хона	部屋
хонадон	アパート
Хоразм	ホラズム（地名）
хотин	妻
христиан дини	キリスト教
худо	神
хурсанд	うれしい
хурсанд бўлмоқ	喜ぶ

Ф

факультет	学部
фан	科目；学問
фарқ	違い、相違
фаррош	清掃員

Ц

центр	中心、センター
цирк	サーカス

	Ч		шукр	感謝
чанг	ほこり		шубҳа	疑い
чап	左		шўр	塩辛い、しょっぱい
чарчамоқ	疲れる		шўрва	ショルヴァ（スープ）
ча́шка	カップ			Э
чақирмоқ	呼ぶ、呼び出す		эгизак	双子
чегара	国境		эле́ктр	電気、電流
чекмоқ	喫煙する		эллик	50
чет	端；よその、外国の		элчи	大使
чет эллик	外国人		элчихона	大使館
чивин	蚊		эмас	〜ではない
чипта	切符、チケット		энг	もっとも
чиройли	美しい		эр	夫
чироқ	電灯、明かり；電気		эркак	男性
число́	日付		эрта	早い；早く
чиқиш	出口		эртага	明日
чиқмоқ	出る		эрталаб	朝
чой	お茶		эс	記憶
чойнак	ティーポット、急須		эсдан чиқармоқ	忘れる［他］
чойхона	チャイハナ		эски	古い
чоршанба	水曜日		эсламоқ	思い出す
чунки	なぜなら		эта́ж	階
чучвара	ペリメニ（水餃子）		эшак	ロバ
чўкмоқ	沈む		эшик	ドア、扉
чўл	砂漠		эшитмоқ	聞く
чўчқа	豚		эълон қилмоқ	告知する
	Ш		эътибор	注意、関心
шакар	砂糖		эҳтиёт бўлмоқ	気をつける、注意する
шамол	風			Ю
шамолламоқ	風邪をひく		ю́бка	スカート
шамоллаш	風邪		юбормоқ	送る
шанба	土曜日		ювмоқ	洗う
шарт	条件		югурмоқ	走る
шарқ	東		юз¹	100
шафтоли	モモ（桃）		юз²	顔
шашлик	シャシリク、ケバブ（串焼き肉）		юк	荷物
шаҳар	町、市		юлдуз	星
шекилли	たぶん、おそらく（文末で）		юмшоқ	柔らかい
шер	ライオン		юрак	心臓；心
шеър	詩		юрмоқ	進む；歩く
шим	ズボン		юрт	故郷、くに
шимол	北			Я
ширин	甘い；おいしい		яёв	徒歩で、歩いて
ширинлик	お菓子		якшанба	日曜日
шифокор	医師		яна	ふたたび；もっと
шифохона	病院		янва́рь	1月
шиша	ビン		янги	新しい
шоир	詩人		янгилик	ニュース
шошмоқ	急ぐ		япон	日本人（民族として）
шошилмоқ	急ぐ		Япо́ния	日本
шу	それ、その、これ、この			

японияликн	日本人（国籍として）；日本の	қайғули	悲しい
япончa	日本語；日本風の	қалай	どうだ？
ярим	半分	қалам	鉛筆
ясамоқ	作る	қалин	厚い、太い
яхши	良い	қанақа	どのような
яхши кўрмоқ	好む、好く	қандай	どのように、どのような
яшамоқ	住む	қани	どこだ（人の居場所などを尋ねるときに）
яшил	緑の		
яъни	つまり、すなわち	қанча	どれだけ、いくら
яқин	近い	[-га] қараганда	～にくらべて
		[-га] қарамай	～にかかわらず
		қарамоқ	見る、一瞥する
		қари	年取った、老いた

ў

ўз	自身	қариндош	親戚
ўзбек	ウズベク人	қарор	決定
Ўзбекистон	ウズベキスタン	қарши	～に対して
ўзбекча	ウズベク語；ウズベク風の	қатиқ	ヨーグルト
ўзгармоқ	変わる	қатнашмоқ	参加する
ўйламоқ	考える、思う	қачон	いつ
ўйнамоқ	遊ぶ；踊る	қаҳва	コーヒー
ўлдирмоқ	殺す	қаҳвахона	カフェ
ўлмоқ	死ぬ	қидирмоқ	探す；調べる
ўлчамоқ	計る	қиз	娘；女の子
ўн	10	қизиқ	おもしろい（不思議な）
ўнг	右	қизиқарли	興味深い、おもしろい
ўрганмоқ	学ぶ、習う、勉強する	қизиқарсиз	おもしろくない、つまらない
ўргатмоқ	教える	қизиқмоқ	興味を持つ
ўрик	アンズ	қизил	赤い
ўрин	場所、地位、席	қийин	難しい、困難な
ўрмон	森	қийма	ひき肉
ўрта	中央、真ん中	қийналмоқ	困る；苦しむ
ўртоқ	仲間、友人、同志	қилмоқ	する
ўтган куни	おととい	қиммат	高い（値段）、高価な
ўтирмоқ	座る	қирқ	40
ўтмоқ	通る、過ぎる	қирғиз	キルギス人
ўттиз	30	Қирғизистон	キルギス
ўхшамоқ	似ている	қисқа	短い
ўчирмоқ	（火・電灯を）消す	қиш	冬
ўқимоқ	読む；勉強する	қишлоқ	村
ўқитувчи	教師、先生	қовун	メロン
ўқувчи	生徒	қовурма лағмон	焼きラグマン
ўғил	息子；男の子	Қозоғистон	カザフスタン
ўғирламоқ	盗む	қозоқ	カザフ人
		қозон	鍋

Қ

қават	階	қоида	規則
[-га] қадар	～に至るまで（時間）	қолмоқ	残る
қаер	どこ	қон	血
қайнамоқ	沸く	қон босими касаллиги	高血圧症
қайси	どれ、どの	қор	雪
қайтармоқ	繰り返す；戻す	қора	黒い
қайтим	おつり	қорақалпоқ	カラカルパク人
қайтмоқ	戻る	Қорақалпоғистон	カラカルパクスタン
қайчи	はさみ	қорин	おなか
		қоронғи	暗い

қошиқ	スプーン	ҳаёт	生活
қоғоз	紙	ҳазил	冗談
қувламоқ	追いかける	ҳайвон	動物
қуёш	太陽	ҳайдовчи	運転手
қуймоқ	注ぐ	ҳайрон бўлмоқ	驚く
қулай	便利な	ҳал	解決
қулоқ	耳	ҳали	まだ
қум	砂	ҳам	〜も
қурилмоқ	建てられる	ҳамён	財布
қурмоқ	建てる	ҳамкорлик	協力
қуруқ	乾いた	ҳамшира	看護師
қуръон	コーラン	ҳар	あらゆる、〜毎
қуш	鳥	ҳар доим	いつも、つねに
қўй	羊〈総称〉	ҳаракат қилмоқ	努力する
қўймоқ	置く	ҳарорат	熱；気温
қўл	手；腕	ҳафта	週
қўл телефони	携帯電話	ҳақиқат	真実
қўнғироқ қилмоқ	電話する	ҳеч	まったく〜ない(否定文で)
қўрқмоқ	怖がる、恐れる	ҳид	におい
қўчқор	羊〈雄〉	ҳис қилмоқ	感じる
қўшиқ	歌	ҳисоб	計算；勘定書
қўшиқчи	歌手	ҳовли	屋敷、一戸建て
қўшмоқ	加える、付け加える	ҳожатхона	トイレ
қўшни	隣人；隣りあった	ҳозир	今

Ғ

ғарб	西
ғишт	レンガ

Ҳ

ҳа	はい
ҳаво	空気；天気
ҳаво очиқ	晴れた

ҳозирча	今のところ
ҳолва	ハルヴァ(伝統菓子の一種)
ҳомиладор	妊娠した
ҳужжат	書類、証明書
ҳукумат	政府
ҳурмат	尊敬、敬意
ҳурматли	尊敬すべき
ҳўл	濡れた

日本語 → ウズベク語

	数字	
0	ноль | nól	
1	бир | bir	
2	икки | ikki	
3	уч | uch	
4	тўрт | toʻrt	
5	беш | besh	
6	олти | olti	
7	етти | yetti	
8	саккиз | sakkiz	
9	тўққиз | toʻqqiz	
10	ўн | oʻn	
20	йигирма | yigirma	
30	ўттиз | oʻttiz	
40	қирқ | qirq	
50	эллик | ellik	
60	олтмиш | oltmish	
70	етмиш | yetmish	
80	саксон | sakson	
90	тўқсон | toʻqson	
100	юз | yuz	
1000	минг | ming	
百万	миллио́н | millión	

	月、曜日	
1月	янва́рь | yanvár	
2月	февра́ль | fevrál	
3月	ма́рт | márt	
4月	апре́ль | aprél	
5月	ма́й | máy	
6月	ию́нь | iyún	
7月	ию́ль | iyúl	
8月	а́вгуст | ávgust	
9月	сентя́брь | sentyábr	
10月	октя́брь | oktyábr	
11月	ноя́брь | noyábr	
12月	дека́брь | dekábr	
月曜日	душанба | dushanba	
火曜日	сешанба | seshanba	
水曜日	чоршанба | chorshanba	
木曜日	пайшанба | payshanba	
金曜日	жума | juma	
土曜日	шанба | shanba	
日曜日	якшанба | yakshanba	

	あ	
アイスクリーム	музқаймоқ; морожний | muzqaymoq; morojniy	
愛	севги | sevgi	
愛する	севмоқ | sevmoq	

あいだ	ора | ora
会う	учрашмоқ | uchrashmoq
青い；緑の	кўк | koʻk
赤い	қизил | qizil
明かり、電灯	чироқ | chiroq
明るい	ёруғ | yorugʻ
秋	куз | kuz
明らかな	маълум | maʼlum
開ける；開く	очмоқ | ochmoq
上げる	кўтармоқ | koʻtarmoq
朝	эрталаб | ertalab
あさって	индинга | indinga
足	оёқ | oyoq
味	маза | maza
アジア	Осиё | Osiyo
明日	эртага | ertaga
遊ぶ；踊る	ўйнамоқ | oʻynamoq
与える	бермоқ | bermoq
暖かい	илиқ | iliq
頭	бош | bosh
頭の良い、賢い	ақлли | aqlli
頭の悪い、知性のない	ақлсиз | aqlsiz
新しい	янги | yangi
アチクチュチュク（トマトサラダ）	ачиқ-чучук | achiq-chuchuk
厚い、太い	қалин | qalin
熱い、暑い	иссиқ | issiq
集まる	йиғилмоқ; тўпланмоқ | yigʻilmoq; toʻplanmoq
集める	йиғмоқ; тўпламоқ | yigʻmoq; toʻplamoq
アッラー	Оллоҳ | Olloh
あとで、次に	кейин | keyin
～の後に、～以後（時間）	[-дан] кейин; сўнг | [-dan] keyin; soʻng
アドバイス、助言	маслаҳат | maslahat
あなた	сиз | siz
兄	ака | aka
姉	опа | opa
アパート	кварти́ра; хонадон | kvartíra; xonadon
油	ёғ | yogʻ
甘い；おいしい	ширин | shirin
雨	ёмғир | yomgʻir
アメリカ合衆国	АҚШ (Аме́рика Қўшма Штатлари) | AQSh (Amérika Qoʻshma Shtatlari)
アメリカ人	америкалик | amerikalik

日本語	ウズベク語		日本語	ウズベク語
洗う	ювмоқ ǀ *yuvmoq*		入口	кириш ǀ *kirish*
あらゆる、〜ごと	ҳар ǀ *har*		入れる	солмоқ; киргизмоқ ǀ *solmoq; kirgizmoq*
ありがとう	раҳмат ǀ *rahmat*		色	ранг ǀ *rang*
有る	бор ǀ *bor*		祝う	табрикламоқ ǀ *tabriklamoq*
歩いて、徒歩で	яёв; пиёда ǀ *yayov; piyoda*		インフルエンザ	грипп ǀ *grípp*
あるいは、〜か	ёки ǀ *yoki*			
歩く；進む	юрмоқ ǀ *yurmoq*		**う**	
あれ、あの	у ǀ *u*		上	уст ǀ *ust*
アンズ	ўрик ǀ *oʻrik*		ウェイター	официант ǀ *ofisiánt*
			ウェイトレス	официантка ǀ *ofisiántka*
い			ウォッカ	ароқ ǀ *aroq*
いいえ	йўқ ǀ *yoʻq*		受け取る、取る	олмоқ ǀ *olmoq*
言う	демоқ ǀ *demoq*		牛	мол 〈総称〉; сигир 〈雌〉 ǀ *mol* 〈総称〉; *sigir* 〈雌〉
言う、告げる	айтмоқ ǀ *aytmoq*		後ろ（位置）	орқа ǀ *orqa*
家	уй ǀ *uy*		薄い、細い	ингичка ǀ *ingichka*
〜以外、〜のほかに；外	[-дан] ташқари ǀ *[-dan] tashqari*		ウズベキスタン	Ўзбекистон ǀ *Oʻzbekiston*
イギリス	Англия ǀ *Ángliya*		ウズベク語	ўзбекча; ўзбек тили ǀ *oʻzbekcha; oʻzbek tili*
イギリス人	инглиз ǀ *ingliz*		ウズベク人	ўзбек ǀ *oʻzbek*
行く	бормоқ ǀ *bormoq*		うそ	ёлғон ǀ *yolgʻon*
いくつ	неча ǀ *necha*		歌	қўшиқ ǀ *qoʻshiq*
いくら、どれだけ	қанча ǀ *qancha*		歌う	куйламоқ; ашула айтмоқ ǀ *kuylamoq; ashula aytmoq*
意見、考え	фикр ǀ *fikr*		疑い	шубҳа ǀ *shubha*
〜以後、〜の後に（時間）	[-дан] кейин; сўнг ǀ *[-dan] keyin; soʻng*		内側、中	ичкари ǀ *ichkari*
医師	доктор; шифокор ǀ *dóktor; shifokor*		美しい	чиройли ǀ *chiroyli*
石	тош ǀ *tosh*		腕；手	қўл ǀ *qoʻl*
いす	стул ǀ *stúl*		馬	от ǀ *ot*
イスラーム	ислом ǀ *islom*		生まれる	туғилмоқ ǀ *tugʻilmoq*
以前に［副］；〜前（時間）	олдин; илгари ǀ *oldin; ilgari*		海	денгиз ǀ *dengiz*
忙しい；占められた	банд ǀ *band*		産む	туғмоқ ǀ *tugʻmoq*
急ぐ	шошмоқ; шошилмоқ ǀ *shoshmoq; shoshilmoq*		売り手；販売員	сотувчи ǀ *sotuvchi*
偉大な	буюк ǀ *buyuk*		売る	сотмоқ ǀ *sotmoq*
位置する	жойлашмоқ ǀ *joylashmoq*		うれしい	хурсанд ǀ *xursand*
市場	бозор ǀ *bozor*		上着、ジャケット	куртка ǀ *kurtka*
一部の	баъзи ǀ *baʼzi*		運転手	ҳайдовчи ǀ *haydovchi*
いつ	қачон ǀ *qachon*			
一戸建て、屋敷	ҳовли ǀ *hovli*		**え**	
一緒に、みんなで	бирга; биргаликда ǀ *birga; birgalikda*		永遠に、ずっと	доимо ǀ *doimo*
いつも	ҳар доим; доим ǀ *har doim; doim*		映画	кино ǀ *kinó*
意図、意志	ният ǀ *niyat*		映画館	кинотеатр ǀ *kinoteátr*
犬	ит ǀ *it*		影響	таъсир ǀ *taʼsir*
今	ҳозир ǀ *hozir*		英語	инглиз тили ǀ *ingliz tili*
今のところ	ҳозирча ǀ *hozircha*		駅（ターミナル駅）	вокзал ǀ *vokzál*
意味	маъно ǀ *maʼno*		駅（地下鉄などの）	бекат; станция ǀ *bekat; stántsiya*
妹	сингил ǀ *singil*		選ぶ	танламоқ ǀ *tanlamoq*
			エレベーター	лифт ǀ *líft*
			円（通貨）	иена ǀ *iyéna*
			援助、助け	ёрдам ǀ *yordam*
			延長する；長くする	узайтирмоқ ǀ *uzaytirmoq*
			鉛筆	қалам ǀ *qalam*

	お	
追いかける	қувламоқ | *quvlamoq*	
おいしい	мазали; ширин | *mazali; shirin*	
終える	тугатмоқ | *tugatmoq*	
多い；多く、たくさん	кўп | *koʻp*	
覆う；閉める	ёпмоқ | *yopmoq*	
大きい	катта | *katta*	
オートバイ	мотоцикл | *motosíkl*	
〜のおかげで、〜のせいで	туфайли | *tufayli*	
置く	қўймоқ | *qoʻymoq*	
送る	юбормоқ; жўнатмоқ | *yubormoq; joʻnatmoq*	
遅れる	кечикмоқ | *kechikmoq*	
おじ	тоға (母方); амаки (父方) | *togʻa* (母方); *amaki* (父方)	
押す；踏む	босмоқ | *bosmoq*	
教える	ўргатмоқ | *oʻrgatmoq*	
遅い（速度）；ゆっくり	секин | *sekin*	
遅い（時間）；遅く	кеч | *kech*	
恐れる、怖がる	қўрқмоқ | *qoʻrqmoq*	
落ちる；降りる	тушмоқ | *tushmoq*	
夫	эр | *er*	
おつり	қайтим | *qaytim*	
弟	ука | *uka*	
男	эркак | *erkak*	
男の子；息子	ўғил | *oʻgʻil*	
おととい	ўтган куни | *oʻtgan kuni*	
踊る；遊ぶ	ўйнамоқ | *oʻynamoq*	
驚く	ҳайрон бўлмоқ | *hayron boʻlmoq*	
おなか	қорин | *qorin*	
おば	хола (母方); амма (父方) | *xola* (母方); *amma* (父方)	
オフィス、事務所	идора | *idora*	
おまえ、君	сен | *sen*	
重い	оғир | *ogʻir*	
思い出す	эсламоқ | *eslamoq*	
思う、考える	ўйламоқ | *oʻylamoq*	
おもしろい、興味深い	қизиқарли; қизиқ | *qiziqarli; qiziq*	
おもしろくない、つまらない	қизиқарсиз | *qiziqarsiz*	
およそ、だいたい、約	тахминан | *taxminan*	
降りる；落ちる	тушмоқ | *tushmoq*	
折る、壊す、割る	синдирмоқ | *sindirmoq*	
終わる	битмоқ | *bitmoq*	
終わる	тугамоқ | *tugamoq*	

音楽	мусиқа | *musiqa*
女	аёл | *ayol*
女の子；娘	қиз | *qiz*

	か	
〜か、あるいは	ёки | *yoki*	
蚊	чивин | *chivin*	
課、部署	бўлим | *boʻlim*	
カーテン	парда | *parda*	
カード	карточка | *kártochka*	
階	қават; этаж | *qavat; etáj*	
〜回	марта | *marta*	
会議	мажлис | *majlis*	
解決	ҳал | *hal*	
外国人	чет эллик | *chet ellik*	
外国の、よその；端	чет | *chet*	
会社	фирма; корхона | *fírma; korxona*	
階段	зина | *zina*	
買い物	харид | *xarid*	
会話	суҳбат | *suhbat*	
会話する	суҳбатлашмоқ | *suhbatlashmoq*	
会話する、話す	гаплашмоқ | *gaplashmoq*	
買う	сотиб олмоқ | *sotib olmoq*	
顔	юз | *yuz*	
香り	бўй | *boʻy*	
鏡、ガラス	ойна | *oyna*	
〜にかかわらず	[-га] қарамай | [*-ga*] *qaramay*	
鍵	калит | *kalit*	
書く	ёзмоқ | *yozmoq*	
学生	талаба | *talaba*	
確認する、チェックする	текширмоқ | *tekshirmoq*	
学年〈小・中〉、クラス	синф | *sinf*	
学年〈大学・高校〉	курс; босқич | *kúrs; bosqich*	
学部	факультет | *fakultét*	
学問、知識	билим | *bilim*	
影	соя | *soya*	
カザフスタン	Қозоғистон | *Qozogʻiston*	
カザフ人	қозоқ | *qozoq*	
菓子	ширинлик | *shirinlik*	
賢い、頭のいい	ақлли | *aqlli*	
歌手	қўшиқчи | *qoʻshiqchi*	
数；番号	сон | *son*	
ガス	газ | *gáz*	
風	шамол | *shamol*	
風邪	шамоллаш | *shamollash*	
風邪をひく	шамолламоқ | *shamollamoq*	
数える	санамоқ | *sanamoq*	
家族	оила | *oila*	
肩	елка | *yelka*	

日本語	ウズベク語
課題	вазифа | vazifa
傍ら、そば	ён | yon
学科	кáфедра | káfedra
がっかりする、悲しむ	хафа бўлмоқ [-дан] | xafa bo'lmoq [-dan]
学校	мактаб | maktab
かつて［副］	илгари; олдин | ilgari; oldin
カップ	чáшка | cháshka
割礼式	суннат тўйи | sunnat to'yi
角（かど）	бурчак | burchak
悲しい	қайғули | qayg'uli
悲しむ、がっかりする	хафа бўлмоқ [-дан] | xafa bo'lmoq [-dan]
必ず、ぜひ；もちろん	албатта | albatta
金、金銭	пул | pul
金持ちの、裕福な	бой | boy
可能な	мумкин | mumkin
彼女、彼	у | u
かばん、バッグ	сýмка | súmka
カフェ	кафé; қаҳвахона | kafé; qahvaxona
壁	девор | devor
紙	қоғоз | qog'oz
神	худо | xudo
髪	соч | soch
カメラ	фотоаппарáт | fotoapparát
科目	фан | fan
～から成る	[-дан] иборат | [-dan] iborat
空の；暇な	бўш | bo'sh
カラーの	рангли | rangli
からい；苦い	аччиқ | achchiq
カラカルパク人	қорақалпоқ | qoraqalpoq
カラカルパクスタン	Қорақалпоғистон | Qoraqalpog'iston
ガラス、鏡	ойна | oyna
体	тана | tana
軽い；簡単な	енгил | yengil
彼、彼女	у | u
カレンダー	календáрь | kalendár
川	дарё | daryo
～側、方向	томон | tomon
かわいそうな	бечора | bechora
乾いた	қуруқ | quruq
変わる	ўзгармоқ | o'zgarmoq
考え、意見	фикр | fikr
考え、空想	хаёл | xayol
考える、思う	ўйламоқ | o'ylamoq
関係；態度	муносабат | munosabat
関係；通信	алоқа | aloqa
韓国	Жанубий Корéя | Janubiy Koréya
韓国人	корейс | koreys
看護師	ҳамшира | hamshira
漢字、象形文字	иерóглиф | ieróglif
感謝	шукр | shukr
勘定書；計算	ҳисоб | hisob
感じる	ҳис қилмоқ | his qilmoq
感じる、気づく	сезмоқ | sezmoq
完全に	бутунлай | butunlay
簡単な	осон | oson
願望、望み	орзу | orzu

き

日本語	ウズベク語
木	дарахт | daraxt
木（材質）、木材	ёғоч | yog'och
黄色い	сариқ | sariq
気温	ҳарорат | harorat
聞く	эшитмоқ | eshitmoq
聴く、耳を傾ける	тингламоқ | tinglamoq
危険な	хавфли | xavfli
気候、天気	об-ҳаво | ob-havo
季節	фасл | fasl
基礎、根拠	асос | asos
規則	қоида | qoida
北	шимол | shimol
汚い	ифлос; кир | iflos; kir
喫煙する	чекмоқ | chekmoq
気づく、感じる	сезмоқ | sezmoq
切符、チケット	билéт; чипта | bilét; chipta
切符売り場；レジ	кáсса | kássa
気にいった、心地よい	ёқимли | yoqimli
気にいらない、不愉快な	ёқимсиз | yoqimsiz
気にいる	ёқмоқ [-га] | yoqmoq [-ga]
絹	ипак | ipak
昨日	кеча | kecha
気の向くままに、自由に	бемалол | bemalol
基本的な	асосий | asosiy
基本的に	асосан | asosan
君、おまえ	сен | sen
決める	қарор қилмоқ | qaror qilmoq
客	меҳмон | mehmon
逆、反対側	тескари | teskari
客間；ホテル	меҳмонхона | mehmonxona
キャベツ	карам | karam
休憩	танаффус | tanaffus
休憩する、休む	дам олмоқ | dam olmoq
急須、ティーポット	чойнак | choynak
牛肉	мол гўшти | mol go'shti

牛乳	сут	sut
キュウリ	бодринг	bodring
給料	маош	maosh
今日	бугун	bugun
教育	таълим	ta'lim
教育する、育てる	тарбияламоқ	tarbiyalamoq
教師、先生	ўқитувчи; домла 〈大学教員〉	o'qituvchi; domla 〈大学教員〉
教室	синфхона	sinfxona
教授	профе́ссор	professor
兄弟	ака-ука	aka-uka
興味深い、おもしろい	қизиқ; қизиқарли	qiziq; qiziqarli
興味を持つ	қизиқмоқ	qiziqmoq
協力	ҳамкорлик	hamkorlik
共和国	респу́блика	respúblika
許可、許し	рухсат	ruxsat
嫌う	ёмон кўрмоқ	yomon ko'rmoq
キリスト教	христиан дини	xristian dini
切る	кесмоқ	kesmoq
着る	киймоқ	kiymoq
キルギス	Қирғизистон	Qirg'iziston
キルギス人	қирғиз	qirg'iz
きれいな、清潔な	тоза	toza
きれいにする、掃除する	тозаламоқ	tozalamoq
キログラム	килогра́мм; кило́	kilográmm; kiló
議論	баҳс	bahs
議論する	баҳслашмоқ	bahslashmoq
気を付ける、注意する	эҳтиёт бўлмоқ	ehtiyot bo'lmoq
金	олтин; тилла	oltin; tilla
銀	кумуш	kumush
銀行	ба́нк	bánk
勤勉な	ишчан	ishchan

く

空気;天気	ҳаво	havo
空港	аэропо́рт	aeroport
偶然に	тасодифан	tasodifan
空想、考え	хаёл	xayol
薬	дори	dori
薬を飲む	дори ичмоқ	dori ichmoq
果物	мева	meva
口	оғиз	og'iz
靴	оёқ кийим; ту́фли	oyoq kiyim; túfli
国	мамлакат	mamlakat
くに、故郷	юрт	yurt

クミン（香辛料）	зира	zira
雲	булут	bulut
曇りの	булутли	bulutli
暗い	қоронғи	qorong'i
〜にくらべて	[-га] қараганда	[-ga] qaraganda
グラム	гра́мм	grámm
繰り返す;戻す	қайтармоқ	qaytarmoq
来る	келмоқ	kelmoq
グループ	гуруҳ	guruh
苦しむ;困る	қийналмоқ	qiynalmoq
黒い	қора	qora
加える、付ける	қўшмоқ	qo'shmoq
軍隊	а́рмия	ármiya

け

敬意、尊敬	ҳурмат	hurmat
経済	иқтисод	iqtisod
警察	мили́ция	milísiya
計算;勘定書	ҳисоб	hisob
芸術	санъат	san'at
継続	давом	davom
携帯電話	қўл телефони	qo'l telefoni
劇場	теа́тр	teátr
消す（火・電灯を）	ўчирмоқ	o'chirmoq
結果;結論	натижа	natija
結婚式、披露宴	тўй	to'y
結婚する（男性が）	уйланмоқ [-га]	uylanmoq [-ga]
結婚する（女性が）	турмушга чиқмоқ [-га]	turmushga chiqmoq [-ga]
決定	қарор	qaror
けんかする;叱る	уришмоқ	urishmoq
研究所;単科大学	институ́т	institút
言語;舌	тил	til
健康	соғлик	sog'lik
健康な	соғлом	sog'lom

こ

〜個	-та; дона	-ta; dona
恋しがる	соғинмоқ	sog'inmoq
公園、遊園地	па́рк; боғ	párk; bog'
交換する;両替する	алмаштирмоқ	almashtirmoq
高血圧	қон босими касаллиги; давле́ния	qon bosimi kasalligi; davléniya
工場	корхона; заво́д	korxona; zavód
幸福な、幸せな	бахтли	baxtli
香味野菜	кўкат	ko'kat
コート	пальто́	paltó
コーヒー	ко́фе; қаҳва	kófe; qahva

コーラン	қуръон | qur'on		砂漠	чўл | cho'l
氷	муз | muz		さまざまな	турли | turli
故郷、くに	юрт | yurt		サマルカンド（地名）	
国籍	фуқаролик | fuqarolik			Самарқанд | Samarqand
告知する	эълон қилмоқ | e'lon qilmoq		寒い、冷たい	совуқ | sovuq
黒板	доскá | doská		サムサ（ミートパイ）	сомса | somsa
国民	фуқаро | fuqaro		皿	тарéлка; ликопча | tarélka; likopcha
心	кўнгил; юрак | ko'ngil; yurak		サラダ	салáт | salát
答え	жавоб | javob		さらに；ふたたび	яна | yana
国家	давлат | davlat		サラリーマン	хизматчи | xizmatchi
国境	чегара | chegara		去る	кетмоқ | ketmoq
コック、料理人	ошпаз | oshpaz		触る	тегмоқ | tegmoq
コップ	стакáн | stakán		参加する	қатнашмоқ | qatnashmoq
～ごと、あらゆる	ҳар | har		残念ながら	афсуски | afsuski
子ども	бола | bola		散歩する、ぶらつく；回る	айланмоқ | aylanmoq
好む、好く	яхши кўрмоқ | yaxshi ko'rmoq			
細かい	майда | mayda		**し**	
困る；苦しむ	қийналмоқ | qiynalmoq		詩	шеър | she'r
小麦	буғдой | bug'doy		市、町	шаҳар | shahar
小麦粉	ун | un		仕上がる、できる	тайёр бўлмоқ | tayyor bo'lmoq
米	гуруч | guruch		幸せな、幸福な	бахтли | baxtli
コリアンダー（香草）	кашнич | kashnich		塩	туз | tuz
これ、この	бу | bu		塩辛い、しょっぱい	шўр | sho'r
これ、この、それ、その	шу | shu		次回	кейинги сафар | keyingi safar
殺す	ўлдирмоқ | o'ldirmoq		しかし	лекин; аммо | lekin; ammo
怖がる、恐れる	қўрқмоқ | qo'rqmoq		叱る；けんかする	уришмоқ | urishmoq
壊す、割る	бузмоқ | buzmoq		時間、時刻	вақт | vaqt
壊す、割る、折る	синдирмоқ | sindirmoq		～時間、～時	соат | soat
壊れた	бузуқ | buzuq		試験、テスト	имтиҳон; тéст | imtihon; tést
壊れる	бузилмоқ | buzilmoq		事件、出来事	воқеа | voqea
今回	бу сафар | bu safar		仕事	иш | ish
根拠、基礎	асос | asos		辞書	луғат | lug'at
コンサート	концéрт | konsért		詩人	шоир | shoir
コンピューター	компьютер | kompyúter		自身	ўз | o'z
			地震	зилзила | zilzila
さ			静かに、黙って	жим | jim
最後	охир | oxir		沈む	чўкмоқ | cho'kmoq
最初に、まず	аввал; биринчи | avval; birinchi		自然	табиат | tabiat
財布	ҳамён | hamyon		下	ост | ost
探す	изламоқ | izlamoq		下、底	таг | tag
探す；調べる	қидирмоқ | qidirmoq		舌；言語	тил | til
魚	балиқ | baliq		下着	ички кийим | ichki kiyim
作品	асар | asar		実行する	бажармоқ; амалга оширмоқ | bajarmoq; amalga oshirmoq
サクランボ	гилос | gilos			
ザクロ	анор | anor		知っている、知る	билмоқ | bilmoq
作家	ёзувчи | yozuvchi		質問	савол | savol
雑誌	журнáл | jurnál			
砂糖	шакар | shakar			

日本語	ウズベク語
質問する	савол бермоқ | *savol bermoq*
自転車	велосипе́д | *velosipéd*
自動車	маши́на | *mashína*
～しなければならない	мажбур | *majbur*
死ぬ	ўлмоқ | *o'lmoq*
支払う、払う	тўламоқ | *to'lamoq*
島	орол | *orol*
姉妹	опа-сингил | *opa-singil*
閉まる	ёпилмоқ | *yopilmoq*
事務所、オフィス	идора | *idora*
閉める；覆う	ёпмоқ | *yopmoq*
地面、土地、場所	ер | *yer*
ジャーナリスト	журнали́ст | *jurnalíst*
社会	жамият | *jamiyat*
ジャガイモ	карто́шка | *kartóshka*
ジャケット、上着	ку́ртка | *kúrtka*
謝罪	узр | *uzr*
シャシリク、ケバブ（串焼き肉）	шашлик; кабоб | *shashlik; kabob*
写真	расм; сурат | *rasm; surat*
シャツ；ワンピース	кўйлак | *ko'ylak*
じゃまする	халақит бермоқ; безовта қилмоқ | *xalaqit bermoq; bezovta qilmoq*
ジャム	мураббо | *murabbo*
シャワー	ду́ш | *dúsh*
週	ҳафта | *hafta*
州	вилоят | *viloyat*
習慣	одат; урф-одат | *odat; urf-odat*
宗教	дин | *din*
住所	а́дрес; манзил | *ádres; manzil*
習俗	урф-одат | *urf-odat*
絨毯	гилам | *gilam*
自由に、気の向くままに	бемалол | *bemalol*
周辺、周り	атроф | *atrof*
重要な	муҳим | *muhim*
修理	таъмир | *ta'mir*
授業	дарс | *dars*
祝宴、パーティー	базм | *bazm*
宿題	уй вазифаси; уй иши | *uy vazifasi; uy ishi*
首都	пойтахт | *poytaxt*
主任、長	бошлиқ | *boshliq*
趣味	хо́бби | *xóbbi*
準備する	тайёрламоқ; тайёр қилмоқ | *tayyorlamoq; tayyor qilmoq*
紹介する	таништирмоқ | *tanishtirmoq*
状況	вазият | *vaziyat*
条件	шарт | *shart*
正午	пешин | *peshin*
招待する	таклиф қилмоқ | *taklif qilmoq*
冗談	ҳазил | *hazil*
商店、店	дўкон; магазин | *do'kon; magazin*
商売、商業	савдо | *savdo*
情報、データ	маълумот | *ma'lumot*
将来、未来	келажак | *kelajak*
職業	касб-ҳунар | *kasb-hunar*
職業高校、専門学校	колле́ж | *kolléj*
食事、食べ物	овқат | *ovqat*
食事する	овқатланмоқ | *ovqatlanmoq*
食堂	ошхона | *oshxona*
職場	ишхона | *ishxona*
食料品	озиқ-овқат | *oziq-ovqat*
助言、アドバイス	маслаҳат | *maslahat*
女性	аёл | *ayol*
しょっぱい、塩辛い	шўр | *sho'r*
書類、証明書	ҳужжат | *hujjat*
ショルヴァ（スープ）	шўрва | *sho'rva*
知らせ、ニュース	хабар | *xabar*
知らせる	хабар бермоқ; билдирмоқ | *xabar bermoq; bildirmoq*
知り合い	таниш | *tanish*
知り合う	танишмоқ | *tanishmoq*
知る、知っている	билмоқ | *bilmoq*
白い	оқ | *oq*
親愛なる	азиз | *aziz*
信号機	светофо́р | *svetofór*
人口	аҳоли | *aholi*
寝室；寮	ётоқхона | *yotoqxona*
真実	ҳақиқат | *haqiqat*
信じる	ишонмоқ | *ishonmoq*
親戚	қариндош | *qarindosh*
親切な	меҳрибон | *mehribon*
心臓、心	юрак | *yurak*
神道	синтои́зм | *sintoízm*
人民、人々、民衆	халқ | *xalq*

す

酢	у́ксус | *úksus*
スイカ	тарвуз | *tarvuz*
スーツ	костю́м-шим; костю́м-ю́бка | *kostyúm-shim; kostyúm-yúbka*
スーツケース	жомадон | *jomadon*

日本語	ウズベク語
スーパー	супермáркет | supermárket
スカート	ю́бка | yúbka
過ぎる、通る	ўтмоқ | oʻtmoq
好く、好む	яхши кўрмоқ | yaxshi koʻrmoq
少ない、少し	кам; оз | kam; oz
少し［副］	озгина | ozgina
少し（時間）［副］	бир оз | bir oz
スザニ（伝統刺繍）	сўзана | soʻzana
涼しい	салқин | salqin
進む；歩く	юрмоқ | yurmoq
ずっと、永遠に	доимо | doimo
すでに	аллақачон; уже́ | allaqachon; ujé
捨てる	ташламоқ | tashlamoq
砂	қум | qum
すなわち、つまり	яъни | yaʼni
スプーン	қошиқ | qoshiq
スペイン	Испáния | Ispániya
スペイン人	испан | ispan
すべての	бутун | butun
スポーツ	спо́рт | spórt
ズボン	шим | shim
住む	яшамоқ | yashamoq
する	қилмоқ | qilmoq
座る	ўтирмоқ | oʻtirmoq

せ

正確な；明確な	аниқ | aniq
生活	ҳаёт | hayot
世紀	аср | asr
清掃員	фаррош | farrosh
～のせいで、～のおかげで	туфайли | tufayli
生徒	ўқувчи | oʻquvchi
青年、若者（男性）	йигит | yigit
政府	ҳукумат | hukumat
セーター	же́мпер | jémper
世界	жаҳон; дунё | jahon; dunyo
席、場所、地位	ўрин | oʻrin
説明する	тушунтирмоқ | tushuntirmoq
背中	орқа | orqa
ぜひ、必ず；もちろん	албатта | albatta
狭い	тор | tor
先生、教師	ўқитувчи | oʻqituvchi
先生〈呼びかけ〉、大学教員	домла | domla
戦争	уруш | urush
センター、中心	марказ; це́нтр | markaz; séntr
専門家	мутахассис | mutaxassis
専門学校、職業高校	колле́ж | kolléj

そ

相違、違い	фарқ | farq
掃除する、きれいにする	тозаламоқ | tozalamoq
相談する	маслаҳатлашмоқ | maslahatlashmoq
ソーセージ	колбасá; соси́ска | kolbasá; sosíska
側面、観点	жиҳат | jihat
底、下	таг | tag
祖国、故郷	ватан | vatan
そして；～と	ва | va
注ぐ	қуймоқ | quymoq
育てる、教育する	тарбияламоқ | tarbiyalamoq
外；～以外、～のほかに	ташқари | tashqari
そば、傍ら	ён | yon
祖父；おじいさん〈呼びかけ〉	бува; бобо | buva; bobo
ソファー	диван | divan
祖母；おばあさん〈呼びかけ〉	буви; момо | buvi; momo
ソム〈ウズベキスタンの通貨〉	сўм | soʻm
空	осмон | osmon
それ、その、これ、この	шу | shu
それほど	унча | uncha
尊敬、敬意	ҳурмат | hurmat
尊敬する	ҳурмат қилмоқ | hurmat qilmoq
尊敬すべき	ҳурматли | hurmatli

た

大学（総合大学）	университе́т | universitét
大学（単科大学）；研究所	институ́т | institút
大学教員、先生〈呼びかけ〉	домла | domla
退屈な、つまらない	зерикарли | zerikarli
大使	элчи | elchi
大使館	элчихона | elchixona
～に対して	қарши | qarshi
大臣	вазир | vazir
だいたい、およそ	тахминан | taxminan
たいてい、普段	одатда; кўпинча | odatda; koʻpincha
態度；関係	муносабат | munosabat
大統領	президе́нт | prezidént
台所；食堂	ошхона | oshxona
太陽	қуёш | quyosh
タオル	сочиқ | sochiq

243

日本語	ウズベク語
高い（位置）	баланд | baland
高い（値段）、高価な	қиммат | qimmat
タクシー	такси́ | taksí
〜だけ、〜のみ	фақат | faqat
タジキスタン	Тожикистон | Tojikiston
タジク人	тожик | tojik
タシュケント	Тошкент | Toshkent
助け、援助	ёрдам | yordam
助ける、手伝う	ёрдам бермоқ | yordam bermoq
尋ねる；頼む	сўрамоқ | so'ramoq
正しい；まっすぐ	тўғри | to'g'ri
正しくない、間違った	нотўғри | noto'g'ri
ただの、無料の	текин; бепул | tekin; bepul
立つ	турмоқ | turmoq
建物	бино; иморат | bino; imorat
建てられる	қурилмоқ | qurilmoq
建てる	қурмоқ | qurmoq
たとえば	масалан | masalan
頼む；尋ねる	сўрамоқ | so'ramoq
タバコ	сигаре́т | sigarét
旅；〜回、〜度	сафар | safar
たぶん、おそらく〈文頭で〉	балки | balki
たぶん、おそらく〈文末で〉	шекилли | shekilli
食べ物、食事	овқат | ovqat
食べる	емоқ | yemoq
卵	тухум | tuxum
だます	алдамоқ | aldamoq
黙って、静かに	жим | jim
タマネギ	пиёз | piyoz
〜のために、〜にとって	учун | uchun
足りる；届く	етмоқ | yetmoq
誰	ким | kim
単語	сўз | so'z
炭酸水	газ сув | gaz suv
単純な	содда | sodda
男性	эркак | erkak

ち

血	қон | qon
地位、場所、席	ўрин | o'rin
地域	минтақа | mintaqa
小さい	кичкина; кичик | kichkina; kichik
チェックする、確認する	текширмоқ | tekshirmoq
近い	яқин | yaqin
違い、相違	фарқ | farq
地下鉄	метро́ | metró
チケット、切符	биле́т; чипта | bilét; chipta
知識、学問	билим | bilim
地図	харита | xarita
父；おとうさん〈呼びかけ〉	ота; дада | ota; dada
茶	чой | choy
チャイハナ	чойхона | choyxona
茶碗	пиёла | piyola
注意	диққат | diqqat
注意、関心	эътибор | e'tibor
注意する、気をつける	эҳтиёт бўлмоқ | ehtiyot bo'lmoq
中央、真ん中	ўрта | o'rta
中央アジア	Марказий Осиё; Ўрта Осиё | Markaziy Osiyo; O'rta Osiyo
中国	Хитой | Xitoy
中国人	хитойлик | xitoylik
昼食	тушлик; тушки овқат | tushlik; tushki ovqat
中心、センター	марказ; це́нтр | markaz; séntr
注文、オーダー	буюртма; зака́з | buyurtma; zakáz
注文する、命令する	буюрмоқ | buyurmoq
長、主任	бошлиқ | boshliq
長期休暇	кани́кул; таътил | kaníkul; ta'til
朝食	нонушта | nonushta
治療する	даволамоқ | davolamoq
治療を受ける	даволанмоқ | davolanmoq

つ

通信；関係	алоқа | aloqa
通訳	таржимон | tarjimon
使う	фойдаланмоқ [-дан] | foydalanmoq [-dan]
使う、使用する；働かせる	ишлатмоқ [-ни] | ishlatmoq [-ni]
疲れる	чарчамоқ | charchamoq
月	ой | oy
次に、あとで［副］	кейин | keyin
次の［形］	кейинги | keyingi
机	стол | stól
作る	ясамоқ | yasamoq
つける（火・電灯を）	ёқмоқ | yoqmoq
付ける、加える	қўшмоқ | qo'shmoq
土	тупроқ | tuproq
続く；続ける	давом этмоқ | davom etmoq
妻	хотин | xotin

日本語	ウズベク語
つまらない、おもしろくない	қизиқарсиз | qiziqarsiz
つまらない、退屈な	зерикарли | zerikarli
つまり、すなわち	яъни | ya'ni
罪	айб | ayb
冷たい、寒い	совуқ | sovuq
強い	кучли | kuchli

て

手；腕	қўл | qo'l
Tシャツ	футболка | futbólka
ティーポット、急須	чойнак | choynak
ディムラマ（肉と野菜の蒸し煮）	димлама | dimlama
停留所	бекат | bekat
ディル（香草）	укроп | ukróp
データ、情報	маълумот | ma'lumot
テーブルクロス、食布	дастурхон | dasturxon
手紙	хат | xat
敵	душман | dushman
出来事、事件	воқеа | voqea
できる、仕上がる	тайёр бўлмоқ | tayyor bo'lmoq
出口	чиқиш | chiqish
デザート	десерт | desért
テスト、試験	имтиҳон; тест | imtihon; tést
鉄	темир | temir
手伝う、助ける	ёрдам бермоқ | yordam bermoq
～ではない	эмас | emas
～でもって（手段）：～と	билан | bilan
出る	чиқмоқ | chiqmoq
テレビ	телевизор | televízor
点	нуқта | nuqta
天気；空気	ҳаво | havo
天気、気候	об-ҳаво | ob-havo
電気	чироқ; свет | chiroq; svét
電気、電流	ток; электр | tók; eléktr
伝統	анъана | an'ana
電灯、明かり	чироқ | chiroq
伝統的な、民族的な	миллий | milliy
電話	телефон | telefón
電話する	телефон қилмоқ; қўнғироқ қилмоқ | telefón qilmoq; qo'ng'iroq qilmoq

と

～と：そして	ва | va
～と：～でもって（手段）	билан | bilan
度（温度、角度）	даража; градус | daraja; gradus
ドア、扉	эшик | eshik
ドイツ	Германия | Germániya
ドイツ人	немис | nemis
トイレ	ҳожатхона; туалет | hojatxona; tualét
銅	мис | mis
どうか（依頼）	илтимос | iltimos
どうぞ（勧誘）	марҳамат | marhamat
どうだ？	қалай | qalay
動物	ҳайвон | hayvon
同僚	касбдош | kasbdosh
遠い	узоқ | uzoq
通り	кўча | ko'cha
通る、過ぎる	ўтмоқ | o'tmoq
とき	пайт | payt
ときどき	баъзан; баъзида | ba'zan; ba'zida
とくに	айниқса | ayniqsa
特別な	махсус | maxsus
時計	соат | soat
どこ	қаер | qayer
どこだ（人の居場所などを尋ねるときに）	қани | qani
～にとって、～のために	учун | uchun
年	йил | yil
年取った、老いた	қари | qari
図書館、図書室	кутубхона | kutubxona
土地、場所、地面	ер | yer
突然	тўсатдан; бирданига | to'satdan; birdaniga
ドッピ（民族帽）	дўппи | do'ppi
とても	жуда | juda
届く；足りる	етмоқ | yetmoq
届ける	етказмоқ | yetkazmoq
隣りあった；隣人	қўшни | ko'shni
どの、どれ	қайси | qaysi
どのような	қанақа | qanaqa
どのように、どのような	қандай | qanday
扉、ドア	эшик | eshik
飛ぶ	учмоқ | uchmoq
徒歩で、歩いて	яёв; пиёда | yayov; piyoda
トマト	помидор | pomidór
止まる、止む	тўхтамоқ | to'xtamoq
友だち、友人	дўст; ўртоқ | do'st; o'rtoq
鳥	қуш | qush
鶏肉	товуқ гўшти | tovuq go'shti
努力する	ҳаракат қилмоқ | harakat qilmoq
取る、受け取る	олмоқ | olmoq
ドル	доллар | dóllar

日本語	ウズベク語 (キリル / ラテン)
トルクメニスタン	Туркманистон | Turkmaniston
トルクメン人	туркман | turkman
どれ、どの	қайси | qaysi
どれだけ、いくら	қанча | qancha
トロリーバス	тролле́йбус | trolléybus
どんぶり	коса | kosa

な

無い	йўқ | yo'q
ナイフ	пичоқ | pichoq
ナウルーズ（春分祭）	Наврўз | Navro'z
直す、修理する	тузатмоқ | tuzatmoq
治る、直る	тузалмоқ | tuzalmoq
中	ич | ich
長い	узун | uzun
長くする；延長する	узайтирмоқ | uzaytirmoq
仲間、友人、同志	ўртоқ | o'rtoq
泣く	йиғламоқ | yig'lamoq
なくす	йўқотмоқ | yo'qotmoq
なくなる	йўқолмоқ | yo'qolmoq
ナシ（梨）	нок | nok
〜なしに；〜のない	-сиз | -siz
なぜ	нимага; нега; нима учун | nimaga; nega; nima uchun
なぜなら	чунки | chunki
夏	ёз | yoz
名づける、〜と呼ぶ	атамоқ | atamoq
なに	нима | nima
鍋	қозон | qozon
名前	исм | ism
怠け者の	дангаса | dangasa
生の	хом | xom
波	тўлқин | to'lqin
習う	ўрганмоқ | o'rganmoq
なる	бўлмоқ | bo'lmoq
ナン	нон | non
何個	нечта | nechta

に

におい	ҳид | hid
苦い；からい	аччиқ | achchiq
肉	гўшт | go'sht
西	ғарб | g'arb
似ている	ўхшамоқ | o'xshamoq
日本	Япо́ния | Yapóniya
日本語	японча; япон тили | yaponcha; yapon tili
日本人（民族として）	япон | yapon
日本人（国籍として）；日本の	япониялик | yaponiyalik
荷物	юк | yuk
ニュース	янгилик | yangilik
ニュース、知らせ	хабар | xabar
庭；公園、遊園地	боғ | bog'
〜人（助数詞）	-та; нафар | -ta; nafar
〜人の人：人	киши | kishi
人間、人	инсон | inson
ニンジン	сабзи | sabzi
妊娠した	ҳомиладор | homilador

ぬ

盗む	ўғирламоқ | o'g'irlamoq
濡れた	ҳўл | ho'l

ね

ネクタイ	га́лстук | gálstuk
猫	мушук | mushuk
値段	нарх | narx
熱	ҳарорат; температу́ра | harorat; temperatúra
眠る、寝る	ухламоқ | uxlamoq
年齢	ёш | yosh

の

農民	деҳқон | dehqon
ノート	дафтар | daftar
残る	қолмоқ | qolmoq
望み、願望	орзу | orzu
〜のみ、〜だけ	фақат | faqat
飲み物	ичимлик | ichimlik
飲む	ичмоқ | ichmoq
乗合いタクシー	маршру́тка | marshrútka
乗る	минмоқ | minmoq

は

葉	барг | barg
歯	тиш | tish
パーセント	фоиз | foiz
パーティー、祝宴	базм | bazm
灰	кул | kul
はい	ҳа | ha
入る	кирмоқ | kirmoq
ハエ	пашша | pashsha
馬鹿な	аҳмоқ | ahmoq
計る	ўлчамоқ | o'lchamoq
博物館	музе́й | muzéy
はさみ	қайчи | qaychi
橋	кўприк | ko'prik
恥、恥じらい	уят | uyat
端；よその、外国の	чет | chet
始まる	бошланмоқ | boshlanmoq
始める	бошламоқ | boshlamoq
場所、土地、地面	ер | yer
場所、地位、席	ўрин | o'rin
場所、ところ	жой | joy

日本語	ウズベク語
走る	югурмоқ ǀ yugurmoq
バス	автóбус ǀ avtóbus
バス停	автобус бекати ǀ avtobus bekati
パスポート	пáспорт ǀ pásport
旗	байроқ ǀ bayroq
バター	сариёғ ǀ sariyogʻ
畑	дала ǀ dala
働く；動く	ишламоқ ǀ ishlamoq
ハチミツ	асал ǀ asal
発音	талаффуз ǀ talaffuz
はっきり；正確な	аниқ ǀ aniq
バッグ、かばん	сýмка ǀ súmka
発展する	ривожланмоқ ǀ rivojlanmoq
花	гул ǀ gul
鼻	бурун ǀ burun
話	гап ǀ gap
話す	гапирмоқ ǀ gapirmoq
話す、会話する	гаплашмоқ ǀ gaplashmoq
母；おかあさん〈呼びかけ〉	она; ойи ǀ ona; oyi
早い；早く	эрта ǀ erta
速い；速く	тез ǀ tez
払う、支払う	тўламоқ ǀ toʻlamoq
春	баҳор ǀ bahor
ハルヴァ（伝統菓子の一種）	ҳолва ǀ holva
晴れた	ҳаво очиқ ǀ havo ochiq
番号	рақам ǀ raqam
反対側、逆	тескари ǀ teskari
ハンバーグ、メンチカツ	котлéт ǀ kotlét
販売員	сотувчи ǀ sotuvchi
半分	ярим ǀ yarim

ひ

日	кун ǀ kun
火	олов ǀ olov
ビール	пи́во ǀ pívo
ヒヴァ（地名）	Хива ǀ Xiva
東	шарқ ǀ sharq
ひき肉	қийма; фáрш ǀ qiyma; fársh
低い	паст ǀ past
飛行機	самолёт ǀ samolyót
ビザ	ви́за ǀ víza
左	чап ǀ chap
日付	число́; сана ǀ chisló; sana
羊	қўй〈総称〉; қўчқор〈雄〉 ǀ qoʻy〈総称〉; qoʻchqor〈雄〉
羊肉	қўй гўшти ǀ qoʻy goʻshti
引っぱる、引く	тортмоқ ǀ tortmoq
必要である［述語］	керак ǀ kerak
必要な	керакли; зарур ǀ kerakli; zarur
人	одам ǀ odam
人	киши ǀ kishi
人、人間	инсон ǀ inson
等しい、同じ	тенг ǀ teng
人々、民衆、人民	халқ ǀ xalq
批判、非難	танқид ǀ tanqid
皮膚	тери ǀ teri
暇な；空いている	бўш ǀ boʻsh
秒	секу́нд; сония ǀ sekúnd; soniya
病院	касалхона; шифохона ǀ kasalxona; shifoxona
病気	касаллик; касал ǀ kasallik; kasal
病気の	касал ǀ kasal
病人	касал; бемор ǀ kasal; bemor
開く；開ける	очмоқ ǀ ochmoq
昼間	кундуз ǀ kunduz
広い	кенг ǀ keng
ビン	шиша ǀ shisha

ふ

増える	кўпаймоқ ǀ koʻpaymoq
フェルガナ（地名）	Фарғона ǀ Fargʻona
フォーク	ви́лка ǀ vílka
服、衣類	кийим ǀ kiyim
不幸な	бахтсиз ǀ baxtsiz
部署、課	бўлим ǀ boʻlim
豚	чўчқа ǀ choʻchqa
豚肉	чўчқа гўшти ǀ choʻchqa goʻshti
双子	эгизак ǀ egizak
ふたたび；もっと	яна ǀ yana
普段、たいてい	одатда; кўпинча ǀ odatda; koʻpincha
普通の	оддий ǀ oddiy
仏教	будди́зм ǀ buddízm
太い、厚い	қалин ǀ qalin
ブドウ	узум ǀ uzum
太った	семиз ǀ semiz
太る	семирмоқ ǀ semirmoq
ブハラ（地名）	Бухоро ǀ Buxoro
不便な	ноқулай ǀ noqulay
父母	ота-она ǀ ota-ona
踏む；押す	босмоқ ǀ bosmoq
増やす	кўпайтирмоқ ǀ koʻpaytirmoq
冬	қиш ǀ qish
フランス	Фрáнция ǀ Fránsiya
フランス人	француз ǀ fransuz
降る	ёғмоқ ǀ yogʻmoq
古い	эски ǀ eski
プレゼント、土産	совға ǀ sovgʻa
風呂	вáнна ǀ vánna

日本語	ウズベク語
プロフ（ピラフ）	ош; палов | osh; palov
分	минýт; дақиқа | minút; daqiqa
文化	маданият | madaniyat
文学	адабиёт | adabiyot

へ

日本語	ウズベク語
平穏な	тинч | tinch
米国	АҚШ (Амéрика Қўшма Штатлари) | AQSh (Amérika Qo'shma Shtatlari)
平和	тинчлик | tinchlik
ページ	бет | bet
ベッド	кровáть | krovát
別の、他の；別に、他に	бошқа | boshqa
別々に、個々に	алоҳида | alohida
部屋	хона | xona
減らす	камайтирмоқ | kamaytirmoq
ペリメニ（水餃子）	чучвара | chuchvara
減る	камаймоқ | kamaymoq
ペン	рýчка | rúchka
勉強する、学ぶ	ўрганмоқ | o'rganmoq
勉強する；読む	ўқимоқ | o'qimoq
便利な	қулай | qulay

ほ

日本語	ウズベク語
帽子	бош кийим | bosh kiyim
方向	томон; тараф | tomon; taraf
方面、～側	томон | tomon
ホール	зáл | zál
他の、別の；他に、別に	бошқа | boshqa
ほこり	чанг | chang
星	юлдуз | yulduz
干しブドウ	майиз | mayiz
細い、薄い	ингичка | ingichka
ボタン	тугма | tugma
欲する	истамоқ | istamoq
ホテル；客間	меҳмонхона | mehmonxona
ほとんど	деярли | deyarli
骨	суяк | suyak
ホラズム（地名）	Хоразм | Xorazm
ボランティア	кўнгилли | ko'ngilli
本	китоб | kitob
翻訳	таржима | tarjima

ま

日本語	ウズベク語
毎～	ҳар | har
毎回	ҳар сафар | har safar
毎日	ҳар куни | har kuni
前（位置）	олд | old
～前（時間）；以前に［副］	олдин | oldin
曲がる	бурилмоқ | burilmoq
孫	невара | nevara
まず、最初に	аввал; биринчи | avval; birinchi
まずい	бемаза | bemaza
貧しい	камбағал | kambag'al
混ぜる	аралаштирмоқ | aralashtirmoq
まだ	ҳали | hali
町、市	шаҳар | shahar
間違い、誤り	хато | xato
間違える；迷う	адашмоқ | adashmoq
間違った、正しくない	нотўғри | noto'g'ri
待つ	кутмоқ | kutmoq
まっすぐ；正しい	тўғри | to'g'ri
まったく～ない（否定文で）	ҳеч; мутлақо; умуман | hech; mutlaqo; umuman
マッチ	гугурт | gugurt
祭	байрам | bayram
～まで	-гача | -gacha
窓	дераза | deraza
学ぶ	ўрганмоқ | o'rganmoq
周り、周辺	атроф | atrof
回る；散歩する、ぶらつく	айланмоқ | aylanmoq
万が一	мабодо | mabodo
マントゥ（蒸し餃子）	манти | manti
真ん中、中央	ўрта | o'rta
満腹する	тўймоқ | to'ymoq

み

日本語	ウズベク語
右	ўнг | o'ng
見送る	кузатмоқ | kuzatmoq
短い	қисқа | qisqa
水	сув | suv
湖	кўл | ko'l
店、商店	дўкон; магазúн | do'kon; magazín
見せる	кўрсатмоқ | ko'rsatmoq
みつける	топмоқ | topmoq
緑の	яшил; кўк | yashil; ko'k
南	жануб | janub
耳	қулоқ | quloq
土産、プレゼント	совға | sovg'a
未来、将来	келажак | kelajak
見る	кўрмоқ | ko'rmoq
見る、一瞥する	қарамоқ | qaramoq
道	йўл | yo'l
民衆、人々、人民	халқ | xalq

日本語	ウズベク語
民族	миллат | millat
民族的な、伝統的な	миллий | milliy

む

無意味な	бемаъни | bema'ni
蒸し暑い	дим | dim
難しい	қийин | qiyin
息子；男の子	ўғил | o'g'il
結ぶ	боғламоқ | bog'lamoq
娘；女の子	қиз | qiz
ムスリム	мусулмон | musulmon
村	қишлоқ | qishloq
無料の、ただの	текин; бепул | tekin; bepul

め

目	кўз | ko'z
明確な（に）；正確な	аниқ | aniq
命令	буйруқ | buyruq
命令する、注文する	буюрмоқ | buyurmoq
迷惑をかける、じゃまする	безовта қилмоқ | bezovta qilmoq
メガネ	кўзойнак; очки | ko'zoynak; ochki
目覚める	уйғонмоқ | uyg'onmoq
メニュー	меню́; таомнома | menyú; taomnoma
メロン	қовун | qovun
綿花、綿	пахта | paxta

も

〜も	ҳам | ham
木材、木（材質）	ёғоч | yog'och
目的	мақсад | maqsad
もし	агар | agar
モスク	масжид | masjid
もちろん；必ず、ぜひ	албатта | albatta
もっと；ふたたび	яна | yana
もっとも	энг | eng
戻す；繰り返す	қайтармоқ | qaytarmoq
戻る	қайтмоқ | qaytmoq
物	нарса | narsa
モミの木	арча | archa
モモ（桃）	шафтоли | shaftoli
森	ўрмон | o'rmon
問題（数学などの）	масала | masala
問題（やっかいごと）	муаммо | muammo

や

焼きラグマン	қовурма лағмон | qovurma lag'mon
約、だいたい、およそ	тахминан | taxminan
訳す、翻訳する	таржима қилмоқ | tarjima qilmoq
約束	ваъда | va'da
約束する	ваъда бермоқ | va'da bermoq
役に立つ	фойдали | foydali
野菜	сабзавот | sabzavot
屋敷、一戸建て	ҳовли | hovli
安い	арзон | arzon
休む、休憩する	дам олмоқ | dam olmoq
やせた	озғин | ozg'in
やせる	озмоқ | ozmoq
薬局	дорихона | dorixona
山	тоғ | tog'
止む、止まる	тўхтамоқ | to'xtamoq
柔らかい	юмшоқ | yumshoq

ゆ

遊園地、公園	па́рк; боғ | párk; bog'
有害な	зарарли | zararli
夕方、夜	кечқурун | kechqurun
友情	дўстлик | do'stlik
夕食	кечки овқат | kechki ovqat
友人、友だち	дўст; ўртоқ | do'st; o'rtoq
郵便局、郵便	по́чта | póchta
裕福な、金持ちの	бой | boy
有名な	машҳур | mashhur
有料の	пулли | pulli
雪	қор | qor
ゆっくり	секин | sekin
指	бармоқ | barmoq
許し、許可	рухсат | ruxsat
赦す	кечирмоқ | kechirmoq

よ

良い	яхши | yaxshi
要求	талаб | talab
幼稚園	боғча | bog'cha
〜のような、〜のように	каби | kabi
ヨーグルト	қатиқ | qatiq
ヨーロッパ	Евро́па | Yevrópa
横になる、横たわる	ётмоқ | yotmoq
夜中	тун | tun
呼ぶ、呼び出す	чақирмоқ | chaqirmoq
〜と呼ぶ、名づける	атамоқ | atamoq
読む；勉強する	ўқимоқ | o'qimoq
予約	бро́н; заќа́з | brón; zakáz
夜、夕方	кечқурун | kechqurun
夜に	кечаси | kechasi
喜ぶ	хурсанд бўлмоқ | xursand bo'lmoq
弱い	кучсиз | kuchsiz

	ら	
ライオン	шер	*sher*
ライター	зажигáлка	*zajigálka*
らくだ	туя	*tuya*
ラグマン（肉うどん）	лаѓмон	*lag'mon*
ラマダン（断食月）	рамазон	*ramazon*

	り	
理解させる	тушунтирмоқ	*tushuntirmoq*
理解する、わかる	тушунмоқ	*tushunmoq*
離婚する；別れる	ажрашмоқ	*ajrashmoq*
リスト	рўйхат	*ro'yxat*
理由	сабаб	*sabab*
両替する；交換する	алмаштирмоқ	*almashtirmoq*
寮；寝室	ётоқхона	*yotoqxona*
料理	таом	*taom*
料理する、調理する	пиширмоқ	*pishirmoq*
料理人、コック	ошпаз	*oshpaz*
緑豆	мош	*mosh*
旅行	саёхат	*sayohat*
リンゴ	олма	*olma*
隣人；隣の	қўшни	*qo'shni*

	れ	
冷蔵庫	холодíльник; музлатгич	*xolodílnik; muzlatgich*
礼拝	намоз	*namoz*
歴史	тарих	*tarix*
歴史的な	тарихий	*tarixiy*
レジ；切符売り場	кáсса	*kássa*
レストラン	ресторáн	*restorán*
列車	пóезд	*póyezd*
レンガ	ѓишт	*g'isht*

	ろ	
労働者	ишчи	*ishchi*
ロシア	Россíя	*Rossíya*
ロシア人	рус	*rus*
ロバ	эшак	*eshak*
路面電車	трамвáй	*tramváy*

	わ	
ワイン	винó	*vinó*
若い；若者	ёш	*yosh*
若者、青年（男性）	йигит	*yigit*
わかる、理解する	тушунмоқ	*tushunmoq*
別れの挨拶をする	хайрлашмоқ	*xayrlashmoq*
別れる；離婚する	ажрашмоқ	*ajrashmoq*
沸く	қайнамоқ	*qaynamoq*
分ける	бўлмоқ	*bo'lmoq*
忘れる	унутмоқ; эсдан чиқармоқ	*unutmoq; esdan chiqarmoq*
綿、綿花	пахта	*paxta*
私	мен	*men*
私たち、我々	биз	*biz*
笑う	кулмоқ	*kulmoq*
割る、壊す	бузмоқ	*buzmoq*
割る、壊す、折る	синдирмоқ	*sindirmoq*
悪い	ёмон	*yomon*
ワンピース；シャツ	кўйлак	*ko'ylak*

ウズベク語（ラテン文字） → 日本語

A

adabiyot	文学
adashmoq	間違える；迷う
aeropórt	空港
afsuski	残念ながら
agar	もし
ahmoq	馬鹿な
aholi	人口
ajrashmoq	別れる；離婚する
aka	兄
aka-uka	兄弟
albatta	もちろん；必ず、ぜひ
aldamoq	だます
allaqachon	すでに
almashtirmoq	交換する；両替する
alohida	別々に、個々に
aloqa	関係；通信
amaki	おじ（父方）
amalga oshirmoq	実行する
amerikalik	アメリカ人
amma	おば（父方）
ammo	しかし
Ángliya	イギリス
aniq	明確な；正確な
anor	ザクロ
an'ana	伝統
aprél	4月
aqlli	賢い、頭のいい
aqlsiz	頭の悪い、知性のない
AQSh (Amérika Qo'shma Shtatlari)	
	アメリカ合衆国
aralashtirmoq	混ぜる
ármiya	軍隊
aroq	ウォッカ
arzon	安い
archa	モミの木
asal	ハチミツ
asar	作品
asos	基礎、根拠
asosan	基本的に
asosiy	基本的な
asr	世紀
atamoq	〜と呼ぶ、名づける
atrof	周り、周辺
ávgust	8月
avtóbus	バス
avtobus bekati	バス停
avval	まず、最初に
ayb	罪
aylanmoq	回る；散歩する、ぶらつく
ayniqsa	とくに
ayol	女性
aytmoq	言う、告げる
aziz	親愛なる
ashula aytmoq	歌う
achchiq	からい；苦い
achiq-chuchuk	アチクチュチュク（トマトサラダ）

B

bahor	春
bahs	議論
bahslashmoq	議論する
bajarmoq	実行する
baland	高い（位置）
baliq	魚
balki	たぶん、おそらく（文頭で）
band	忙しい；占められた
bánk	銀行
barg	葉
barmoq	指
baxtli	幸せな、幸福な
baxtsiz	不幸せな、不幸な
bayram	祭
bayroq	旗
bazm	パーティー、祝宴
ba'zan	ときどき
ba'zi	一部の
ba'zida	ときどき
bekat	停留所、（地下鉄）駅
bema'ni	無意味な
bemalol	自由に、気の向くままに
bemaza	まずい
bemor	病人
bepul	無料の
bermoq	与える
bet	ページ
bezovta qilmoq	じゃまする、迷惑をかける
besh	5
bechora	かわいそうな
bilan	〜と；〜でもって（手段）
bildirmoq	知らせる
bilét	切符、チケット
bilim	学問、知識
bilmoq	知る、知っている
bino	建物
bir oz	［副］少し（時間）
bir	1
birdaniga	突然
birga	一緒に
birgalikda	一緒に、みんなで

birinchi	1番目；まず、最初に	*dala*	畑
bitmoq	終わる	*dam olmoq*	休む、休憩する
biz	私たち	*-dan*	〜から、〜より
bobo	おじいさん〈呼びかけ〉	*dangasa*	怠け者の
bodring	キュウリ	*daqiqa*	分
bola	子ども	*daraja*	度（温度、角度）
bor	〜がある	*daraxt*	木
bormoq	行く	*dars*	授業
bosmoq	踏む；押す	*daryo*	川
bosqich	学年〈大学・高校〉；段階	*dasturxon*	テーブルクロス、食布
boy	金持ちの、裕福な	*davlat*	国家
bozor	市場	*davléniya*	高血圧
bogʻ	庭；公園、遊園地	*davolamoq*	治療する
bogʻcha	幼稚園	*davolanmoq*	治療を受ける
bogʻlamoq	結ぶ	*davom etmoq*	続く；続ける
bosh	頭	*davom*	継続
bosh kiyim	帽子	*dehqon*	農民
boshlamoq	始める	*dekábr*	12月
boshlanmoq	始まる	*demoq*	言う
boshliq	長、主任	*dengiz*	海
boshqa	別の、他の；別に、他に	*deraza*	窓
brón	予約	*desért*	デザート
bu	これ、この	*devor*	壁
buddízm	仏教	*deyarli*	ほとんど
bugun	今日	*dim*	蒸し暑い
bulut	雲	*dimlama*	ディムラマ（肉と野菜の蒸し煮）
bulutli	曇りの		
burchak	角（かど）	*din*	宗教
burilmoq	曲がる	*diqqat*	注意
burun	鼻	*diván*	ソファー
butun	すべての、まるごとの	*doim*	いつも
butunlay	完全に	*doimo*	ずっと、永遠に
buva	祖父	*dóktor*	医師
buvi	祖母	*dóllar*	ドル
Buxoro	ブハラ（地名）	*domla*	大学教員、先生〈呼びかけ〉
buyruq	命令	*dona*	〜個
buyuk	偉大な	*dori ichmoq*	薬を飲む
buyurmoq	命令する、注文する	*dori*	薬
buyurtma	注文、オーダー	*dorixona*	薬局
buzilmoq	壊れる	*doská*	黒板
buzmoq	壊す、割る	*dunyo*	世界
buzuq	壊れた	*dúsh*	シャワー
bugʻdoy	小麦	*dushanba*	月曜日
boʻlim	課、部署	*dushman*	敵
boʻlmoq [1]	なる	*doʻkon*	商店
boʻlmoq [2]	分ける	*doʻppi*	ドッピ（民族帽）
boʻsh	暇な；空いている	*doʻst*	友だち、友人
boʻy	香り	*doʻstlik*	友情

D

-da	〜で、〜に
dada	おとうさん〈呼びかけ〉
daftar	ノート
-dagi	〜にある

E

egizak	双子
ehtiyot boʻlmoq	気をつける、注意する
eléktr	電気、電流
ellik	50

elchi	大使	gilos	サクランボ
elchixona	大使館	go'sht	肉
emas	〜ではない	grípp	インフルエンザ
eng	もっとも	grádus	度（温度、角度）
er	夫	grámm	グラム
erkak	男性	gugurt	マッチ
erta	早い；早く	gul	花
ertaga	明日	guruh	グループ
ertalab	朝	guruch	米
es	記憶		
esdan chiqarmoq	忘れる［他］		

H

eski	古い	ha	はい
eslamoq	思い出す	hafta	週
etáj	階	hal	解決
e'lon qilmoq	告知する	hali	まだ
e'tibor	注意、関心	ham	〜も
eshak	ロバ	hamkorlik	協力
eshik	ドア、扉	hamyon	財布
eshitmoq	聞く	hamshira	看護師
		haqiqat	真実

F

		har	あらゆる、〜毎
fakultét	学部	har doim	いつも、つねに
fan	科目；学問	harakat qilmoq	努力する
faqat	〜だけ、〜のみ	harorat	熱；気温
farq	違い、相違	havo	空気；天気
farrosh	清掃員	havo ochiq	晴れた
Farg'ona	フェルガナ（地名）	haydovchi	運転手
fársh	ひき肉	hayot	生活
fasl	季節	hayron bo'lmoq	驚く
fevrál	2月	hayvon	動物
fikr	考え、意見	hazil	冗談
fírma	会社	hech	まったく〜ない（否定文で）
foiz	パーセント	hid	におい
fotoapparát	カメラ	his qilmoq	感じる
foydalanmoq	使う［-dan］	hisob	計算；勘定書
foydali	役に立つ	hojatxona	トイレ
fransúz	フランス人	holva	ハルヴァ（伝統菓子の一種）
Fránsiya	フランス	homilador	妊娠した
fuqaro	国民	hovli	屋敷、一戸建て
fuqarolik	国籍	hozir	今
futból	サッカー	hozircha	今のところ
futbólka	Tシャツ	hujjat	書類、証明書
		hukumat	政府

G

		hurmat	尊敬、敬意
		hurmatli	尊敬すべき
-ga	〜へ、〜に	ho'l	濡れた
-gacha	〜まで		

I

gálstuk	ネクタイ		
gap	話	[-dan] iborat	〜から成る
gapirmoq	話す	idora	事務所、オフィス
gaplashmoq	会話する、話す	ieróglif	漢字、象形文字
gáz	ガス	iflos	汚い
gaz suv	炭酸水	ikki	2
Germániya	ドイツ		
gilam	絨毯		

ilgari	かつて、以前に；〜以前、〜の前に [*-dan*]	**K**	
iliq	暖かい	kabi	〜のような；〜のように
iltimos	どうか（依頼）	kabob	シャシリク、ケバブ（串焼き肉）
imorat	建物		
imtihon	試験、テスト	kafé	カフェ
indinga	あさって	káfedra	学科
ingichka	薄い、細い	kalendár	カレンダー
ingliz	イギリス人	kalit	鍵
inson	人、人間	kam	少ない、少し
institút	単科大学；研究所	kamaymoq	減る
ipak	絹	kamaytirmoq	減らす
iqtisod	経済	kambag'al	貧しい
islom	イスラーム	kaníkul	長期休暇
ism	名前	karam	キャベツ
ispan	スペイン人	kartóshka	ジャガイモ
Ispániya	スペイン	kártochka	カード
issiq	熱い、暑い	kasal	病気の；病気；病人
istamoq	欲する	kasallik	病気
it	犬	kasalxona	病院
iyéna	日本円	kasbdosh	同僚
iyúl	7月	kasb-hunar	職業
iyún	6月	kássa	レジ；切符売り場
izlamoq	探す	katta	大きい
ish	仕事	kashnich	コリアンダー（香草）
ishlamoq	働く；動く	kelajak	将来、未来
ishlatmoq	使う、使用する；働かせる	kelmoq	来る
ishonmoq	信じる	keng	広い
ishxona	職場	kerak	必要である [述語]
ishchan	勤勉な	kerakli	必要な
ishchi	労働者	kesmoq	切る
ich	中	ketmoq	去る
ichimlik	飲み物	keyin	あとで、次に [副]
ichkari	中、内側	keyingi	次の [形]
ichki kiyim	下着	kech	遅い（時間）；遅く
ichmoq	飲む	kecha	昨日
J		kechasi	夜に [副]
jahon	世界	kechikmoq	遅れる
jamiyat	社会	kechirmoq	赦す
janub	南	kechki ovqat	夕食
Janubiy Koréya	韓国	kechqurun	夕方、夜
javob	答え、返答	kiló	キログラム
jémper	セーター	kilográmm	キログラム
jihat	側面、観点	kilométr	キロメートル
jim	静かに、黙って	kim	誰
jomadon	スーツケース	kinó	映画
joy	場所、ところ	kinoteátr	映画館
joylashmoq	位置する	kir	汚い
juda	とても	kirgizmoq	入れる
juma	金曜日	kirish	入口
jurnalíst	ジャーナリスト	kirmoq	入る
jurnál	雑誌	kitob	本
jo'natmoq	送る	kiyim	服、衣類
		kiymoq	着る

255

kishi	人
kichik	小さい
kichkina	小さい
kófe	コーヒー
kolbasá	ソーセージ、ハム
kolléj	専門学校、職業高校
kompyúter	コンピューター
konsért	コンサート
koreys	韓国人
korxona	会社；工場
kosa	どんぶり
kostyúm-shim	スーツ（男性）
kostyúm-yúbka	スーツ（女性）
kotlét	ハンバーグ、メンチカツ
krovát	ベッド
kul	灰
kulmoq	笑う
kumush	銀
kun	日
kunduzi	昼間に
kúrs	学年〈大学・高校〉
kúrtka	ジャケット、上着
kutmoq	待つ
kutubxona	図書館、図書室
kuylamoq	歌う
kuz	秋
kuzatmoq	見送る
kuchli	強い
kuchsiz	弱い
kvartíra	アパート
koʻk	青い；緑の
koʻkat	香味野菜
koʻl	湖
koʻngil	心
koʻngilli	ボランティア
koʻp	多い、たくさん
koʻpaymoq	増える
koʻpaytirmoq	増やす
koʻpincha	たいてい、普段
koʻprik	橋
koʻrmoq	見る
koʻrsatmoq	見せる
koʻtarmoq	上げる
koʻylak	シャツ；ワンピース
koʻz	目
koʻzoynak	メガネ
koʻcha	通り

L

lagʻmon	ラグマン（肉うどん）
lekin	しかし
líft	エレベーター
likopcha	皿
lugʻat	辞書

M

mabodo	万が一
madaniyat	文化
magazín	商店
majbur	〜しなければならない
majlis	会議
maktab	学校
mamlakat	国
manti	マントゥ（蒸し餃子）
manzil	住所
maosh	給料
maqsad	目的
marhamat	どうぞ（勧誘）
markaz	中心、センター
márt	3月
marta	〜回
marshrútka	乗合いタクシー
masala	問題（数学などの）；案件
masalan	たとえば
masjid	モスク
maslahat	助言、アドバイス
maslahatlashmoq	相談する
maxsus	特別な
máy	5月
mayda	細かい
mayiz	干しブドウ
maza	味
mazali	おいしい
mashhur	有名な
mashína	車
maʼlum	明らかな
maʼlumot	情報、データ
maʼno	意味
mehmon	客
mehmonxona	ホテル；客間
mehribon	親切な
men	私
menyú	メニュー
métr	メートル
metró	地下鉄
meva	果物
milísiya	警察
millat	民族
millión	百万
milliy	伝統的な、民族的な
ming	1000
minmoq	乗る
mintaqa	地域
minút	分
mis	銅
mol	牛〈総称〉
momo	おばあさん〈呼びかけ〉
morojniy	アイスクリーム

mosh	緑豆	old	前（位置）
motosíkl	オートバイ	oldin	〜前（時間）；［副］以前に
muammo	問題（やっかいごと）	Olloh	アッラー
muhim	重要な	olma	リンゴ
mumkin	可能な	olmoq	取る、受け取る
munosabat	関係；態度	olov	火
murabbo	ジャム	olti	6
musiqa	音楽	oltin	金
musulmon	ムスリム	oltmish	60
mutaxassis	専門家	ona	母
mutlaqo	まったく〜ない（否定文で）	opa	姉
muz	氷	opa-singil	姉妹
muzéy	博物館	oq	白い
muzlatgich	冷蔵庫	ora	あいだ
muzqaymoq	アイスクリーム	orol	島
mushuk	猫	orqa	背中；後ろ（位置）
		orzu	望み、願望

N

namoz	礼拝	Osiyo	アジア
narsa	物	osmon	空
narx	値段	oson	簡単な
natija	結果；結論	ost	下
Navro'z	ナウルーズ（春分祭）	ot	馬
nega	なぜ	ota	父
nemis	ドイツ人	ota-ona	父母
nevara	孫	ovqat	食べ物、食事
necha	いくつ	ovqatlanmoq	食事する
nechta	何個	oxir	最後
-ni	〜を	oy	月
-niki	〜のもの	oyi	おかあさん〈呼びかけ〉
nima	なに	oyna	ガラス、鏡
nima uchun	なぜ	oyoq	足
nimaga	なぜ	oyoq kiyim	靴
-ning	〜の	oz	少ない、少し
niyat	意図、意志	ozgina	［副］少し
nok	ナシ（梨）	oziq-ovqat	食料品
nól	ゼロ	ozmoq	やせる
non	ナン	ozg'in	やせた
nonushta	朝食	og'ir	重い
noqulay	不便な	og'iz	口
noto'g'ri	間違った、正しくない	osh	プロフ（ピラフ）
noyábr	11月	oshpaz	コック、料理人
nuqta	点	oshxona	食堂；台所
		ochkí	メガネ
		ochmoq	開く；開ける

O

ob-havo	天気、気候		

P

odam	人	palov	プロフ（ピラフ）
odat	習慣	paltó	コート
odatda	たいてい、普段	parda	カーテン
oddiy	普通の	párk	公園、遊園地
ofisiánt	ウェイター	pásport	パスポート
ofisiántka	ウェイトレス	past	低い
oila	家族	paxta	綿
oktyábr	10月	payshanba	木曜日

payt	とき	Qirg'iziston	キルギス
pashsha	ハエ	qisqa	短い
peshin	正午	qiyin	難しい、困難な
pívo	ビール	qiyma	ひき肉
piyoda	徒歩で、歩いて	qiynalmoq	困る；苦しむ
piyola	茶碗	qiz	娘；女の子
piyoz	タマネギ	qizil	赤い
pishirmoq	料理する、調理する	qiziq	おもしろい（不思議な）
pichoq	ナイフ	qiziqarli	興味深い、おもしろい
pomidór	トマト	qiziqarsiz	おもしろくない、つまらない
póyezd	列車	qiziqmoq	興味を持つ
poytaxt	首都	qish	冬
póchta	郵便局、郵便	qishloq	村
prezidént	大統領	qoida	規則
proféssor	教授	qolmoq	残る
pul	お金、金銭	qon	血
pulli	有料の	qon bosimi kasalligi	高血圧症

Q

		qor	雪
[-ga] qadar	〜に至るまで（時間）	qora	黒い
qahva	コーヒー	Qoraqalpog'iston	カラカルパクスタン
qahvaxona	カフェ	qoraqalpoq	カラカルパク人
qalam	鉛筆	qorin	おなか
qalay	どうだ？	qorong'i	暗い
qalin	厚い、太い	qovun	メロン
qanaqa	どのような	qovurma lag'mon	焼きラグマン
qanday	どのように、どのような	Qozog'iston	カザフスタン
qani	どこだ（人の居場所などを尋ねるときに）	qozon	鍋
		qozoq	カザフ人
qancha	どれだけ、いくら	qog'oz	紙
[-ga] qaraganda	〜にくらべて	qoshiq	スプーン
[-ga] qaramay	〜にかかわらず	qulay	便利な
qaramoq	見る、一瞥する	quloq	耳
qari	年取った、老いた	qum	砂
qarindosh	親戚	qurilmoq	建てられる
qaror	決定	qurmoq	建てる
qarshi	〜に対して	quruq	乾いた
qatiq	ヨーグルト	qur'on	コーラン
qatnashmoq	参加する	quvlamoq	追いかける
qavat	階	quymoq	注ぐ
qayer	どこ	quyosh	太陽
qaynamoq	沸く	qush	鳥
qaysi	どれ、どの	qo'l	手；腕
qaytarmoq	繰り返す；戻す	qo'l telefoni	携帯電話
qaytim	おつり	qo'ng'iroq qilmoq	電話する
qaytmoq	戻る	qo'rqmoq	怖がる、恐れる
qayg'uli	悲しい	qo'y	羊〈総称〉
qaychi	はさみ	qo'ymoq	置く
qachon	いつ	qo'shiq	歌
qidirmoq	探す；調べる	qo'shiqchi	歌手
qilmoq	する	qo'shmoq	加える、付け加える
qimmat	高い（値段）、高価な	qo'shni	隣人；隣りあった
qirq	40	qo'chqor	羊〈雄〉
qirg'iz	キルギス人		

R

rahmat	ありがとう
ramazon	ラマダン（断食月）
rang	色
rangli	カラーの
raqam	番号
rasm	写真
respúblika	共和国
restorán	レストラン
rivojlanmoq	発展する
Rossíya	ロシア
rus	ロシア人
ruxsat	許可、許し
rúchka	ペン
ro'yxat	リスト

S

sabab	理由
sabzavot	野菜
sabzi	ニンジン
safar	旅；〜回、〜度
sakkiz	8
sakson	80
salqin	涼しい
salát	サラダ
Samarqand	サマルカンド（地名）
samolyót	飛行機
sana	日付
sanamoq	数える
santimétr	センチメートル
san'at	芸術
sariq	黄色い
sariyog'	バター
savdo	商売、商業
savol	質問
savol bermoq	質問する
sayohat	旅行
sekin	遅い（速度）；ゆっくり
sekúnd	秒
semirmoq	太る
semiz	太った
sen	君、おまえ
sentyábr	9月
sevgi	愛
sevmoq	愛する
sezmoq	気づく、感じる
seshanba	火曜日
sigarét	タバコ
sigir	牛〈雌〉
sindirmoq	壊す、割る、折る
sinf	学年〈小・中〉、クラス
sinfxona	教室
singil	妹
sintoízm	神道
sírk	サーカス
siz	あなた
-siz	〜なしに；〜のない
soat	時計；〜時；〜時間
sodda	単純な
solmoq	入れる
somsa	サムサ（ミートパイ）
son	数；番号
soniya	秒
sosíska	ウインナーソーセージ
sotib olmoq	買う
sotmoq	売る
sotuvchi	販売員、売り手
sovuq	冷たい、寒い
sovg'a	プレゼント、土産
soya	影
sog'inmoq	恋しがる
sog'lik	健康
sog'lom	健康な
soch	髪
sochiq	タオル
spórt	スポーツ
stakán	コップ
stánsiya	（地下鉄などの）駅
stól	机
stúl	いす
suhbat	会話
suhbatlashmoq	会話する
súmka	かばん、バッグ
sunnat to'yi	割礼式
supermárket	スーパー
surat	写真
sut	牛乳
suv	水
suyak	骨
svét	電気
svetofór	信号機
so'm	ソム〈ウズベキスタンの通貨〉
[-dan] so'ng	〜以後、〜の後に（時間）
so'ramoq	尋ねる；頼む [-dan]
so'z	単語
so'zana	スザニ（伝統刺繍）

T

-ta	〜個；〜人（助数詞）
tabiat	自然
tabriklamoq	祝う
tag	下、底
taklif qilmoq	招待する
taksí	タクシー
talab	要求
talaba	学生
talaffuz	発音

tana	体	tortmoq	引っぱる、引く
tanaffus	休憩	tovuq goʻshti	鶏肉
tanish	知り合い	toza	きれいな、清潔な
tanishmoq	知り合う	tozalamoq	きれいにする、掃除する
tanishtirmoq	紹介する	togʻ	山
tanlamoq	選ぶ	togʻa	おじ（母方）
tanqid	批判、非難	tosh	石
taom	料理	Toshkent	タシュケント（地名）
taomnoma	メニュー	tramváy	路面電車
taraf	方向	trolléybus	トロリーバス
tarbiyalamoq	教育する、育てる	tualét	トイレ
tarélka	皿	tufayli	〜のおかげで、〜のせいで
tarix	歴史	túfli	靴
tarixiy	歴史的な	tugamoq	終わる
tarjima	翻訳	tugatmoq	終える
tarjimon	通訳	tugma	ボタン
tarvuz	スイカ	tun	夜中
tasodifan	偶然に	tuproq	土
taxminan	だいたい、およそ	turkman	トルクメン人
tayyor boʻlmoq	できあがる、仕上がる	Turkmaniston	トルクメニスタン
tayyor qilmoq	準備する	turli	さまざまな
tayyorlamoq	準備する	turmoq	立つ
tashlamoq	捨てる	turmushga chiqmoq	（女性が）結婚する [-ga]
tashqari	外；〜以外、〜のほかに [-dan]	tuxum	卵
taʼlim	教育	tuya	らくだ
taʼmir	修理	tuz	塩
taʼsir	影響	tuzalmoq	治る、直る
taʼtil	長期休暇	tuzatmoq	直す、修理する
tegmoq	触る	tugʻilmoq	生まれる
tekin	無料の	tugʻmoq	産む
tekshirmoq	確かめる、チェックする	tushki ovqat	昼食
telefón	電話	tushlik	昼食
televízor	テレビ	tushmoq	落ちる；降りる
temir	鉄	tushunmoq	理解する
temperatúra	熱	tushuntirmoq	説明する、理解させる
teng	等しい、同じ	toʻlamoq	支払う
teri	皮膚	toʻlqin	波
teskari	逆、反対側	toʻplamoq	集める
tést	試験、テスト	toʻplanmoq	集まる
tez	速い；速く	toʻqqiz	9
teátr	劇場	toʻqson	90
til	言語；舌	toʻrt	4
tilla	金	toʻsatdan	突然
tinglamoq	聴く、耳を傾ける	toʻxtamoq	止まる、止む
tinch	平穏な	toʻy	（結婚や割礼の）祝宴
tinchlik	平和	toʻymoq	満腹する
tish	歯	toʻgʻri	正しい；まっすぐ

U

u	あれ、あの；彼、彼女
ujé	すでに
uka	弟
ukróp	ディル（香草）
úksus	酢

umuman	まったく〜ない（否定文で）		xavfli	危険な
un	小麦粉		xayol	空想、考え
universitét	総合大学		xayrlashmoq	別れの挨拶をする
unutmoq	忘れる		Xitoy	中国
uncha	それほど		xitoylik	中国人
urf-odat	習慣、習俗		xiyobon	広場、小公園
urishmoq	けんかする；叱る		Xiva	ヒヴァ（地名）
urush	戦争		xizmatchi	サラリーマン
ust	上		xóbbi	趣味
uxlamoq	眠る、寝る		xola	おば（母方）
uy	家		xolodílnik	冷蔵庫
uy ishi	宿題		xom	生の
uy vazifasi	宿題		xona	部屋
uyat	恥、恥じらい		xonadon	アパート
uylanmoq	（男性が）結婚する [-ga]		Xorazm	ホラズム（地名）
uygʻonmoq	目覚める		xotin	妻
uzaytirmoq	延長する；長くする		xristián dini	キリスト教
uzoq	遠い		xudo	神
uzr	謝罪		xursand	うれしい
uzum	ブドウ		xursand boʻlmoq	喜ぶ
uzun	長い			
uch	3		**Y**	
uchmoq	飛ぶ		yakshanba	日曜日
uchrashmoq	会う		yana	ふたたび；もっと
uchun	〜のために、〜にとって		yangi	新しい
			yangilik	ニュース
V			yanvár	1月
va	〜と、そして		yapon	日本人（民族として）
vánna	風呂		Yapóniya	日本
vaqt	時間、時刻		yaponiyalik	日本人（国籍として）；日本の
vatan	祖国、故郷		yaponcha	日本語；日本風の
vazifa	課題		yaqin	近い
vazir	大臣		yarim	半分
vaziyat	状況		yasamoq	作る
vaʼda	約束		yaxshi	良い
vaʼda bermoq	約束する		yaxshi koʻrmoq	好む、好く
velosipéd	自転車		yayov	徒歩で、歩いて
vílka	フォーク		yashamoq	住む
viloyat	州		yashil	緑の
vinó	ワイン		yaʼni	つまり、すなわち
víza	ビザ		yelka	肩
vokzál	駅（ターミナル駅）		yemoq	食べる
voqea	出来事、事件		yengil	軽い；簡単な
			yer	土地、場所、地面
X			yetkazmoq	届ける
xabar	知らせ、ニュース		yetmish	70
xafa boʻlmoq	悲しむ、がっかりする；腹を立てる [-dan]		yetmoq	届く；足りる
xalaqit bermoq	じゃまする		yetti	7
xalq	人々、民衆、人民		Yevrópa	ヨーロッパ
xarid	買い物		yigirma	20
xarita	地図		yigit	青年、若者（男性）
xat	手紙		yigʻlamoq	泣く
xato	間違い、誤り		yigʻmoq	集める

yil	年
yoki	～か、あるいは
yolgʻon	うそ
yomon koʻrmoq	嫌う
yomon	悪い
yomgʻir	雨
yon	傍ら、そば
yopilmoq	閉まる
yopmoq	閉める；覆う
yoqimli	気にいった、心地よい
yoqimsiz	気にいらない、不愉快な
yoqmoq¹	（火・電灯を）つける
yoqmoq²	気にいる [-ga]
yordam	援助、助け
yordam bermoq	手伝う、支援する
yorugʻ	明るい
yotmoq	横になる、横たわる
yotoqxona	寝室；寮
yoz	夏
yozmoq	書く
yozuvchi	作家
yogʻ	油
yogʻmoq	降る
yogʻoch	木材、木（材質）
yosh	若い；年齢；若者
yúbka	スカート
yubormoq	送る
yugurmoq	走る
yuk	荷物
yulduz	星
yumshoq	柔らかい
yurak	心臓；心
yurmoq	進む；歩く
yurt	故郷、くに
yuvmoq	洗う
yuz¹	100
yuz²	顔
yoʻl	道
yoʻq¹	いいえ
yoʻq²	～がない
yoʻqolmoq	なくなる
yoʻqotmoq	なくす

Z	
zajigálka	ライター
zakáz	注文、オーダー、予約
zál	ホール
zararli	有害な
zarur	必要な
zavód	工場
zerikarli	退屈な、つまらない
zilzila	地震
zina	階段
zira	クミン（香辛料）

Oʻ	
oʻlchamoq	計る
oʻldirmoq	殺す
oʻlmoq	死ぬ
oʻn	10
oʻng	右
oʻqimoq	読む；勉強する
oʻqituvchi	教師、先生
oʻquvchi	生徒
oʻrganmoq	学ぶ、習う、勉強する
oʻrgatmoq	教える
oʻrik	アンズ
oʻrin	場所、地位、席
oʻrmon	森
oʻrta	中央、真ん中
oʻrtoq	仲間、友人、同志
oʻtgan kuni	おととい
oʻtirmoq	座る
oʻtmoq	通る、過ぎる
oʻttiz	30
oʻxshamoq	似ている
oʻylamoq	考える、思う
oʻynamoq	遊ぶ；踊る
oʻz	自身
oʻzbek	ウズベク人
Oʻzbekiston	ウズベキスタン
oʻzbekcha	ウズベク語；ウズベク風の
oʻzgarmoq	変わる
oʻgʻil	息子；男の子
oʻgʻirlamoq	盗む
oʻchirmoq	（火・電灯を）消す

Gʻ	
gʻarb	西
gʻisht	レンガ

Sh	
shaftoli	モモ（桃）
shahar	町、市
shakar	砂糖
shamol	風
shamollamoq	風邪をひく
shamollash	風邪
shanba	土曜日
sharq	東
shart	条件
shashlik	シャシリク、ケバブ（串焼き肉）
shekilli	たぶん、おそらく（文末で）
sher	ライオン
sheʼr	詩
shifokor	医師
shifoxona	病院

shim	ズボン	*chegara*	国境
shimol	北	*chekmoq*	喫煙する
shirin	甘い；おいしい	*chet*	端；よその、外国の
shirinlik	お菓子	*chet ellik*	外国人
shisha	ビン	*chipta*	切符、チケット
shoir	詩人	*chiqish*	出口
shoshilmoq	急ぐ	*chiqmoq*	出る
shoshmoq	急ぐ	*chiroq*	電灯、明かり；電気
shu	それ、その、これ、この	*chiroyli*	美しい
shubha	疑い	*chisló*	日付
shukr	感謝	*chivin*	蚊
sho'r	塩辛い、しょっぱい	*chorshanba*	水曜日
sho'rva	ショルヴァ（スープ）	*choy*	お茶

Ch

		choynak	ティーポット、急須
		choyxona	チャイハナ
chang	ほこり	*chuchvara*	ペリメニ（水餃子）
chap	左	*chunki*	なぜなら
chaqirmoq	呼ぶ、呼び出す	*cho'chqa*	豚
charchamoq	疲れる	*cho'kmoq*	沈む
cháshka	カップ	*cho'l*	砂漠

◆ 参考文献 ◆

島田志津夫『ウズベク語文法テキスト』(JICA駒ヶ根青年海外協力隊訓練所語学訓練用テキスト) 2014.
伊達秀『ウズベク語初級：ウズベキスタンへの招待』ブイツーソリューション 2008.
東京外国語大学トルコ語専攻（編）『トルコ語文法　初級・中級』東京外国語大学 2011.
中嶋善輝『簡明ウズベク語文法』大阪大学出版会 2015.
林徹『トルコ語　文法の基礎　Ver. 2.1』東京外国語大学 1995.
吉村大樹、ジェリボイ・エルタザロフ『ウズベク語文法・会話入門』大阪大学出版会 2009.
Bodrogligeti A. J. E., *Modern literary Uzbek*, 2 vols., Muenchen: LINCOM EUROPA, 2002.
Khayrulla Ismatulla, *Modern literary Uzbek I*, Bloomington: Research Center for the Language Sciences, Indiana University, 1995.
Rahmatullayev Sh., *Hozirgi adabiy oʻzbek tili (darslik)*, Toshkent, 2006.
Uzbek-English dictionary, compiled by Natalie Waterson, New York: Oxford University Press, 1980.
Кононов А. Н., *Грамматика современного узбекского литературного языка*, Москва, 1960.
Мухитдинова Х. С., Насилов Д. М., *Учебник узбекского языка*, Москва, 2012.
Узбекско-русский словарь, свыше 40,000 слов, Москва, 1959.
Ҳозирги замон ўзбек тили, Тошкент, 1957.

◆ 著者紹介 ◆

島田志津夫（しまだ　しずお）

東京外国語大学大学院総合国際学研究院講師。専門は中央アジア地域研究（ウズベキスタン、タジキスタン）。編著書に Ṣadr al-Dīn 'Aynī, *Bukhārā inqilābīning ta'rīkhī*（共編著、Department of Islamic Area Studies, Center for Evolving Humanities, The University of Tokyo、2010 年）、*An Index of Āyina «Ойина» журналининг мундарижаси*（Islamic Area Studies Project, Tokyo、2002 年）など、翻訳に V.V. バルトリド「タジク人：歴史的概説」（『東京外国語大学論集』第 92 号、2016 年）、「二〇世紀初頭ブハラの断食月：サドリッディーン・アイニーの『回想録』より」（『総合文化研究』5、2002 年）などがある。

謝辞

　本書の作成・編集作業にあたっては、内藤遼さん（2014 年入学）、吉田真優さん（2015 年入学）に協力してもらいました。ウズベキスタンからの留学生であるファルフジョン・メフモノフさんにはウズベク語の校閲を、コシムジョン・アトハムジャノフさんには音声の読み上げを、また、高畠理恵さんに録音・編集を担当してもらいました。本書の前身は、東京外国語大学の授業で改訂を加えながら数年にわたって使用してきたコピー印刷のテキストですが、改訂の際には同僚である木村暁氏や留学生であったジャスル・ヒクマトラエフさん、マシフラホン・トフタミルザエヴァさんから有益なアドバイスをいただきました。また、東京外国語大学出版会の大内宏信氏の多大なるご尽力と忍耐がなければ、本書の出版は実現することができませんでした。本書の出版を支えてくださったすべてのみなさまに感謝いたします。

大学のウズベク語

2019 年 3 月 28 日　　初版第 1 刷発行
2023 年 3 月 27 日　　　　第 3 刷発行

著　者　島田志津夫

発行者　林佳世子
発行所　東京外国語大学出版会
〒 183-8534　東京都府中市朝日町 3-11-1
TEL. 042-330-5559　FAX. 042-330-5199
e-mail　tufspub@tufs.ac.jp

印 刷 所　株式会社 遊文舎
©2019 Shizuo SHIMADA
Printed in Japan
ISBN978-4-904575-71-0

落丁・乱丁本はお取り替えいたします。
定価はカバーに表示してあります。